立憲君主制の現在

日本人は「象徴天皇」を維持できるか

君塚直隆

新潮選書

はじめに

……君主制など、戦時にあって祖国の防衛に必要となる、熱狂的な感慨を人々に沸き起こさせることもできず、また民主主義的な了解を人々から得てもいない。玉座と王笏《おうしゃく》などというう古代からの飾り物なんかやめにして、共和制にすべきである。〔中略〕われわれはベルギーのため、フランスのため、普遍的な自由のため、文明のため、そして人類すべての未来のために戦っているのであって……国王のために戦っているわけではない(1)。

この激烈な文章は、今からちょうど一〇〇年前の一九一八年、最初の本格的な総力戦ともいうべき第一次世界大戦（一九一四～一八年）のさなかに書かれたものである。執筆者の名はH・G・ウェルズ（一八六六～一九四六）。『タイム・マシン』や『透明人間』、さらには『宇宙戦争』などで知られる、イギリスを代表するあの「SF小説の父」のことである。

ということは、ここでウェルズがこき下ろしているのは、立憲君主制の手本として世界に知られた、イギリスの君主制であり、その国王ということになる。

なぜウェルズはそこまで君主制を嫌ったのであろうか。

ハーバート・ジョージ・ウェルズは、ロンドン南東部のケント州ブロムリで庭師の父と家政婦の母のあいだに生まれた。典型的な下層中産階級の出身である。当時、ブロムリの隣町チズルハーストには、ウェルズが生まれた四年後に普仏（独仏）戦争で敗れ、イギリスへと亡命してきたフランス皇帝ナポレオン三世（在位一八五二～七〇年）の一家がひっそりと生活していた。「前」皇帝が一八七三年に亡くなった後も、未亡人のウジェニー皇后がここに住み続けて、長年の友人だったヴィクトリア女王（在位一八三七～一九〇一年）がたびたび彼女を訪ねてきた。

ウェルズの母サラは今でいう「王室マニア」だった。ブロムリの町でチズルハーストへ向かう女王の馬車に遭遇すると、「いらした！　いらしたわよ！　ほんの少しでもご挨拶できたらなあ。バーティ（ウェルズの愛称）、帽子を取りなさい！」と大騒ぎしていたようである。こうした母の態度を見るにつけ、バーティ少年は女王、さらには王族全体に対する嫉妬や怒りを感じるようになった。アイツらはいつもいい服を着て、巨大な屋敷に住み、勝手気ままな生活を送っている。特に怒りの矛先は同世代の女王の孫たちに向けられた。そのうちの一人が、ウェルズより一歳年上ののちの国王ジョージ五世（在位一九一〇～三六年）だった。第一次大戦当時の国王である。

こうした少年時代の経験が、ウェルズ自身も赤裸々に述べているとおり、生涯にわたって病的なまでにつきまとう、彼の「王室嫌い」の原点となった(2)。

小説家として名をなした後、ヴィクトリア女王が崩御した翌年の一九〇二年に、彼は社会主義者の知識人が集まるフェビアン協会に入会した。ウェルズにとってみれば、第一次世界大戦を引き起こしたのは帝国主義のドイツであり、そのドイツの王侯らと姻戚関係で結ばれたイギリスの王室も「同罪」であった。これからの世の中は、共和国による世界連合によって世界平和が生み出され、民主的な共和制こそが永久平和の礎《いしずえ》になると、ウェルズは固く信じていた(3)。

ウェルズが冒頭の文章を書いた年の一一月、第一次世界大戦は終結した。敗戦したドイツ帝国、ハプスブルク帝国、オスマン帝国はもとより、大戦中に革命で倒れたロマノフ王朝のロシア帝国も消滅した。それからわずか二〇年で、ヨーロッパは二度目の世界大戦（一九三九～四五年）に突入した。そしてこのたびも、敗戦国イタリアをはじめ、バルカンの王国が次々と崩壊した。

ウェルズが待ち望んでいたように、二一世紀の今日では君主制を採る国は少数派となっている。彼が少年時代を過ごした一九世紀後半の世界では、地球の陸地面積の半分はイギリスやロシア、ドイツなど君主制をいただく帝国によって支配されていた。それが二つの世界大戦を経て、主にアジアやアフリカに拡がる植民地が次々と独立し、その大半が「共和制」を採ったのである。

H・G・ウェルズ

二〇一七年現在、国際連合（国連）に加盟している国は一九三に及ぶが、そのうち君主制を採用しているのは、日本も含めると二八ヵ国となっている。これにイギリス女王が国家元首を兼ねる「英連邦王国」一五ヵ国をあわせても四三ヵ国であり、国連加盟国の五分の一に過ぎないのだ。世はまさにウェルズが説いた「共和国による世界連合」が実現したといっても過言ではない。

しかしそれによって本当に「世界平和」も生み出されたのであろうか。

ウェルズが永久平和の礎になるとして望んだのは「民主的な共和制」だった。ならば共和制を採る国はすべて民主主義的なのか。第二次世界大戦後にアメリカと並ぶ超大国となり仰せたのは、ソヴィエト社会主義「共和国」連邦であった。しかしそれはすべての市民が平等な国どころか、共産党一党独裁の下で言論の自由は奪われ、党幹部たちが利権を独占する体制であった。ソ連は一九八九～九一年の一連の市民運動で動揺をきたし、その衛星国として同じく共産党独裁体制下に置かれていた東ヨーロッパの「共和制」諸国とともに、倒壊の道をたどったのである。

さらに、現在、東アジアを中心にその勢力を拡大しつつある中華人民「共和国」はもとより、ICBM（大陸間弾道ミサイル）の開発などで「世界平和」を脅かしているのは、朝鮮民主主義人民「共和国」である。また、イスラム国（IS）との戦場の舞台にもなったシリアは、アサド政権による民衆への弾圧が長年続く「共和国」であり、二〇一〇～一二年に北アフリカからアラビア半島にかけて拡がった「アラブの春」で独裁政権が倒されたチュニジア、エジプト、リビア、イエメンは、いずれも過去に君主制を葬り去って「共和制」を採用した国だった。「アラブの春」という嵐を辛うじて生き残ったのは、皮肉にもすべて君主制を採る国であった。

「君主制か共和制か」という国家形態と、「専制主義か民主主義か」といった統治形態とは、必ずしも合致しないのである。イギリスのように一〇〇〇年に近い君主制を採っている国でも、民主主義は立派に成熟している。いやむしろ、君主国であれ、共和国であれ、「民主政治《デモクラシー》と人権」を尊重し、自国民に豊かな生活を保障していない限り、いまや生き残るのが難しいのが現実である。

国際通貨基金（ＩＭＦ）が発表する二〇一五年度の「国民一人あたりの国内総生産（ＧＤＰ）」のランキングで上位三〇位に入る国のうち、第一位のルクセンブルク大公国を筆頭に実に一三ヵ国が君主制を採り、英連邦王国（オーストラリア、カナダ、ニュージーランド、バハマ）も含めれば、その数は一七ヵ国にも及んでいる。さらに、第二次大戦後に世界的に注目されるようになった、「社会福祉の充実」という点から考えてみても、その先進国はスウェーデン、ノルウェー、デンマークといった、いずれも北ヨーロッパの君主国なのである。

国民統治の面でも、君主制が共和制に劣っているとはあながち言えないのかもしれない。

第二次世界大戦の末期。ドイツはすでに降伏し、残す敵国は日本のみとなった一九四五年七月、ドイツの戦後処理問題などを話し合うために、連合国の首脳たちはベルリン郊外のポツダムに集まっていた。その席でアメリカの海軍長官ジェームズ・フォレスタル（一八九二～一九四九）は、イギリス外相アーネスト・ベヴィン（一八八一～一九五一）から驚愕するような発言を聴いた。フォレスタルは、いまや風前の灯火《ともしび》となった日本の「天皇制」を廃止すべきか否かについてベヴィンに尋ねた。慎重なベヴィンは、この問題は十分に検討する時間が必要であると答えながらも、断固たる口調で次のように語ったとされる。

「先の世界大戦［第一次大戦］後に、ドイツ皇帝《カイザー》の体制を崩壊させなかったほうが、われわれにとってはよかったと思う。ドイツ人を立憲君主制の方向に指導したほうがずっとよかったのだ。彼らから象徴《シンボル》を奪い去ってしまったがために、ヒトラーのような男をのさばらせる心理的門戸を開いてしまったのであるから(4)」

ベヴィンは「労働党」の政治家であり、極貧生活の中からはい上がり、労働組合の指導者にもなった社会主義者である。ある意味では、H・G・ウェルズ以上に「反君主制」を唱えていてもおかしくない彼がこのように断言したことに、フォレスタルは驚嘆したのだった。このベヴィンの発言どおり、戦後の日本には、天皇を象徴とする新たな国家が形成され、今日に至っている。二〇世紀を代表するイギリスの政治家ベヴィンをして、戦後日本の安全弁のように言わしめた、「立憲君主制」とは果たしてどのようなものなのであろうか。

本書は、二一世紀の今日ではもはや「時代遅れ」とみなされることも多い、国王や女王が君臨する君主制という制度を、いまだに続けている国々の歴史と現状を検討していくことを目的としている。その際に重要なキーワードとなるのが、この「立憲君主制」なのである。

なお、本書で使用する「立憲君主制」という用語について、ここで簡単に説明しておきたい。理論的な詳細は、このあとすぐに第一章で述べていくが、代表的な憲法学における区分としては、世襲君主制（君主の位が親から子、孫へと代々引き継がれる）の統治様式は、大きく三つに分けられている。それは、一七～一八世紀のフランスなどに代表される、君主が絶対的な権力を握る「絶対君主制」。一九世紀以降のドイツや中欧に見られた、議会や政府より君主の権限が優越する「立憲君主制」。そして近現代のイギリスやベネルクス、北欧などに見られる、立法では議会が、行政では議会に対して責任を負う内閣が優越する「議会主義的君主制」の三つである。[5]

この区分に基づくと、「立憲君主制」と「議会主義的君主制」とは異なるものであるが、今日では君主制をとる世界の大半の国や地域で議会制民主主義が定着しているので、本書は「議会主義的」とあえて冠をつけず、「君臨すれども統治せず」を基本に置く君主制はすべて「立憲君主制」という枠組で論じていくことにしたい。それゆえ、本書のタイトルも『立憲君主制の現在』となっている。

以下、まず第Ⅰ部では、人類のこれまでの歴史のなかで立憲君主制が形成されてきた過程を、主にはイギリスの歴史から繙《ひもと》いていく。イギリスを中心に検討する理由は、何よりもまず著者がイギリス政治史を専攻していることにもよるが、ヨーロッパ大陸や戦後の日本にとって、イギリスの君主制こそが「立憲君主制の鑑《かがみ》」として理想化され、それぞれの君主制のあり方にも影響を与えてきたからである。第二次大戦後に、今日の日本国憲法の原案を作り上げていく上で、連合国軍最高司令官総司令部（GHQ）の担当者たちが日本の天皇制を存続させるために参考にしようとしたのが、他ならぬイギリスの立憲君主制であったと当時の状況を詳しく知る研究者は述べている⑹。その意味でも、イギリスで立憲君主制が形成されていった歴史を知ることは、現代の日本人にとってもきわめて重要となってくる。

第Ⅱ部では、立憲君主制を採る主な国々の現状について検討していく。イギリスはもとより、男女同権や「象徴君主制」のさきがけとなった北欧諸国、混迷する政党政治の調整役を務めるともに「君主の代替わり（譲位）」について貴重な先例を見せてくれているベネルクス諸国の状況を検討していきたい。さらに、ヨーロッパの君主制とは異なるかたちで、今日も連綿と続いているアジア諸国の君主制についても簡単に見ておきたい。

そして最後に、これら諸外国における君主制の歴史と現状とが、現代の日本の天皇制に与える影響についても考察しておきたい。読者の多くにとって、二〇一六年八月八日に今上天皇がその「おことば（正式には「象徴としてのお務めについての天皇陛下のおことば」）」を、テレビを通じて国民全体に伝えた姿は記憶に新しいことだろう。それと同時に、この前代未聞の「おことば」の発信により、「戦後日本の象徴天皇制とはいったい何であったのか」について、あらためて考えさせられたのではないだろうか。

「立憲君主制とは何か」を考えることは、今日の私たち自身を考えることなのである。

立憲君主制の現在　日本人は「象徴天皇」を維持できるか

目次

立憲君主制の現在

日本人は「象徴天皇」を維持できるか

第Ⅰ部　立憲君主制はいかに創られたか

第一章　立憲君主制とは何か

君主制は人類の有する制度の中でもっとも古く、もっとも恒久性のある、それゆえもっとも光栄ある制度の一つである。[1]

君主制の種類

これはドイツ出身でのちにアメリカで活躍した憲法学者カール・レーヴェンシュタイン（一八九一〜一九七三）の言葉である。君主制に関するいまや古典の感がある著作を記した彼は、君主制の種類を簡潔に示してくれている。まずは、一定の家族や王朝の成員が継承秩序にしたがって代々位を引き継いでいく「世襲君主制」と、一定の選挙方法によって君主を選んでいく「選挙君主制」である。後者は、中世から近世にかけてのヨーロッパ中央部に君臨した「神聖ローマ帝国」の皇帝の場合などに当てはまる。大小三五〇ほどの聖俗諸侯たちの頂点に立つ皇帝は、その

なかでも有力な七人（一七世紀末からは九人）の選帝侯による選挙で選ばれていた。(2)

現在でも、マレーシアでは「スルタン（王）」を有する九つのヌグリ（州）の間で、輪番制で五年ごとに国王《キング》を互選で選出しており、これも「選挙君主制」に入るだろう。

しかし、有史以来の君主たちの多くが「世襲君主制」によって位に即《つ》いてきた。レーヴェンシュタインはこれをさらに三つに区分している。

まずは「絶対君主制」である。ルイ一四世（在位一六四三～一七一五年）時代のフランス王政に代表される統治形態であり、絶対的な支配者、すなわち法から解放された王が、神意の命じた権利によって思うままに統治でき、神に対してのみ責任を負っていた。一七世紀以降のヨーロッパに一般的に見られ、ロシア革命（一九一七年）によって倒されたロマノフ王朝とともにヨーロッパでは完全に消滅したとされる。ただし中東諸国や二〇世紀のエチオピア帝国（一九七四年消滅）ではこれに近い体制が続いていると、レーヴェンシュタインは分析した。(3)

次に「立憲君主制」である。一九世紀のプロイセン王国（現在のドイツ北東部）に代表され、「国王は君臨しかつ統治する」体制となる。すなわち国王が統治者であると同時に支配権の所有者ともなる。ここでは王権と議会という二つの国家機関が並存し、レーヴェンシュタインの言葉を借りればその「合奏」が立憲君主制の本質となる。しかし、国王の背後には軍隊・警察・行政がついているため、国王と議会との間に意見対立が生じた場合には、権利の推定はつねに国王に有利に働く。それゆえ、絶対君主制に転じることも容易である。一九～二〇世紀のドイツ諸国や第一次世界大戦後のブルガリア、ルーマニア、ギリシャなどその典型例であった。また、第二次世界大戦後のエジプトやイランの場合も「立憲的な装いをこらした絶対君主制」であり、これらはいずれも消滅の憂き目に遭っている。(4)

そして最後が「議会主義的君主制」である。一九世紀のイギリスで確立され、ベルギーなどのベネルクス諸国、スウェーデンなどの北欧諸国でも採用された「国王は君臨すれども統治せず」の体制となる。立法は議会に委ねられ、行政は議会内で多数派を形成している政党の信任を得た内閣によって担われる。その際に大臣たちの責任は、君主ではなく議会に対して問われる。(5)

レーヴェンシュタインの著作は、一九五二年に西ドイツで刊行されたが、その時点ですでに彼は根底に権威的な統治形態や仮装した国王独裁を秘めた「見せかけの立憲君主制」の時代は去り、民主主義的な国家の要求に応えられる「議会主義的君主制だけが存立の見込みがある」と、鋭く見通していた。すなわち君主制の存立は、民主主義的に正当化されている場合のみ是認されうるというわけである。(6)

カール・レーヴェンシュタイン

はたしてその後の歴史を振り返ってみると、刊行の翌年に革命で倒壊されたエジプト（一九五三年）をはじめ、チュニジア（五七年）、イラク（五八年）、イエメン（六二年）、リビア（六九年）、そしてイラン（七九年）と、中東に見られた「見せかけの立憲君主制」国家では、次々と君主制が倒され、共和制へと転じた。けだしレーヴェンシュタインの慧眼《けいがん》といえよう。

民主主義との調和

このように二一世紀の今日《こんにち》の世界では、君主制を採る国の多くが「議会主義的君主制」の下で統治を進めているか、それに近いかたちで君主制を継続させている。レーヴェンシュタインが定義づけた「立憲君主制」は、今日のわれわれの目から見れば、専制主義的な側面が強くそれゆえのちに軍部や民衆から倒壊させられた。本書でこれから主に見ていく君主制国家の統治形態は、議会制民主主義に基づくものであり、「議会主義的」という表現は当然となってくる。

したがって、「はじめに」でも述べたとおり、本書では、レーヴェンシュタインが「議会主義的君主制」と定義づけたものを含め、ひろく「立憲君主制（constitutional monarchy）」と呼び、このあとの議論も展開していきたい。

さらに、レーヴェンシュタインの著作が刊行されてから二〇年ほど後に、スウェーデンで大きな変革が見られた。一九七四年に制定された新しい憲法により、それまで国王が保持していた、内閣の任免権や法律の裁可権、軍の統帥権や恩赦権など、その政治的権能が大幅に縮減されたのである。国王の国政上での役割は儀礼的および代表的な権能に限定されるようになった。憲法学者の下條芳明は、このような君主制を新たに「象徴君主制」と呼び、戦後日本の天皇制とも比較しながら検討を進めている。(7) スウェーデンの象徴君主制の詳細は第五章で論じていきたい。

その下條も述べているとおり、君主制（特に世襲君主制）というある特定の一族に特権的な地位を与える制度と、民主主義というすべての人間が生まれながらにして平等という考え方は相互に異質なはずである。それが巧みに調和させられたのが、「議院内閣制」という制度の定着によってであった。そこでは、君主制が民主主義に適合するかたちで再編されるとともに、民主主義社会にとっても君主制が権威の源泉とされるようになった(8)。

民主主義の理念と合致する国家形態は、君主制よりも共和制であると考えるのが普通であろう。共和制では、通常は男女普通選挙に基づいた国民投票により、自分たちの国家元首にして政府の首長たる「大統領」が選ばれるからだ。しかし、「はじめに」でも記したとおり、君主制か共和制かという国家形態と、それが専制主義的か民主主義的かという統治形態とは、必ずしも合致はしないのである。日本の憲法学を牽引した宮沢俊義が当を得た見解を示してくれている。

宮沢俊義

「ヒトラァ時代のドイツは、共和制であった。ムッソリニ時代のイタリヤは、君主制であった。しかし、ひとしく君主制だからといって、イギリスとファッショ・イタリヤとを一方におき、ひとしく共和制だからといって、アメリカ合衆国とナチ・ドイツとを他方において、両者を対立させ、比較してみることに、意味のないことは、明らかである。むしろ、一方には絶対制としてのナチ・ドイツとファッショ・イタリヤとをおき、他方には、民主制としてのイギリスとアメリカ合衆国とをおき、両者を対立させ、比較することが、きわめて重要な意味をもつ(9)」

本書でこれから検討していくとおり、現代の社会では、王室が民主主義を助け、強化する場面が増えている。その嚆矢《こうし》となったのも、近現代のイギリス王室であった。

とはいえ、そのイギリス王室でさえ、民主主義と折り合いをつけていくにはそれ相応の時間が必要であった。さらに、現在では「安泰」に見えるイギリスの立憲君主制にも、その時々に猛烈な反対者が存在していた。

反君主制の系譜

王権が強かった中世においては、君主制を真っ向から批判する声は知識人の間にもあがることは少なかった。一七世紀にはいると、イギリスではトマス・ホッブズ（一五八八～一六七九）やジョン・ロック（一六三二～一七〇四）が「王権神授説（王権は神から付与されたものであり、王はこの世の人間に対して責任を負う必要はなく、神のみに対して責任を負うという考え方）」を否定し、「社会契約説（生まれながらに平等な個々人が自然権を一部放棄して、政府と契約を結んで統治を委託するという考え方）」を主張するようになった。ホッブズは国王主権を正当化し、ロックは人民主権を提唱した点に両者の違いは存在した。ただしそのロックでさえ、君主制それ自体を否定するようなことはなかった。

イギリス生まれの思想家のなかで、君主制を正面から否定する本格的な理論を打ち出した最初の人物は、トマス・ペイン（一七三七～一八〇九）であろう。彼は、アメリカ独立戦争（一七七五～八三年）のさなかに書いた『コモン・センス』（一七七六年）で、王制を痛烈に批判した。

ペインはイングランド東部のノーフォークで製造業の家に生まれ、少年期にいくつも職を転々としたのちに、文筆業に転じた。そのときに出会ったベンジャミン・フランクリン（一七〇六〜一七九〇）の勧めで、アメリカへと渡ったのである。

ペインによれば、人類は天地創造以来「平等」であり、人間を王と臣民に差別することに問題があると説き起こしている。聖書の年代記を見ても、世界史の初期には王も戦争もなかった。戦争が起こるようになり、人類が混乱に陥るのは「王の高慢」によってである。さらに王政の害悪の上に世襲制という弊害が重なり、人類はさらに混乱に陥った。ペインの言葉を借りれば、王朝を築いた初代の王など「行動力のあるギャングの親分にすぎない」存在であった[10]。

このようにペインは、自然権の思想や聖書の教えに基づいて、君主制と世襲制を真っ向から否定し、共和制こそが人々に自由と平等を保証してくれる統治形態であると主張した。このパンフレットは、一七七六年一月にアメリカで刊行され、発売から二週間で一万部が飛ぶように売れた。その後も増刷が続けられ、三ヵ月で一二万部、年内には五〇万部も出版されたと言われる。当時の一三の植民地の白人人口は二〇〇万人ほどであるので、その影響力のほどもうかがい知れる。

トマス・ペイン

実は、このパンフレットが刊行される前には、まだアメリカ植民地側はイギリスからの独立などは考えていなかった。しかしこの『コモン・センス』がひとつの引き金となって、その年の七月四日に大陸会議で採択される「独立宣言」へとつながっていったのだ。

一九世紀半ば以降にイギリスでも見られるようになった「反君主制（anti-monarchism）」運動は、まさにこのペインの思想を受け継いでいる。第二章でも詳述するが、この時期のイギリスでは、労働者階級への選挙権の拡大を主に主張する「チャーティスト運動」が高揚した。男子普通選挙権や選挙区の平等（今日でいう議席の定数是正）、秘密投票の実施などを掲げた「人民憲章《ピープルズ・チャーター》」を公表（一八三八年）した運動だったために、この名が付けられた。こうした運動に活気づけられた「人民急進主義（popular radicalism）」の思潮が、一九世紀半ばのイギリス全土の商工業都市を席巻《せっけん》していくこととなる[11]。

「共和制危機」の時代

「少年として私は、王侯貴族を暗殺するのは自分の義務で、そうすることこそ国家にとっての奉仕であり、したがって、英雄的な行為である、と考えるようになったのである[12]」

この衝撃的な言葉を残したのは、のちのアメリカ最大の「鉄鋼王」アンドリュー・カーネギー（一八三五～一九一九）である。彼はもともと、スコットランド東部のダンファームリンで生まれ育った。祖父の時代には一財産築いていたが、その後落ちぶれて貧しい生活を余儀なくされた。ダンファームリンは、スコットランドでも特に急進主義の影響力が強く、チャーティストの活動も見られていた。幼少時のカーネギーはその影響をもろに受けていたようである。

やがて彼は、トマス・ペインと同じように故郷を離れ、一三歳の時に新天地アメリカへと渡り、そこで努力の末に世界に冠たるカーネギー鉄工所を築き上げていく。一九世紀末までには、カーネギー鉄工所だけで、イギリスのすべての鉄鋼会社の生産量を超えていたとまで言われている。功なり名遂げてから、彼はしばしば故郷に戻ったが、そのたびごとに彼は公衆の面前で君主制に対する批判を展開した。「皇太子は莫大な収入を得てのうのうとしているのに、お国のために戦争に行って負傷した人々が救貧院で亡くなっているなんておかしい[13]！」

世界有数の大富豪にのしあがったカーネギーには生涯を通じて、幼い頃に影響を受けたチャーティスト運動の精神が染みついていたのかもしれない。

チャーティスト運動は、一八四〇年代の終わりまでには衰退するが、一八六〇年代後半には、再び選挙権の拡大を提唱する運動が高揚し始めた。折しもイギリス議会内では、都市の労働者階級（工場で働く労働者）の男性世帯主にまで選挙権を拡大する「第二次選挙法改正（一八六七年に実現）」をめぐり、保守党と自由党との間で論戦が繰り広げられていた。こうした動きに議会の外から敏感に反応を示していたのが、かつてチャーティスト運動から影響を受けていた新たな急進主義運動であった。

選挙法改正が実現した直後から、彼らの次なるターゲットとなったのが、王室だったのである。当時のヴィクトリア女王（在位一八三七～一九〇一年）は、一八六一年の暮れに最愛の夫アルバートを亡くしており、その悲しみに打ちひしがれていた。彼女は、夫が設計に携わったスコットランド北部のバルモラル城やワイト島（イングランド南部）のオズボーン・

アンドリュー・カーネギー

ハウスに引きこもり、亡き夫との思い出に浸る毎日を過ごした。最初の数年は、女王を気の毒に思っていた国民だったが、いつしか「女王の喪はいつになったら明けるのか」という不満へと転じていった[14]。

スコットランドにいようと、ワイト島にいようと、女王の許には政府や議会の重要書類が毎日届けられ、女王はそれにすべて目を通し、公務もすべてこなしてはいた。しかし、それは国民の目には届かないことだった。議会の開会式にも毎年欠席し、王子や王女が結婚して宮廷を開く際に議会にその費用を認めてもらうときだけ出席するような女王の態度に、国民は次第に怒りを募らせていくようになった。ついには反君主制を掲げる集会が、ロンドンはもとより、ニューカースル、シェフィールド、バーミンガム、レスターと、全国の商工業都市で開かれるようになった。その彼らが手に持つ書物がペインの『コモン・センス』だった[15]。

一八六八年九月にはスペインで革命が起こり、イサベル二世（在位一八三三〜六八年）の王政が倒され（七三年から共和政が開始）、七〇〜七一年の普仏（独仏）戦争でフランスが敗北し、ナポレオン三世（在位一八五二〜七〇年）の第二帝政が崩壊する（七〇年から第三共和政が開始）など、ヨーロッパ大陸のこれらの動きもイギリスでの「共和制運動」に拍車をかけた。

それも一八七一年暮れに、アルバート・エドワード皇太子（のちの国王エドワード七世）が、一〇年前に亡父が命を落としたのと同じ腸チフスで重態となり、これまた亡父の命日である一二月一四日に奇跡的に意識を取り戻すという事態が生じて一変した。それまで女王や皇太子を非難していた新聞や雑誌もすべて「皇太子の恢復《かいふく》」を祈願するようになり、皇太子が復活するとともに

「反君主制」の動きは止まっていった。それと同時に、一八七二年二月にロンドンで行われた皇太子恢復感謝礼拝の際に国民が盛り上がる様子を見て、ヴィクトリア女王自身も机上の仕事のみが君主の務めではなく、国民の前にもっと姿を現す「儀礼的な役割」を再認識していく。

バジョットの『イギリス憲政論』

このような一連の動きの中で、第二次選挙法改正が実現したのと同じ一八六七年に刊行されたのが、イギリスのジャーナリストで思想家のウォルター・バジョット（一八二六～一八七七）の筆による『イギリス憲政論（*The English Constitution*）』であった。

これよりも前に、すでに大革命で君主制を一度廃止していたフランスでは、一九世紀前半の段階でバンジャマン・コンスタン（一七六七～一八三〇）やフランソワ・ルネ・ド・シャトーブリアン（一七六八～一八四八）といった思想家たちにより、イギリス立憲君主制の効用が激賞されていた。彼らはイギリスの王権が、議会・内閣・裁判所から超然としており、これら三権の行動を調整し、三者に協力させて政治的均衡を生み出しているとして君主制を高く評価した[16]。

当のイギリスで自国の立憲君主制の効用について最初に本格的に論じたのが、いまやイギリス国制（憲法）については古典の感がある、バジョットの『イギリス憲政論』だったのである。

冒頭でバジョットは、立憲主義を採っている国々の「憲法（国制）」を大きく二つに分けている。それは民衆の尊敬の念を呼び起こし、これを保持する「威厳をもった部分（dignified part）」と、現実の政治を動かしていく「機能する部分（efficient part）」である。一九世紀半ばのイギリス政治にあっては、前者は君主と貴族院、後者は内閣と庶民院（下院）がそれぞれを担う方向にあった。バジョットは国制を運営していくうえでこの二つがともに必要であると論じる。

そしていまや「威厳をもった部分」を担っているとはいえ、イギリスで君主制が強固な統治形態として続いているのは、次の五つの特徴があるからであると彼は結論づけている。

まずはその「わかりやすさ」である。実際にイギリス政治を動かしているであろう議会の行動や政党同士の駆け引きなどは、国民の多くにとっては複雑でわかりにくく、誤解を受けやすい。これがただひとりの意思に基づく行為やその考えから出た命令ともなると、わかりやすく、誰にでも認知されやすい。識者たちからたびたび引用されるバジョットの名言がこれである。

「要するに君主制は、興味深い行動をするひとりの人間に、国民の注意を集中させる統治形態である。これに対し共和制は、いつも面白くない行動をしている多数の人間に向かって、注意を分散させる統治形態である。ところで人間の感情は強く、理性は弱い。したがって、この事実が存続するかぎり、君主制はひろく多くの者の感情に訴えるために強固であり、共和制は理性に訴えるため弱体であるといえるであろう[17]」。

次にイギリス君主制の第二の特徴が、「宗教的な力によって政府を補強していること」にある。先にも記した「王権神授説」にもあるとおり、君主は神から任命された者であり、君主以外には誰も神から任命はされていなかった。こうした考え方も時代が下るとともに弱まってはいったが、それでも一九世紀に至っても君主を目に見える統合の象徴に仕立て上げた。バジョットによれば、それ以前において君主は超越的な存在であり、もっぱら神聖性を独占し、国家全体を神聖化するのに役立っていたのであるが、一九世紀半ばには君主制は国民大衆の安易な服従心を動員することで国家機構全体を強化している。

第三の特徴は、「君主が社会（社交界）の頂点に位置していること」である。中世以来、すべての者が君主に忠誠を誓い、すべてが君主のまわりに配列された。外国人にとっても君主こそが「国民の代表」であり、彼ら外国からの賓客をもてなすのもこの社会の頂点に立つ代表の役割となる。それが首相や大統領のように四年か五年ぐらいごとに入れ替わるというのも問題があろう。ただし一九世紀になるとイギリスの君主は、同時代のフランス皇帝などと比べても、地味に振舞うようになった。君主は政争に介入することも控え、社交生活面でも自らの豪勢さを見せびらかすのもやめて、有力者たちからの羨望や嫉妬といった無駄な弊害を取り除くことに成功した。

第四の特徴は、「人々が君主を道徳の指導者として考えるようになっていること」である。ジョージ三世やヴィクトリア女王の徳行は国民の胸の内に銘記されている。このためイギリス人は、当然に有徳の君主をいただけるものと信じ、また君主は玉座にあって万民に卓越しているように、家庭道徳面でもおそらく立派であるに違いないと信じられるようになった。立憲君主の職務は、謹直と厳正とを要する重大な職務であり、情熱にそそのかされたり、途方もない空想を追い求めたり、無謀な考えを遂行するようなことは断じて避けなければならない。

そして最後にバジョットがあげている特徴が、「立憲君主

ウォルター・バジョット

は仮装して行動する」という点にある。国民がぼんやりしていて気づかない間に、真の指導者たちを交替させ、その実、政府の改革を手助けしてくれるのが立憲君主である。たとえば絶対王政から議院内閣制へと転換する際に、最大の頼みの綱となるのが、議院内閣制に好意を示し、その実現を公約している君主が即位することなのである。できたばかりの政権は難局に処するには弱体であり、首相の権力もまだ安定していない。首相の権力は人間の理性に頼りすぎて、人間の本能に頼ることが少なすぎるのである。「このような場合に、世襲君主の持つ伝統の力は測りしれない効用を発揮する」とバジョットは強調している。その点では第二章でも論じる、名誉革命（一六八八～八九年）直後の国王ウィリアム三世（在位一六八九～一七〇二年）の役割などその典型例であろう[18]。

そしてこれも、今日に至るまでたびたび引用される名文句であるが、立憲君主制の下では君主には三つの権利があるという。それは、政府・大臣と相対する際に、「諮問に対し意見を述べる権利」、「奨励する権利」、「警告する権利」である。

君主がすぐれた感覚や英知をもっていれば、このほかに必要とするものはなにもない。そのような君主はこの三つの権利を非常に効果的に行使できることを知っている。そして賢明な君主であれば、長い治世の間に経験を積み、これに太刀打ちできる大臣はごく少数にすぎない[19]。

これらのバジョットの理論は、のちに国王ジョージ五世（在位一九一〇～三六年）に絶大な影響を与え、彼は二〇世紀前半を代表するイギリスの立憲君主として、その力量を見せつけることになる。この点は、第三章で詳しく論じていきたい。

とはいえ、バジョットの理論は一九世紀半ばの時点では通用するものであったかもしれないが、二〇世紀以降にはこれだけでは捉えきれない新たな現実が付け加わっていく。

本章の冒頭でも紹介したレーヴェンシュタインは、上記の「諮問に対し意見を述べる権利」というものは、一九五〇年代の立憲君主制にはもはや見られなくなり、国王の権利は「報告を受ける権利もしくは説明を求める権利へ弱められた」と論じている。[20]

しかし時としてイギリスの君主にはいまだに政府に対して「意見を述べる権利」は残されており、政府とは別の次元から様々な政策に関わることもありうる。二〇世紀のイギリスの政治学者アーネスト・バーカー（一八七四～一九六〇）もレーヴェンシュタインと同時期に述べているが、イギリスの君主には国内的関係、対外的関係、コモンウェルス（旧英連邦諸国）との関係という、三つの領域で新たな役割が求められるようになっているのである。[21]

このように、一八六七年以降のイギリスが遭遇した様々な政治状況も加味していく必要があるものの、バジョットの『イギリス憲政論』はヨーロッパ大陸の立憲君主論に大きな影響を与え、さらに海を越えたこの日本でも反響が見られることになった。

福澤諭吉の『帝室論』

「バシーオ」氏の英国政体論に云く、世論喋々、帝室は須《すべか》らく華美なる可しと云う者あり、須らく質素なる可しと云う者あり、甚しきは華美の頂上を極む可しと云う者あれば、これに反対して全く帝室を廃す可しと云う者あり、皆是れ一場の空論のみ、今の民情を察して国安を維持せんとするには、中道の帝室を維持すること甚だ緊要なり。(22)

これは近代日本を代表する知識人のひとり、福澤諭吉（一八三五〜一九〇一）が記した『帝室論』の一節である。書かれたのは一八八二（明治一五）年のこと。この前の年の一八八一年一〇月に「国会開設の詔《みことのり》」が明治天皇（在位一八六七〜一九一二年）によって公布され、一八九〇年までに議会を開設し、欽定憲法も制定していくことが表明されている。これを受け、福澤は日本にイギリス流の立憲君主制が形成されることを望み、『帝室論』の執筆に踏み切ったのであろう。

ここに登場する「バシーオ」氏というのが、バジョットにほかならない。中津藩（現大分県）の侍の家に生まれた福澤は、幕末（一八六二年）に渡欧し、万国博覧会でにぎわうロンドンをも訪れている。そのとき世界に冠たるヴィクトリア時代の大英帝国の経済力と技術の高さに圧倒されたはずである。すでに中津藩江戸藩邸に開校していた蘭学塾は、帰国後に「慶應義塾」と改名され、福澤は近代日本の未来を担う逸材をここで教育していくことになる。

その福澤にとって、イギリスは経済力や技術の面だけでなく、政治制度や統治形態においてもお手本とすべき大国であった。『民情一新』（一八七九年）のなかで、権力者が長く居座わると腐敗を招くため、国民による投票で権力者を随時交替させるべきと唱え、その点でもイギリスの議会政治や政党政治は参考になるものであった。そしてこの二年後に「詔」が出され、いよいよ日本にも議会政治が現れるなかで、皇室はどうあるべきかを説いたのが『帝室論』であった。

まず、彼は「帝室は政治社外のものなり」と冒頭で述べ、皇室を政治のなかで煩わせるべきではないと唱えた。国会開設が現実のものとなれば、議会内における政党同士の争いも激化しよう。そのようなときに、皇室がいずれかの政党や政治家に肩入れしてしまえば「熱中煩悶の政党は、一方の得意なる程に一方の不平を増し、其の不平の極は帝室を怨望する者あるに至る可し」となる。[23] 議会政治や政党政治が定着していくにあたって、君主がそのなかで「公正中立」の立場を保つことが肝要である。こうした理論を打ち立てる際に、福澤が最も参考にしたと思われる書物のひとつが、バジョットの『イギリス憲政論』である。

「西洋の一学士、帝王の尊厳威力を論じて之を一国の緩和力と評したるものあり。意味深遠なるが如し」[24]と、福澤は西洋の思想家の発言を引用しているが、これもまたバジョットの君主論に則っているように思われる。また、「帝室は万機を統《すぶ》るものなり、万機に当るものに非ず。統ると当るとは大いに区別あり」とも福澤は述べており、まさにこれは立憲君主制の本道である「君臨すれども統治せず」の理念と重なってくる。[25]

福澤諭吉

その帝室が、これからの近代国家日本にとって大切な役割を果たしていくのが、議会政治への対応だけではなく、以下の二点にもあるという。

ひとつは国民に対する「勧懲賞罰」である。「国会の政府に於いてはよく懲罰を行う可し」ではあるが、勧賞のほうは行うことが少ない。人の功を賞し、その徳を誉めることも、これからの政府は行わなければなるまい。「結局国民の栄誉は王家に関するものにして、西洋の語に王家は栄誉の源泉なりと云うことあり、以て彼の国情の一班［斑］を見る可し」と福澤は述べる。[26] この「栄誉の源泉（Fount of Honour）」という機能は、第四章でもイギリス王室を事例に見るが、二一世紀の今日でも王室にとって大切な役割のひとつである。

もうひとつ福澤は、「学術技芸の奨励」も皇室に依頼すべきであるという。特にここで福澤が好例として挙げているのが、ヴィクトリア女王の夫「アルバルト公」（アルバート公）であった。彼は福澤が訪英する一年前にすでに他界していたが、「在世の間、直接に政事に関せずと雖ども、好んで文学技芸を奨励し、国中の碩学大家は無論、凡《およ》そ一技一芸に通達したる者にても、親しく公の優待を蒙らざるものなし」と、福澤はアルバートを激賞し、「王家帝室の名声を以て一国の学事を奨励し、其の功徳の永遠にして洪大なること以て知る可し」と締めくくる。[27]

また、先に紹介したとおり、福澤はバジョットを直接引用して、帝室は華美過ぎてもいけないが質素過ぎるのも良くないとし、皇室の費用は一種特別なものであるから、あまり削減などはしないほうがよいとも述べている。福澤の『帝室論』はイギリス流の立憲君主制を日本に採り入れるための方策を、主にはバジョットの著作に求めながら、独自に展開していると言えよう。

小泉信三と『ジョオジ五世伝』

福澤諭吉が亡くなった一九〇一（明治三四）年の四月二九日、日本全土が歓声に湧いた。明治天皇の三男で皇太子嘉仁《よしひと》（のちの大正天皇）に長男迪宮《みちのみや》裕仁が誕生したのだ。のちの昭和天皇

（在位一九二六～八九年）である。皇太子時代の裕仁は、一九二一（大正一〇）年の春から夏にかけてヨーロッパ諸国を歴訪している。その最初の訪問地がイギリスであった。ヴィクトリア駅では当時の国王ジョージ五世が直々に裕仁を出迎え、バッキンガム宮殿にも泊めて大歓待した。それから半世紀以上を経た一九七九（昭和五四）年の記者会見で、昭和天皇はこのときの訪欧を振り返り、記者たちから特に印象に残っていることについて質問を受けた。

「それはなんといってもイギリスの王室を訪問したことでありまして、そのイギリスの王室はちょうど私の年頃の前後の人が多くって、じつに私の第二の家庭とでもいうべきような状況であったせいもあって、イギリスのキング・ジョージ五世が、ご親切に私に話をした。その題目は、いわゆるイギリスの立憲政治のありかたというものについてであった。その伺ったことが、そのとき以来、ずっと私の頭にあり、つねに立憲君主制の君主はどうなくちゃならないかを終始考えていたのであります(28)」

裕仁皇太子とジョージ五世

弱冠二〇歳でヨーロッパを訪れた昭和天皇は、他にもフランス、ベルギー、オランダ、イタリアを訪問し、特にフランスでは第一次世界大戦の戦場などを見学し、総力戦の爪痕を目の当たりにした。それでも彼に強烈な印象を与えたのは、イギリス王室が国民生活に安定を与えているという立憲君主制の実情のほうだったのかもしれない。昭和天皇の言葉にもあるとおり、このときジョージ五世から受けた「慈父」のような温かみは終生忘れられず、ちょうど五〇年後の一九七一（昭和四六）年秋にイギリスを再訪した折にも、ジョージ五世の孫にあたるエリザベス二世（在位一九五二年～　）主催の宮中晩餐会の席での「おことば」で、そのことに触れている。[29]

しかし、天皇の最初のイギリス訪問から二〇年後の一九四一（昭和一六）年一二月に、日本はそのイギリスと戦闘状態に入った。四年後に敗戦を迎えた日本では、皇室の存廃も議論されたが、GHQの側では立憲君主制としての天皇制の存続を認める方向となった。

こうしたなかで「新生日本」の新たな皇室を担う存在として注目を集めたのが、一九三三（昭和八）年に生まれた皇太子明仁（今上天皇）だった。そして敗戦から四年後の一九四九（昭和二四）年から、東宮御教育常時参与として皇太子の養育係となったのが、晩年の福澤諭吉から薫陶を受けた、慶應義塾の前塾長、小泉信三（一八八八～一九六六）である。

小泉は、慶應義塾大学を卒業後の一九一二年にイギリスに留学した。時はまさにジョージ五世が即位した二年後のことである。第三章でも詳述するとおり、庶民院（与党自由党）と貴族院（野党保守党）の雌雄を決した「議会法」が成立した翌年にあたり、イギリス議会政治が最も熱気に包まれていた時代でもあった。小泉はまさにイギリス立憲君主制の現状を肌で知っていた。

その小泉が皇太子の養育係に就任し、明仁と一緒に講読する書物として選んだのが、恩師福澤の『帝室論』とともに、イギリスの外交官にして歴史家のハロルド・ニコルソン（一八八六～一九六八）が書いた『ジョオジ五世伝（*King George the Fifth: His Life and Reign*）』である。この本は、一九五二年に刊行されたばかりで、もちろん和訳などなく、小泉と皇太子は原書で読み通した。全五三一頁を読了したのは一九五九（昭和三四）年四月三日のことであり、そのちょうど一週間後に皇太子は正田美智子嬢との「ご成婚」を迎えるのである(30)。

小泉が『ジョオジ五世伝』をテキストに選んだ理由は、この著作が当時すでに名著として評判が高かったことももちろんあるが、何よりまず主人公のジョージ五世が「義務に忠実な国王」だったからである。国王は天才でも英雄でもなく、その四半世紀にあまる治世において、人々の耳目を驚かすような行動もほとんどなかったかもしれない。しかしイギリス国民は、いつしか彼が王位にあることに堅固と安全を感じるようになっていた。

さらにジョージ五世の治世二五年の間に内閣は九回替わったが、王は終始一人だった。「事実上いかなる首相の政治的経験も、その連続の一点においては、王または女皇に及ばない。更に首相は常に政党の首領であるが、国王は当然党争外に中立する」。それゆえ「立憲君主は道徳的警告者たる役目を果たすことが出来るといえる。そのためには君主が無私聡明、道徳的に信用ある人格として尊信を受ける人でなければならぬこと勿論である」と、小泉はのちに語った(31)。

小泉信三

この小泉の言葉は、まさにバジョットが『イギリス憲政論』で論じたそれであり、評伝の主人公ジョージ五世も彼の本から体得した事柄でもあった。「新生日本」の新たな皇室と君主制を担っていく皇太子明仁に、「立憲君主とは何か」をしっかりと学んでもらいたいと、小泉はあえてこの本をテキストに選んだのであろう。

皇太子が小泉とどのような書物を講読しているのかは、おそらく昭和天皇の耳にも届いていたはずである。そのうちの一冊が、自身がかつて親しく接したあの英国王の評伝であると聞いて、天皇はどう思ったことだろう。

それと同時に、養育係の小泉自身も、この機会に皇太子とともにジョージ五世の人生を改めて振り返ってみて、次のように感嘆している。

「激烈な国内対立の間にあって、ジョオジ五世が終始了解と平和のために心身を苦しめ、責任ある政府の助言によってのみ行為する筈の立憲君主としては、およそ為し得る限りの力を尽した事実は、遥かに吾々の想像以上である。よく英国王は『君臨すれども統治せず』(The King reigns but does not govern.) といわれるが、もしもジョオジ五世もまたそうであったとすれば、君臨 (reign) するということは、実に並み大抵のことでないことを知るのである[32]」

立憲君主制の「母国」イギリス

このように、期せずして昭和と平成の二代の天皇には、イギリス立憲君主の模範ともいうべきジョージ五世の君主としての生き方、さらにそのジョージ五世が若き日に学び、その後の人生で実践した、バジョットの『イギリス憲政論』に書かれてある「君主像」とが大きく影響しているものと考えられる。

さらに、ジョージ五世の時代とその後のイギリスを「立憲君主制の規範」と考えていたのは、戦後の二代の天皇や小泉信三ばかりではなかった。戦後日本の占領政策を担ったGHQの高官らもしかりであった。

英米法学者で、戦後に最後の貴族院議員の一人として新憲法の制定に関わった高柳賢三（一八八七〜一九六七）は、その折のことをのちに記している。高柳によれば、第一次世界大戦後に、ドイツや東欧の国々では「民主主義と君主制は両立しないという純理論的考え方から」君主制を廃止して共和国となった。しかし北欧の国々など、君主制を採っていながら民主化の健全な歩みを示しており、これは純理論が必ずしも正しくないことを象徴している[33]。この点については、本章（二七頁）でもすでに明らかにしたことである。

高柳賢三

第二次世界大戦後の日本に天皇制を残すとすれば、それは「民主的天皇制」でなければならない。ソ連やオーストラリアのように天皇制廃止を訴える国々に対抗するためには、それしかないと最高司令官のダグラス・マッカーサー（一八八〇〜一九六四）をはじめ、GHQの高官たちは意見を一致させていた。こうして彼らが出してきた「民主的な天皇制」の原案では、天皇はいっさいの重要事項については「内閣の助言にもとづいてのみこれを行な」い、戦前の大日本帝国憲法で天皇に保障されていた、統帥大権や外交大権などはすべて剥奪されることになった。内閣の交替も総辞職か解散・総選挙によるものとされた。

高柳によると、「民政部法律家も、やはりイギリスの国王をモデルとして考えていた。アメリカの法律家は一般に欧大陸の法制は余り知らないが、イギリスの法制はかなりよく知っている。また高等教育を受けたアメリカ人はイギリスの憲政については、日本人などよりはるかにふかい認識をもっている。そこで〝民主的天皇〟を具体的に条文化するについても、イギリス国王の地位と権能を頭に置いていたことは当然のことといえるであろう(34)」。

こうしてGHQの主導により、戦後の新しい天皇制も形作られていき、その際に使われたのが国民統合の「象徴」という言葉であった。この「象徴的元首」ともいうべき天皇は、イギリスと同じ立憲君主国の元首として世界も認めてくれるはずだ。高柳もそう信じていた。

ところが、当時まだプロイセン＝ドイツ流の憲法学が強かった日本では、この「象徴」という言葉にも難色を示し、象徴と元首とはどう違うのか、天皇が憲法上「元首」と定められていなければ、新憲法下における元首は内閣または総理大臣となり、日本はもはや君主国ではなく、共和国であると説く学者もいたようである。

高柳は、これはアングロ・サクソン的法律家によって起草された日本国憲法を旧ドイツ解釈法学の条文中心主義に従って解釈したためであると看破し、「それらの解釈は、いわゆる〝英文をドイツ文法で解釈する〟ための誤った解釈」であり、イギリスが民主的な君主のモデルとされるのは、「法の形式ではなくその運用にある」と鋭く指摘している(35)。

当時のGHQで民政局長として日本国憲法草案の作成に携わったコートニー・ホイットニー

（一八九七～一九六九）が、「大きな声をはりあげて、天皇にはすべての尊厳（dignity）と名誉（honor）が与えられるべきである、しかし実際政治に介入することはしないというのが新憲法に関するマ元帥の考えであるといった」ときに、高柳はかつてバジョットが、「憲法には尊厳的部分（dignified part）と実用的部分（efficient part）があるとし、実際政治における尊厳的部分の重要性を説いている個所を想起した」と回想している。[36]

たしかにアメリカ主導の占領政策が採られた戦後の日本では、アメリカ型の大統領が元首と首相を兼ねて治めていくことも視野に入れられたかもしれない。しかし高柳も説いているとおり、「シンボル」としての世襲の国王と大統領を比較すると、国王は永続性をもつが、大統領は政変とともに変わるし、しかも大統領は政党政治家の出身である。そして政党政治家はその政党との関係ゆえに、国民の半数ないし相当の部分から敵視される傾向がある。「従って国民統合の象徴としては、国王よりも大統領のほうが適格性が少ないことは、共和国の政治家もみとめている」ほどなのである。[37]

コートニー・ホイットニー

こうして一九四七（昭和二二）年から施行された日本国憲法においては、「日本国の象徴であり日本国民統合の象徴」としての、新たな天皇制が定められることになった。その背景としては、イギリス流の立憲君主制を「理想」に描いていたGHQ高官たちの構想が考えられるのである。しかもその多くに、おそらく高柳賢三も推察するとおり、バジョットの

『イギリス憲政論』と、現実のイギリス立憲君主制のあり方を学んでいる形跡が見られる。

このようにイギリスの立憲君主制は、ヨーロッパ大陸で同じく君主制を維持する国々に対してはもとより、遠く離れたこの日本の天皇制や歴代の天皇に対しても大きな影響を与え続けている。それはアーネスト・バーカーも述べているとおり、イギリスの君主制が決して単なる保守的な制度ではなく、「時の経過において自らを変化させた。これがその長い存続の原因である。それは自ら変化したこと、時代の動きとともに動いたことによって生き永らえてきた」と考えられるからである。(38)

それでは、現代世界における「立憲君主制の母国」ともいうべきイギリスに、いったいなぜ、どのようにしてこの体制が形成されていったのであろうか。第二章と第三章でその点について、歴史的に検討していくことにしよう。

第二章　イギリス立憲君主制の成立

最後まで生き残る王様？

世界中が騒乱の渦にある。いずれこの世には五人の王しか残らなくなるだろう。イングランドの王、スペードの王、クラブの王、ハートの王、そしてダイヤの王である。[1]

これは第二次世界大戦が終結して三年後の一九四八年に、当時のエジプト国王ファルーク一世（在位一九三六〜五二年）が残した有名な言葉である。二〇世紀に入ってからまだ半世紀経っていなかった当時において、すでに述べてきたとおり、ドイツやハプスブルク、オスマンやロシアといった帝国にはじまり、イタリアやルーマニア、ブルガリアでも王国が消滅した。第一章でも紹介した、ニコルソンによるジョージ五世（在位一九一〇〜三六年）の評伝によれば、彼が国王に在位した四半世紀の間だけで、五人の皇帝（一九一一年の辛亥革命で姿を消した清王朝の中華皇帝も含まれよう）、八人の国王とさらに一八の王朝が消滅したとされている(2)。

憲法学者のレーヴェンシュタインも述べているとおり、「敗戦が国民にとって、王朝の周囲により密接に結集する契機となった以前とはちがい、今日ではもはや王朝は敗戦を切り抜けることはできない。たとえ王朝が敗戦に責任がないばあいであってすら、君主制は贖罪山羊《スケープ・ゴーツ》なのであり、荒野に追いやられるだろう(3)」。

たしかに、一九世紀以前の王たちは一度の戦争に負けたぐらいで玉座を追われるようなことはなかった。むしろ庶民は起死回生を狙う君主の周りに集まって、彼を鼓舞したものである。ナポレオン一世（在位一八〇四〜一四、一五年）に何度も打ち負かされた、ロシア、オーストリア、プロイセンの君主たちがその好例であろう。

しかし第一次世界大戦がすべてを変えてしまった。それはナポレオン戦争のように、貴族出身の将校や国民の一部が義勇兵として戦場に赴き、主要な戦闘の後に王侯同士で講和を取り結ぶという戦争ではもはやなくなっていた。老若男女のすべてが国家総動員のかたちで死力を尽くさなければ勝てない戦争だったのだ。敗北はすべて国家の責任、すなわち当時は君主の責任とされた。

このあたりの詳細は第三章で論じるとして、第一次大戦後のヨーロッパに次々と共和制国家が誕生したことは事実である。さらに、戦争に勝ったとしても、君主制が安泰だったわけではない。一九世紀以前のヨーロッパに明確に見られた「貴族政治《アリストクラシー》」の時代から、第一次大戦後に確立されていく「大衆民主政治《マス・デモクラシー》」の時代へと移り変わっていくなかで、戦勝国の君主たちも新たに政治に加わった国民たちと積極的に関わり、その支持を得なければ、君主制を維持することは難しくなっていったのである。その典型的な事例がイギリスに見られた。

第二章では、前記の言葉を残した四年後に自らも失脚する運命にあったファルークが、「トランプの王たち」とともに最後まで王が生き残ると予見したイギリスに、立憲君主制が形成されていった過程について、一九世紀末までを対象に歴史的に考察していく。そして、二〇世紀以降にもこれが時代の変化とともに生き残っていった歴史については、第三章で論じていくことにする。

賢人会議のはじまり

本章では一〇世紀から一九世紀までのおよそ九〇〇年にわたり、イギリスで徐々に立憲君主制が形作られていく過程を描いていく。イギリス史に馴染みのない読者には、やや迂遠《うえん》な話に感じられるかもしれないが、立憲君主制という制度がどのような経緯を経て練り上げられていったものかを理解しておくことは、現代の日本の天皇制を考えていくうえでも多くの示唆を与えてくれるだろう。イギリスの歴史において、「王権」と「議会」、そして一九世紀に登場する「国民」との間で、統治をめぐる権力と、その正統性の根拠となる源泉が、どのように移行していくかに注意しながら読んでいただきたい。

中世のイングランド王国に議会の原型ともいうべき「賢人会議（witenagemot）」が開かれるようになったのは、アゼルスタン王（在位九二四〜九三九年）の時代といわれている。彼は九世紀末にイングランドで最大の勢力を誇ったウェセックスのアルフレッド大王（在位八七一〜八九九年）の孫であり、九三七年に北部の連合軍を撃破してからは、真の意味で最初の「イングランド王」

と見なされるようになった人物でもある[4]。

そのアゼルスタンが即位した九二四年以降に、王は地理的にも社会的にも様々な「賢人（witan）」と呼ばれる有力者を集め、定期的に会議を開くようになった。集められたのは、大司教や司教、大修道院長といった高位聖職者の諸侯と、地方長官や豪族など世俗の諸侯である。会議が開かれたのは主にキリスト教の祝祭にあわせてであり、復活祭《イースター》（九二八年）、降誕祭《クリスマス》（九三二年）、聖霊降臨祭《ペンテコステ》（九三四年）が定例化されていった。日本では平安時代の、醍醐《だいご》天皇（在位八九七〜九三〇年）から朱雀《すざく》天皇（在位九三〇〜九四六年）の治世にかけてのことである。

賢人会議には、多いときには一〇〇名程度の有力者が集められ、立法の討議や、王権の表象ともいうべき貨幣鋳造などが話し合われた。アゼルスタンの時代に、イングランドでは国中を流通する単一の通貨が現れるようになった。こうして、社会的協調性と政治的安定性を維持するため、アゼルスタン没後にも会合は定期的に開かれていく。特にイングランドでは王位継承争いが絶えず、賢人会議は継承問題について話し合う大切な場となっていった。

アゼルスタン王が即位してからの一五〇年ほどの間に、この賢人会議を召集することが国王にとってイングランドの統治を管理していく重要な術《すべ》となった。同時期にはヨーロッパ大陸では、「国王大権から有力者による集団指導体制への移行（封建革命）」が生じていたとされているが、イングランドでこれが生じなかったのは、定期的な会議を開くことで有力者たちが国王と緊密な互恵的関係を築くことができていたからかもしれない[5]。

「海峡をまたいだ王」の登場

さらに賢人会議と並んで、国王と有力者との関係をカリスマ性と合意によって結びつけたのが、華やかな「戴冠式（coronation）」だった。イングランドで初めて戴冠式を挙行したのは、アゼルスタンの甥エドガー王（在位九五九〜九七五年）のときである。九七三年のことだった。キリスト教の祝福の下で王冠に神聖性と永続性が与えられ、これで王位も安泰に思われた。

ところが、それからわずか二年後にエドガー王が没すると、イングランドには王位継承争いが頻発することになる。こうしたなかで無能な国王を尻目《しりめ》に、賢人会議によってイングランド王に推戴されたのがデーン人（現在のデンマーク）のカヌート（在位一〇一六〜三五年）であった。彼は「征服王」として即位するのを嫌い、賢人会議の前で「エドガー王の法」を遵守《じゅんしゅ》することを誓った。賢人らはこれを受けて、カヌートを「全イングランドの王」と認めたのだ。

カヌート王

しかしその二年後に事態が大きく変わった。彼の兄でデンマーク王ハーラル二世が世継ぎを残さずに急死し、カヌートは現在のデンマーク、ノルウェー、スウェーデンにまたがる「北海帝国」の盟主に納まってしまった。このためイングランドの統治だけに専念することができなくなった。そこでカヌートは、イングランドを四つの伯領《アールダム》に分け、ここをそれぞれの伯（earl）に委託して統治させていくこととなった。やがて伯らは主君の不在をいいことに強大化し、「強すぎる家臣たち（overmighty subjects）」として恐れられる存在と化していった。

カヌートの死後、イングランド政治は再び動揺をきたした。三〇年にわたる混乱の時代を経て、一〇六六年一〇月のヘイスティングズの戦いで勝利をつかみ、イングランド王位を手に入れたのはノルマンディ（現フランス北西部）伯爵ギョームである。当時のイングランドでは、賢人会議で正式に国王が決まると、一年ほど準備をかけたのちに戴冠式も執り行われていたが、ギョームはすぐに王位を確実にしたかった。同年一二月二五日にギョームはウェストミンスタ修道院で戴冠式を行い、イングランド国王「ウィリアム（ギョームの英語名）一世（在位一〇六六〜八七年）」に正式に即位した。「ノルマン王朝（一〇六六〜一一五四年）」の始まりである。

それまでイングランドの四〇〇〇人以上の支配者が所有していた土地は、二〇〇人にも満たないノルマン系の諸侯（baron）らに与えられた。イングランド宮廷では「フランス語」が公用語となり、「イングランド語（英語）」は庶民の話す地方言語に格下げされてしまった。文字通り「ノルマンによる征服《コンクェスト》」だったのだ。とはいえ、「征服王《コンカラー》」として登場したウィリアムもまた、イングランド古来の法の継承を誓い、国家的な政治問題を協議し、立法と司法とを司るために賢人会議を大いに利用した。

ウィリアムがことさらイングランドの有力者らに気を遣ったのは、カヌートと同様に「海峡をまたいだ王国」を支配しなければならなかったことにある。国王自身にしろ、彼から新たにイングランドに土地を下賜《かし》されたノルマン諸侯にしろ、本拠地はあくまでもノルマンディだった。イングランドで得られた富はフランスの所領を外敵から防衛するために使われた。それと同時に、彼らはたびたび海峡を越えて、双方の領土を行き来しなければならなかった。ウィリアムなどは二〇年（一〇六七〜八七年）の間に、実に九回も海峡を往復して統治にあたっていた。[6]

さらにウィリアム征服王が悩まされたのが、家庭内の不和と国境紛争であった。息子の反乱に遭い失意のうちに征服王が亡くなると、イングランド（およびノルマンディ）は再び混乱する。

最大の危機は、征服王の末子ヘンリ一世（在位一一〇〇〜三五年）が崩御したときに生じた。王が世継ぎに指名していた娘のマティルダと、甥のスティーヴンとの間で王位継承争いが勃発したのである。この内乱（一一三五〜五四年）で、イングランド諸侯らはマティルダ派とスティーヴン派とに分かれて二〇年近くにわたって抗争を続けた。その間に諸侯らを自陣に引きつけたかったマティルダもスティーヴンも、裁判や徴税に関する権利を大幅に彼らに与えてしまったのだ。

最終的には、マティルダの長男アンリが、スティーヴンからの支持も得てイングランド王位を継承することに決まった。ここに「ヘンリ（アンリの英語名）二世（在位一一五四〜八九年）」が登場する。彼はフランス北西部のアンジュー伯爵だった父からも爵位・領土を継承しており、加えてフランス南西部に広大な所領を有するアキテーヌ公爵家の相続人アリエノールを妻に迎えていた。このため現在のフランスの西半分もヘンリが領有し、彼はスコットランドとの国境からピレネー山脈にまで至る「アンジュー帝国」と呼ばれる広大な領域を支配する西欧最大の領主となった。「プランタジネット王朝（一一五四〜一三九

ウィリアム一世

九年)」の開始である。

しかし、ヘンリは「帝国」の盟主として安穏と鎮座ましましているわけにはいかなかった。彼は曾祖父ウィリアム征服王以上にイングランドを留守にし、また「帝国」防衛のための遠征費をイングランド諸侯たちから税のかたちで徴収しなければならなくなっていた。それまでは降誕祭などのキリスト教行事にあわせて行われていた賢人会議も、ヘンリのイングランド不在が続き、祝日とは関係なく開催されるようになった。ヘンリはその治世(三四年八ヵ月)のうち、ブリテン島とアイルランドに滞在していたのは一二年一〇ヵ月に過ぎず、残りの二一年一〇ヵ月はノルマンディやアンジューなど、大陸の領土で統治や防衛にあたっていたのだ。

賢人会議は国王が海外に出かける直前や帰国直後に開かれることも多くなり、しかもその際に地の利のいいロンドンやウェストミンスタでの開催が定例化していった。ヘンリ二世も、宮廷内で使用する言語は通常はフランス語かラテン語であり、賢人会議は一一六四年頃からフランス語で「パルルマン(parlement)」と呼ばれるようになり、以後はこの名称が定着していく(7)。

マグナ・カルタと「議会」の形成

西欧最大の実力者ではあったが、このような理由から、ヘンリ二世は何か重要な決定を下さなければならないときには、イングランドでは必ず「諸侯よ、助言を与えたまえ」と宣言し、このパルルマンを召集した。

そして、それからおよそ五〇年後、国王とパルルマンの力関係が大きく変わる出来事が起こる。

これもまた、王家の家庭内の不和と国境紛争に関係していた。

ヘンリには四人の息子がおり、それぞれに自らの死後に相続させる領土は決めていた。しかし家庭内では「専制君主」だったヘンリにやがて息子たち、さらには妻のアリエノールまで加担し、各地で反乱を企てていく。

ヘンリの運命もウィリアム一世と同様だった。一一八九年に息子らの反乱に見舞われながら、老王は生まれ故郷のアンジューで失意のうちに息を引き取った。

その一〇年後、兄ジェフリの遺児アーサーとの激しい王位継承争いの末にヘンリの末子ジョン（在位一一九九～一二一六年）が王位に即《つ》いたとき、その混乱に乗じて、野心家の若きフランス国王フィリップ二世（在位一一八〇～一二二三年）がノルマンディやアンジューへ侵攻し、その領土を奪い取った。ジョンはもちろん、失地回復のためイングランド諸侯に挙兵と課税を呼びかけた。ところが諸侯らはこれに乗ってくれなかったのである。

ウィリアム一世のイングランド征服からすでに一三〇年以上の歳月が経過するうちに、イングランドとノルマンディの双方に所領を有していた諸侯たちは、それぞれが本家と分家のようなかたちで利害を分けてしまうようになっていたのだ。もはや自分たち自身の領土ではないノルマンディの土地を奪回するために、イングランド諸侯が動くはずもなかった[8]。

他方のノルマンディのほうでも、この頃までには海峡の向こう側のイングランド王にではなく、すぐ東隣にいるフランス王のほうに臣従と忠誠を誓うものが増えていた。

それにもかかわらず、ジョンは失地回復に固執した。パルルマンに事前に相談することもなく、諸侯たちから重税をむしり取った。ジョン王の周辺には、フィリップに土地を追われたフランス北部の亡命貴族たちが巣くい、王に失地回復を進言していた。彼らの多くが財産など持たずに亡命してきたので、彼らの生活費はもちろんイングランドの諸侯からの税によっていた。しかも彼らは血縁的にもイングランド諸侯とは関係が薄くなっており、加えて英語などという「野蛮な」言葉は使わず、宮廷内では相変わらずフランス語を話していた。

しかし、この頃には、すでにイングランドにも今日《こんにち》でいう「国民主義《ナショナリズム》」的な感覚が芽生えていた。諸侯たちの日常語は、フランス語から英語へと変わっていた。英語を話してこそ、「イングランド」の諸侯だった。いつしかイングランドでは、ノルマンディからの亡命貴族たちは「ジョンの悪しき取り巻きたち」と呼ばれるようになり、諸侯たちの怨嗟《えんさ》の的となっていた。その怒りがついに爆発するときが訪れた。

一二一四年にジョンは自ら兵を率いて大陸へと遠征した。ところがこれが大失敗に終わってしまう。王は起死回生を賭けて、再び諸侯に挙兵と課税を訴えるが、パルルマンに集う有力諸侯らはついに「王国のすべての自由民が、国王から意見を徴されてから」課税でも、政策決定でも、王は行わなければならないとする、「大憲章（Magna Carta）」と呼ばれる契約書をジョンに突きつけたのである。このなかには、王の「悪しき取り巻きたち」を宮廷から追放する旨も記されていた。一二一五年六月に国王はいったんこれを受け入れたが、のちに破棄して、諸侯との内乱に突入する。その内乱のさなかに王は急死した(9)。

ジョンのあとを継いだのは、当時まだ九歳の長子ヘンリ三世（在位一二一六～七二年）だった。

ヘンリは内乱に勝利をしたものの、頑なな父とは異なり、大憲章を認めることとなった。さらに彼は、父が召集を怠ることの多かったパルルマンにも、重要事項を諮る機会が増えていった。一二三〇年頃からは、パルルマンは英語で「パーラメント」と呼ばれていった。今日にも続く、「イギリス議会（Parliament）」の本格的な始まりである。

ヘンリ三世の治世の中期（一二三五～五七年）には実に四六回も議会が開かれている。議会が定例化していった背景には、父ジョン「失地王《ラックランド》」がフランス西南部のポワトゥーを除いた大陸の大半の土地を失ったため、イングランド国王が大陸に赴く機会が激減したことがある。同じヘンリという名前でも、祖父ヘンリ二世が治世の実に六三％の期間を大陸で費やしていたのに対し、孫のヘンリ三世のほうは五六年におよぶ在位のうち、海外にいたのは四年五ヵ月（八％）に過ぎなくなっていたのである。さらに熱心なキリスト教徒でもあったヘンリ三世は、ウェストミンスタ修道院に隣接するウェストミンスタ宮殿で議会を開くことが多くなった。大火ののち一九世紀に再建された、「ビッグベン」で有名な現在の国会議事堂のことである[10]。

マグナ・カルタにサインするジョン王

さらに、「大憲章」以降に定着したこのような慣行は、ヘンリ三世の長子エドワード一世（在位一二七二～一三〇七年）にも引き継がれ、彼の時代に議会と並んで国王評議会（King's Council）も国家の重要課題を討議する機関となっていった。

イングランド固有の制度？

ヘンリ三世の時代までに定着した議会は、一三世紀半ばには大きく三つの構成員に分類されるようになった。それが、①国王の大臣・顧問官たち、②聖職（大司教・司教・大小修道院長）と世俗（伯・諸侯）の有力者たち、③各州からの騎士、各都市からの市民、各司教管区からの下層聖職者、という三つである。

すでにこれより一〇〇年前の一二世紀前半、ヘンリ一世の時代には、「海峡をまたいだ王国」を支配する国王の執務の補佐役として、行政長官、尚書部長官《しょうしょぶ》（重要文書の起案作成を行う）、宝蔵室長（宝物・貨幣・機密文書を管理する）といった、いわゆる「大臣」職が設置されていた。

また、国王が会議で聖俗双方の有力者たちに新たな課税を認めてもらったとしても、実際に税を集めて王に納める役割は、より下の階層に任されていた。具体的には、各州を代表する騎士《ナイト》と、各都市を代表する市民《バージェス》たちである。彼らもまた、ウェールズやスコットランド、アイルランドやフランスへの遠征で忙しくなったエドワード一世の時代には、議会に召集されることとなる。

やがて孫のエドワード三世（在位一三二七～七七年）の治世には、イングランド全土から寄せられる「請願」の数も急増し、そのような請願や訴訟に裁決を与える聖俗諸侯と、請願や訴訟を提出した側を代表する騎士と市民の側とに立場が分かれるようになっていった。ここに一四世紀半ばのイングランドで、前者は「貴族院（House of Lords）」、後者は「庶民院（House of Commons）」と呼ばれる二つの議院へと分かれ（公式にそのような名称で呼ばれるようになるのは一六世紀からのことではあるが）、別々に開かれていくことになる。こうして二院制の議会も誕生した。[11]

貴族院は、聖職諸侯とともに、それまで「伯《アール》」「諸侯《バロン》」と規模の大小で呼ばれていた世俗の有力者が、新たに「公爵（Duke）」「侯爵（Marquess）」「伯爵（Earl）」「子爵（Viscount）」「男爵（Baron）」という五つの爵位に分けられる世襲貴族とから構成されるようになった。

庶民院は、一四世紀には三七の州から二名ずつ選ばれる議員と、八〇の都市から二名ずつ選ばれる議員とに分けられた。一四三〇年には「州選挙区《カウンティ》」における選挙権の規定も定められ、年間四〇シリング（当時王に仕える弓兵が受け取る八〇日分の賃金に相当）以上の収入をうむ、土地または地代を持つ自由土地保有権者とされた。この規定はなんと四〇〇年も変えられなかった。

イングランドに限らず、一三世紀初頭から、ヨーロッパ各国では中央に政治的集会が現れ、王の諮問に答えるのは有力諸侯の権利と認められ、こうした集会に関わる人々の社会層も拡大していった。フランス、ドイツ諸国、スウェーデン、デンマークなど各国に「議会」に相当する組織はできていたのである。しかしなかでもイングランドでは議会の力が強大だった。なぜなのか。最大の宿敵フランスとの比較で考えてみると、そこには「戦争（それに伴う課税）と王位継承」が深く関わっていたことがわかる。

カヌートからエドワード一世の時代にかけて、イングランドでは王はつねに「海峡をまたいで」所領を守らなければならなかった。そのための費用もばかにならず、歴代の王たちは臨時の課税に頼らざるを得なくなっていく。そうしたときに最大の納税者として貢献したのが、ノルマン征服以来、王の直属封臣として土地を与えられていた聖俗双方の諸侯であり、その下にいる騎士たちだった。イングランドでは彼ら「地主貴族階級」が納税で王を支える最大の勢力であった。

一方、フランスやスペイン、北欧諸国では、騎士階級は軍役を理由に「免税」の対象とされていた。だから臨時の課税に関して彼ら地主貴族に相談する必要はなかった。またフランス王の場合は、フィリップ二世が登場するまでは、防衛すべき国土はパリ周辺のわずかな領域だけであり、「海峡をまたいだ」あとに大陸各地を転々としなければならなかったウィリアム一世以降のイングランド王とは、費用の面でも格段の違いが見られた。さらにフィリップがジョンからフランス北西部を取り上げてからは莫大な富に恵まれ、諸侯や騎士に財政的に頼る機会も少なかった。

そして、これまで説明してきたとおり、アゼルスタンの即位からエドワード一世の時代に至るまで、イングランドはたびたび王位継承争いに巻き込まれ、次代の王位を決める賢人会議（議会）の影響力が強まっていた。対するフランスでは、これと同時期の一〇世紀末から一四世紀にかけての約三三〇年間にわたって、ユーグ・カペー（在位九八七～九九六年）からルイ一〇世（在位一三一四～一六年）に至るまで、つねに男子継承者に恵まれていたのである。

このように、戦争（課税）と王位継承問題とが微妙に関わりながら、イングランドでは議会の力が強まり、フランスでは王権が強まっていったと考えられる(12)。

弱小国イングランドの議会政治

しかしそのフランスでもついに王位継承問題が生じるときがきた。カペー王朝最後の国王シャルル四世（在位一三二二～二八年）に男子の世継ぎがいなかったため、王位は従弟《いとこ》のヴァロワ伯フィリップへと引き継がれた。フランスでは、イングランドとは異なって、「サリカ法」により男子にしか王位継承が認められていなかったのだ。ここにフィリップ六世（在位一三二八〜五〇年）を開祖とする、ヴァロワ王朝が誕生した。

当時、英仏間で争点となっていた通商や国境をめぐる確執とも相まって、カペー王朝の直系を自認するイングランド国王エドワード三世（母がカペー家の王女だった）が、フィリップ六世に異議を申し立て、ここに「英仏百年戦争（一三三七／三八〜一四五三年）」と後の世に呼ばれることとなる、壮絶な王位継承争いに発展したのである。

百年戦争は、紆余曲折を経ながらも、最終的には一五世紀半ばにフランス側の勝利で幕を閉じた。しかもこの間に、イングランド内部ではランカスタ公爵家とヨーク公爵家との間で再び王位継承争いが生じていた。いわゆる「バラ戦争（一四五五〜八五年）」である。この最終的な勝利者となったのは、ボズワースの戦い（一四八五年八月）を制した、ランカスタ家の分家筋にあたるテューダー家のヘンリだった。ここにヘンリ七世（在位一四八五〜一五〇九年）を開祖とする「テューダー王朝（一四八五〜一六〇三年）」が成立した。

テューダー時代のイングランドは、ヨーロッパ大陸の土地のほとんどを失い、かつての「アンジュー帝国」の面影は完全に消滅していた。産業もいまだ農業に依存しており、毛織物にしても未完成品しか生産できず、この未完成の毛織物と羊毛とで輸出品の九割を占めるほどであった。その大半がネーデルラントの港町アントワープ（現在のベルギー）へと運ばれた。アントワープはまさにイングランド経済にとっての生命線であった。

百年戦争での敗戦と、その後の内乱とによって、イングランド諸侯にとっては国王など「同輩中の第一人者」にすぎず、大貴族間の派閥抗争に翻弄《ほんろう》されていた。こうしたなかで、新たな王朝を立ち上げたヘンリ七世は、国王の諮問会議ともいうべき国王評議会を充実化させ、官職の売買で家臣たちを引きつけると同時に、収入も劇的に増やしていった。王朝の礎を築いたヘンリが亡くなると、彼のあとを継いだのがヘンリ八世（在位一五〇九〜四七年）である。

ヘンリ八世は、父がイングランドとテューダー王朝の維持に汲々《きゅうきゅう》としていたのとは対照的に、古代ローマ皇帝を彷彿《ほうふつ》させるような「国王にして皇帝」を理想に掲げ、戦乱に明けくれる当時のヨーロッパ国際政治で「平和の調停者《ピース・メーカー》」の役割を演じようとした。しかし現実には一六世紀半ばの西欧世界は、ドイツ各地やスペイン、イタリア、ネーデルラントにまでまたがる巨大な帝国を築くハプスブルク家と、ヴァロワ家のフランスとに勢力が二分され、ヘンリのイングランドなどその間で右往左往するのが精一杯だったのである。

その証拠に、ヘンリの最初の妻キャサリンが男子の世継ぎを残せなかったことから、彼は妻との離婚をローマ教皇庁に願い出るが、キャサリンの実家と縁続きのハプスブルク家からの圧力に屈した教皇がこれを拒絶するや、ついにローマ教皇庁と袂を分かたなければならなくなったのだ。こうしてヘンリは「イングランド国教会」を形成し、自らその最高首長に収まった。

テューダー王朝の諸王は、かつて「絶対君主」と定義されていたことがあった。しかし実際には、イングランドのこれまでの諸王と同じく、重要な決定事項はすべて議会に相談して決めていた。国教会の形成に関わる政策も、一五三三〜三四年に貴族院・庶民院の両院を通過した一連の議会法によって決定されたものである。これ以後、ヘンリは自らを「陛下（Majesty）」と呼ばせ、積年の理想であった「国王にして皇帝」に君臨することを実現したかに思えるが、その実、議会への諮問なくして勝手に動くことなどできなかったのである[13]。

キャサリンとの離婚を成立させた後、ヘンリは生涯に五回の結婚を繰り返した。その事実だけを見れば、絶対君主時代の「暴君」のようにもとらえられる。しかし現実には、可能な限り多くの男子を残して、イングランドとテューダー家の安泰を図ろうとした側面が強い。「平和の調停者」を気取った彼の政策も、所詮は父ヘンリ七世のそれと同じものでしかなかったのである。

ヘンリ八世

ヘンリ八世が亡くなった後も、歴代の王たちは同じく議会を尊重した。キャサリンとの間に生まれたイングランド史上初の女王メアリ一世（在位一五五三〜五八年）は、母と同じく熱心なローマ・カトリックの信者であり、父が築いた国教会を無効にして、再びイングランドの宗教の中核をカトリックに戻そうと決意した。その際にも、彼女は議会で法律を通してこれを実現した。

さらにその妹のエリザベス一世（在位一五五八〜一六〇三年）が、国内に安定を取り戻すため、イングランド国教会を復活させる際にも、それは議会で審議され、制定法によって最終的な決定が下された。エリザベスは議会を極めて尊重する君主であった。庶民院議長が毎日、彼女の許を訪れてその日の審議内容を報告し、女王が出した法案に反対する議員がいた場合には、その者を個別に呼び寄せるか、場合によっては女王自身が議会に赴いて、議員らを説得した(14)。

こうして、スペインやフランスなど、大陸の強大国からたびたび侵略の憂き目に遭わされながらも、議会との協力の下で、エリザベスは弱小国イングランドを守ることができたのである。

首を斬られた国王——清教徒革命の余波

そのエリザベスは生涯独身を貫いた。外国の有力者と結婚すれば、イングランドはその国に乗っ取られてしまう可能性が高かったし、国内の有力貴族と結婚しても、内乱を誘発する危険性があったからだ。このあたりにも弱小国イングランドの悲哀がかいま見られる。「処女女王《ヴァージン・クイーン》」と呼ばれたエリザベス一世は、一六〇三年三月二四日にロンドン南部のリッチモンド宮殿で六九年の生涯を閉じた。同じ日、ユーラシア大陸をはさんだはるか東方の京都（伏見）では、彼女より一〇歳年下の徳川家康が征夷大将軍に任命されていた。

エリザベス一世の死去でテューダー王朝が断絶し、あとを継いだのは彼女が生前から後継者に指名していた、スコットランド国王ジェームズ六世だった。彼の曾祖母マーガレットが、ヘンリ七世の長女であった。ここに彼はイングランド国王も兼ねて、ジェームズ一世（在位一六〇三～二五年）として即位した。イングランドにも「ステュアート王朝（一六〇三～一七一四年）」が成立し、長年の敵対関係にあった両国は「同君連合（personal union）」で結ばれることになった。

自ら著作をものする「哲人王」だったジェームズ一世は、イングランド国王に即く五年前に『自由なる王国の真の法律』という本のなかで、王権は神の権威に直接由来し、王は神に対してのみ責任を持つとする「王権神授説」を唱えていた。しかし彼はイングランドで統治を行う場合には、議会の協力が必要であることは心得ていた。戴冠式の宣誓の際にも「この国の基本的な法を守り、法に則った統治を行い、法を変更するのは議会による助言によってのみであり、あらゆる種類の法を制定する際に、国王と彼の議会とが絶対的な存在である」と明言していた。[15]

　この宣誓は単なる口約束ではなかった。当時はまだ、「議会を召集、停会、解散できるのは国王大権のみ」という考え方が広く一般に拡がっていたが、イングランド国王としての二二年にわたる在位のなかで、ジェームズが召集した議会は四会期三六ヵ月に及び、それはエリザベス一世が召集した一〇会期三四ヵ月と比べても、期間だけ比較すれば遜色のないものだった。ジェームズは七年間（一六一四～二一年）一度も議会を開かなかったことがあったが、エリザベスも毎年議会を開催していたわけではない。[16]

　次代のチャールズ一世（在位一六二五～四九年）も、皇太子時代には貴族院審議に頻繁に出席し、即位当初は議会を尊重していた。しかし種々の問題でやがて議会と対立し、一六二九年から一一年にわたる議会不在の時代が続く。それが一六四〇年から事態が急変し、「清教徒《ピューリタン》革命」と呼ばれる内乱（一六四二～四九年）に突入していく。いまだ強圧的な官僚組織も強力な常備軍も有していなかったにもかかわらず、「絶対君主」をめざそうとしたチャールズの失策であった。国王軍は敗退し、王の首は切り落とされ（一

エリザベス一世

六四九年一月）、君主政も崩壊する（同年三月）。

なおこの革命は、ステュアート家のお膝元であったスコットランドや、アイルランドまで巻き込んだ大騒乱となったため、近年では「三王国戦争」という名称でも呼ばれている。[17]

王政に代わって登場した共和政時代（一六四九〜六〇年）のイングランドを率いたのが革命の英雄オリヴァー・クロムウェル（一五九九〜一六五八）であった。彼はチャールズを敢えて処刑することにより、過去にさかのぼる政治的権威から自由の身でいることを誇示した。強大な力を持ったクロムウェルの政治力を制限し、先例や法治にしばりつけるために、議会は彼に「王位」を提示したが、「王という称号は最高の権威を意味する官職名にすぎず、それ以上の何ものでもない。ちょうど帽子の羽根飾りのようなものだ」とあっけなく拒絶された。

しかし実際には、クロムウェルは自らを「殿下（Your Highness）」と呼ばせ、チャールズ一世が遺した宮殿で執務を行っていた。それだけではない。一六五七年六月の護国卿（Lord Protector）就任式の際には、一二九六年以来、歴代国王の戴冠式で使われてきた「聖エドワードの椅子」に座り、青紫のベルベットのローブを着て、手には聖書と黄金の笏《しゃく》を持つという、国王そこのけの儀式を行って、周囲の度肝を抜いたのである。[18]

追い出された国王──名誉革命と議会主権の確立

そのクロムウェルの死（一六五八年九月）とともに共和政も事実上の終焉を迎えた。イングランドに安定した統治をもたらすのは「国王、貴族院、庶民院（King, Lords and Commons）」の三位一体であるとの認識が、すでに議会政治家の間にも定着していたのである。特に庶民院の大半を占めた地方ジェントリ（中小地主貴族）は王権と共通の政治的利害で結ばれてもいた。

一六六〇年五月の王政復古（Restoration）とともに即位したチャールズ二世（在位一六六〇～八五年）は、「現実主義と柔軟性（pragmatism and flexibility）」こそが、イングランド統治の基本であることを心得ていた。彼にはもはや国王大権に基づく課税権は認められなかったが、議会とも折り合いをつけながら安定した政治が続いた[19]。

オリヴァー・クロムウェル

ここに激震をもたらしたのが、カトリック教徒の王弟ヨーク公爵ジェームズ（のちの国王ジェームズ二世：在位一六八五～八八年）の王位継承問題である。すでにイングランドやスコットランドでは、カトリックは宗教的な少数派（当時、人口の一％程度しかいなかった）にすぎなかった。議会内には継承問題をめぐりトーリ（Tory）とホイッグ（Whig）という党派が登場する。ジェームズは議会を黙らせるために軍隊を投入するよう、兄チャールズに進言するほどの強硬派だったが、その彼でさえ、議会なしでイングランドの政治を進められるとは思ってもいなかった。

最終的には、イングランド国教会とスコットランド教会（カルヴァン派プロテスタント）とを尊重すると約束したことで、ジェームズの継承は認められた。しかし、兄チャールズの死で王位に即いたジェームズは、議会政治家たちとの約束を反《ほ》古《ご》にし、中央・地方の官職をカトリックで固め始めた。つい

権利章典を受ける国王夫妻

に国王は「名誉革命」(一六八八～八九年)により追放された。

後を襲ったのは、ジェームズの甥にして女婿《じょせい》のウィリアム三世(在位一六八九～一七〇二年)と長女メアリ二世(在位一六八九～九四年)夫妻であった。彼らの戴冠式では、「イングランド諸王により与えられた法と慣習を人民に与えることを確認する」というそれまでの文言が「議会の同意により制定された法と、同様に定められた慣習に基づき、人民を統治する」という宣誓文に改められた。これは君主が法の創造者であるという考えを放棄した象徴的な出来事であった。

このののちに定められた「権利章典」でも、「議会の合意のない法律の停止は違法である」との条項が盛り込まれ、ここに正式にイングランドは「王権と議会」によって統治されることが明示されたわけである。さらに一六八九年以降は、議会は毎年開かれることが定例化し、「議会はもはや行事(event)ではなく制度(institution)」になった[20]。

「権利章典」には、「議会の許可なく、王は税を徴収できない」とする条項も盛り込まれた。一六九八年からは、議会で審議される毎年の予算のなかに「王室費(Civil List)」という国王の歳費がシステムとして導入されることになった。王室所領からあがる莫大な収入は、議会(政府)にいったんあずけられ、そのうちの一部が議会の承認により歳費として認められるようになったのである。国王は資金の面でも、もはや議会に依存せざるを得なくなった。

さらに「名誉革命」の教訓から、「権利章典」とともに一七〇一年に制定された「王位継承法」により、自身がカトリック教徒であるか、もしくはカトリック教徒と結婚した者は、「この王国およびアイルランドの王冠と政府を継承も保有もできない」と規定された。この王位継承のあり方は、こののちなんと三〇〇年以上も維持されていく（第四章を参照）。

「名誉革命」は、一世紀後のフランス大革命などと比較すると、世界史全体を揺るがすような大事件ではなかったかもしれない。しかし、ヨーロッパ大陸で絶対君主制が一般的であったこの時代において、世襲の権利ではなく、議会を通じて表明される国民の意思が政治を動かしていく「議会君主制（parliamentary monarchy）」への移行を可能にしたという点で、きわめて重要な出来事であったといえよう[21]。

議院内閣制の登場

ステュアート王朝の最後を飾ったアン女王（在位一七〇二〜一四年）の治世には、一六三〇年代にできた「内閣評議会（Cabinet Council）」という大臣たちの集まりが、一五三〇年代からあった「枢密院（Privy Council）」とは切り離され、のちの「内閣（Cabinet）」の原型となっていく。この内閣の権限が強化されるのが、次の「ハノーヴァー（ハノーファーの英語名）王朝（一七一四〜一九〇一年）」の時代になってからである。

一七一四年にアン女王が世継ぎを残すことなく亡くなり、ドイツ北部のハノーファー選帝侯がジョージ一世（在位一七一四〜二七年）としてイギリス（一七〇七年にイングランドとスコットランドが合邦。以下、この呼称を使う）国王に即位すると、新たな問題が生じた。この新国王はイギリス政治にはほとんど関心を示さなかった。彼は、いまやオランダに次ぐヨーロッパ有数の商業大国になりおおせていたイギリスの富と軍事力とを、故国ハノーファーの防衛と拡大に使いたいがために、わざわざイギリス王位を継いだにすぎなかった。

国外に赴くことがなく、執務の大半をロンドンで行ったアン女王とは異なり、一三年の治世で五度もハノーファーに戻ったジョージ一世は、その間のイギリス政治をほとんど大臣たちに任せきりにした。名誉革命以後に、毎年の議会開会式もそこで行われる「国王演説（King's speech）」も重要になっていたのだが、その準備や日々の政治は内閣を構成する大臣たちに託された。

次のジョージ二世（在位一七二七〜六〇年）になってもこれに変わりはなかった。彼も三三年にわたる治世のなかで、実に一二回もハノーファーに「里帰り」している。

ここに両国王に第一大蔵卿（First Lord of the Treasury）として仕えたサー・ロバート・ウォルポール（一六七六〜一七四五）を首班とする長期政権（一七二一〜四二年）が登場したのを機に、議院内閣制（責任内閣制）が確立されるのである。(22)

内閣を構成する大臣たちは、すべて貴族院か庶民院の議員であり、政府の政策はもはや国王にではなく、議会に対して責任を負う時代となっていた。アン女王の時代までは、内閣を召集し、統轄するのも君主の役目であったのが、ウォルポールが国王と議会双方の信任を得ながら二〇年以上にわたる長期政権を維持し、それを終えたあたりから、彼が就いていた第一大蔵卿が「首相

(Prime Minister)」の役割を果たし、内閣を率いていくという慣習も生まれていったのである。それは二一世紀の今日にまで続く慣習となり、現在でも、イギリス政府を率いる最高責任者の職名は「首相兼第一大蔵卿」となっている。

ところが、イギリス政治に強い関心を示さない王が二代続いた後に、「愛国王(Patriot King)」を自負し、自ら政策決定に乗り出そうとしたジョージ三世(在位一七六〇～一八二〇年)が登場したことで、政界は再び混乱に陥っていく。

二二歳で即位した若きジョージ三世は、決して議会を蔑ろにしたわけではなく、寵臣ビュート伯爵(一七一三～一七九二)を首相に取り立てたのも、議会内の多数派からの支持を得ての正当な任命であった。しかし、国王もビュートもイギリス政治に精通する前に、未熟なままで種々の政策を強行しようとして失敗した。一八世紀の法学者ウィリアム・ブラックストン(一七二三～一七八〇)も指摘するとおり、この時代にはもはや「議会の至上性(parliamentary supremacy)」がイギリス人一般に広く浸透していたと考えられる[23]。

一八世紀末までには、世論の強大化(新聞雑誌の影響や請願数の拡大)、政治家たちの政党への忠誠心の強化(国王による大臣の任免権の弱体化)、王室の財政力の衰弱、国王の持つ恩顧関係(パトロネージ:官職・年金・恩給・爵位・栄典の付与権)の衰退、首相権限の強化、行政の複雑化などにより、王権はますます弱まっていった。このような時代には、先に見た王政復古後のチャールズ二世のような「現実主義と柔軟性」を国王が議会に対して示すのが王道であったが、ジョージ三世にそれはできなかったのである。

彼が即位してから最初の一〇年でもたらされた政治的混乱は、海を隔てた北アメリカ植民地にも波及し、それは「アメリカ独立革命（一七六三〜八三年）」へとつながり、イギリスは虎の子の植民地を失う運命となった。ジョージ三世は、このときのショックと遺伝性の精神病とが重なり、一七八三年以降の政治的な主導権は、ウォルポールに次ぐ長期政権を築いたウィリアム・ピット（小ピット：一七五九〜一八〇六）首相へと引き渡されていくのである。

貴族政治の黄金時代

こうして地主貴族《ジェントルマン》階級が議席の大半を占める議会と、その信任を受けた内閣とによって立法や行政が担われていくようになった。一八世紀後半から一九世紀前半にかけてのイギリスは、世界に先がけての「産業革命」にも乗り出していた。それに付随する農業革命や商業革命、金融革命なども影響して、イギリスの上流階級はロンドンのシティ（金融証券取引所）に投資するようになった土地＝金融貴族に加え、大商人や大工場主などで構成されていく。

それと同時に、かつては国王が議会に対して示していた「現実主義と柔軟性」は、今度は議会政治家たちが広く国民へと示さなければならない時代にさしかかってもいたのである。

フランス革命およびナポレオン戦争（一七八九〜一八一五年）の時期に、ヨーロッパ大陸に限らず、イギリスでも革命の思想や大衆運動に対する警戒心が強まり、政府も保守反動的な姿勢を示すことがあった。それも一八二〇年代半ばぐらいから、様々な改革に乗り出す方向に転じた。

まずは、中世以来変わっていなかった国政選挙の制度である。一八三二年には第一次選挙法改正が実現し、下層中産階級（小売り店主層の男性世帯主）にまで選挙権が拡大されるとともに、定数の是正も図られるようになった。しかしそれは、自分たちにも選挙権が与えられるのではと期待し、議会外での示威行動《デモンストレーション》に参加した労働者階級を失望させる結果となった。

こうして一八三〇年代後半から、主にはイングランド北部を拠点に登場したのが、第一章（三〇頁）でも紹介した「チャーティスト運動」であった。一八三八年五月に彼らが公刊した「人民憲章（People's Charter）」では、男子普通選挙、議員の財産資格の廃止、議会の毎年改選、選挙区の平等、議員への歳費支給、秘密投票という六項目が掲げられた。それはまだ「被選挙権」のほうは、地主貴族などの上流階級に握られていることへの反発でもあった(24)。

また、時を同じくして、地主貴族など農業界の利益を守るために、外国産の安い穀物が流入するのを防いだ「穀物法（一八一五年制定）」の廃止を訴える組織も、工業都市マンチェスタを拠点に立ち上げられている。このような中産階級を指導者として労働者階級を煽動する運動が、イギリス全土で高揚し始めた頃に王位に即いたのが、ヴィクトリア女王（在位一八三七〜一九〇一年）だった。のちに「大英帝国の黄金時代」を築く彼女の治世の最初は、イギリスで産業革命がピークを過ぎ、経済がどん底にある状況だったのである。

こうした一連の事態に、保守党（トーリが一八三四年から改名）も自由党（一八五九年にホイッグなど議会内左派が結成）も、議会外の国民からの要求に柔軟に対応していった。一八四六年には穀物法も廃止され、イギリスは自由貿易の時代に突入した。またチャーティスト運動が下火になった後、第二次選挙法改正（一八六七年）が実現し、都市部の工場労働者階級の男性世帯主にも選挙権が拡大した。これで当時のイギリスの一〇人に一人は有権者となった。

さらに、一八八四年には第三次選挙法改正によって、地方の農園や鉱山などで働く労働者階級にまで選挙権が与えられていく。

このようにイギリスの貴族政治家たちが示した柔軟な姿勢が、一八四八年のフランス二月革命やドイツ三月革命のような「市民革命」が、同時期のイギリスでは生じることのなかったひとつの重要な要因になっていたと考えられるのである。

第二次選挙法改正が実現してから初めて行われた総選挙（一八六八年一一月）では与党保守党が敗北し、首相のベンジャミン・ディズレーリ（一八〇四～一八八一）は新しい議会を開かずに、女王の御前に赴いて辞意を表明し、第一党となった自由党の党首ウィリアム・グラッドストン（一八〇九～一八九八）を後継首班に推挙した。イギリスで総選挙の結果が、そのまま政権交代へと直接的に結びついた最初の事例であった。有権者の声はいまや無視できないものになっていた。

一九世紀半ばからは、各地方から寄せられる請願に基づく私法案（private bill）も急増した。道路、運河、鉄道、港湾、橋、さらに一九世紀後半にはガス、水道、電気の敷設など、各地方からの要求に応じる政治活動が、特に庶民院に求められるようになった。それは議会における議員活動のあり方にも変化を与えた。一八二〇年には庶民院の審議で発言する議員は三一％に過ぎなかったが、これが世紀末の一八九六年までには八六％にまで上昇した[25]。

議会の外でも同様だった。一八三〇年代までは政治家がおおやけの場で演説することは稀であったが、八〇年代までにはそれでは通用しなくなった。その契機を生み出したのが、保守党政権による強硬な帝国主義政策に反対し、エディンバラ近郊の選挙区において鉄道（駅）や公会堂や街頭で大衆の道徳心に訴える演説を行い有権者の心をつかんだグラッドストンによる「ミドロージアン選挙運動《キャンペーン》」だった。これにより一八八〇年の総選挙で自由党は大勝利をつかんで政権を奪還した。

　第二次選挙法改正以降、保守党も自由党も、ロンドンに本部を置き、地方の各都市に支部を擁する全国的な政党支持団体を設立するようになっていた。中央の本部は、地方支部を統括して、支持者の確保、選挙候補者の選出、選挙運動への援護を担い、資金集めや選挙への応援活動などを一括して行うようになった。保守・自由両党は一八八〇年頃までには、国民政党として組織化・中央集権化が進み、ここに大衆を基盤とする「二大政党制」の幕開けとなった(26)。

　この「二大政党制」の確立により、首相の任免にあたっての国王大権は、ますます狭められていくこととなった。しかし、同じ時期から世界中に植民地を獲得したイギリスは、「大英帝国の紐帯《ちゅうたい》」として君主をいただくようにもなり、その象徴として君臨したのがヴィクトリア女王であった。世界の陸地面積の五分の一以上にも及ぶ帝国各地に女王の銅像が建立されるとともに、彼女の在位五〇周年記念式典（Golden Jubilee：一八八七年）と六〇周年記念式典（Diamond Jubilee：一八九七年）には、世界中から賓客を迎え、また帝国を治める首相たちの会議も開催された。

ヴィクトリア女王

こうしてイギリスの立憲君主制は、ヴィクトリア時代が終焉を迎える頃までには完全に定着し、新しい世紀を迎えることとなる。

第三章　イギリス立憲君主制の定着

「新世紀の開始、甚だ幸先悪し」

昨夜六時半、女皇オズボーンにて死去す。弔いの半旗掲げられけり。街、みな喪に服せり。余もまた黒きネクタイを締め、異国の臣民ながら弔意を表さんとす。余に黒手袋を売りし店の男、「新世紀の開始、甚だ幸先悪し」と嘆く。(1)

これは、二〇世紀の幕が開けたばかりの一九〇一（明治三四）年一月二三日、当時ロンドンに留学中であった、のちの「文豪」夏目漱石（一八六七～一九一六）が記した日記の一節である。ここにもあるとおり、前日の一月二二日の夕刻に大英帝国の表象ともいうべきヴィクトリア女王（在位一八三七～一九〇一年）が、六三年七ヵ月にも及んだ当時最長の在位を終えて崩御した。

この一〇日後（二月二日）、漱石は宿（下宿先）の主人とともに、ロンドンからウィンザーへと女王の棺を運ぶ葬列を見物に出かけた。「宿の主人、余を肩車に乗せてくれたり。漸くにして行列の胸以上を見る。柩は白に赤を以て掩《おお》われたり。国王《キング》、ドイツ皇帝《ジャーマン・エンペラー》等随う(2)」。

四男五女の子宝に恵まれた女王は、子どもたちを各国王室の子女と結婚させ、「ヨーロッパ王室の名付け親《ゴッドマザー》」と呼ばれていただけあって、彼女の葬儀には皇帝一人、国王三人、皇太子七人をはじめ、世界各国から弔問の貴顕がひしめいていた。漱石はその一端をかいま見たのである。

しかしそれはまた、一九世紀に栄華を誇った「大英帝国」にとっての、弔いの儀式であったのかもしれない。女王が亡くなった翌日、漱石に手袋を売った店員がつぶやいたとおり、イギリスにとって新世紀は「甚だ幸先悪し」であった。特にその言葉の意味をかみしめることになるのが、王室とともに帝国を支えてきた地主貴族階級《ジェントルマン》であり、貴族政治家《アリストクラート》たちだったのである。

議会法をめぐる攻防

二〇世紀はある意味で、「大衆の世紀」の始まりでもあった。ヴィクトリア女王の死から五年後の一九〇六年、労働者階級が自ら立ち上げた「労働党」が結成され、その年の総選挙で三〇人の庶民院議員を送り込むことに成功を収めた。

第二章でも見たとおり、二〇世紀の幕が開ける頃までには、イギリスでは労働者階級の男性世帯主にまで国政選挙権が拡大されていた。新たな有権者を取り込もうと、保守党と自由党という二大政党は、議会内で「労働者向け」の政策を打ち出す一方、議会外では様々な政治運動《キャンペーン》を展開し、支持者の確保に努めていた。とりわけグラッドストン以降の自由党がこれに力を入れていた。

ところがその労働者自身が自分たちの政党を立ち上げたことで、二大政党はともに焦りを感じ始める。二〇世紀の最初の一〇年ほどの間に、全国の労働組合員の数も二〇〇万人（一九〇一年）から四一〇万人（一九一三年）にまで倍増した。しかも彼らの大半が労働党の支持基盤となっていったのである。とはいえいまだ選挙権は「男性世帯主」に限られていた。当時それは成人男子の四〇％にすぎない数字であった。これではすぐに労働者階級が労働党の活動に期待するわけにもいかなかった。ここで彼らからの支持を確保しようと動いたのが自由党政権であった(3)。

一九〇九年に自由党政権の蔵相デイヴィッド・ロイド＝ジョージ（一八六三～一九四五）は、「建艦競争」で競合関係にあったドイツに対抗すべく新たな軍艦を建造する一方で、主には労働者向けの老齢年金制度を導入するために、一〇〇〇万ポンドの財源を必要としていた。一般所得税の増税とともに、ロイド＝ジョージが予算案に盛り込んだのが、高額所得者への累進課税と、印紙税・相続税の大幅増額などであった。中世の貴族や騎士たち《ジェントルマン》（第二章六一～六二頁参照）とは異なり、二〇世紀の地主貴族階級はこれに猛烈に反対した。

エドワード七世

ロイド＝ジョージと個人的に親しい社主を有する『タイムズ』や『デイリー・ミラー』、『デイリー・メール』といった主要新聞は、貧しい庶民のための政策としてこれを支持し「人民予算（People's Budget）」と名づけて、世論を煽動していった。

ところが一一月に庶民院を通過（賛成三七九×反対一四九）

した予算案は、貴族院へと送られ、大差（賛成七五×反対三五〇）で否決されてしまった。ここで調停に乗り出したのが、時の国王エドワード七世（在位一九〇一～一〇年）であった。彼は母ヴィクトリアの死後、ヨーロッパ中を回って各国首脳との外交を積極的に展開し、英仏協商や英露協商の締結にも貢献して、国際的な孤立からイギリスを救った人物であった。[4] しかし長年の不摂生（暴飲暴食や喫煙）も祟り、「人民予算」をめぐる与野党の攻防が頂点に達していたとき、国王の体調は最悪であった。

その国王の調整によって一九一〇年一月に行われた総選挙では、自由党が僅差で勝利し、指導者間の「密約」により「人民予算」は貴族院も通過する運びとなった。ところが、問題はそれだけにとどまらなかったのである。大半の議員が世襲貴族によって占められる貴族院が、国民からの選挙の洗礼を受けて議員が当選する庶民院が通した予算案（国民の税金の使い途）を否決したというのは、それこそ「名誉革命」以来なかったことである。このことを問題視した自由党政権の次なる目標は、貴族院の権限を大幅に縮小する「議会法」の制定へと移っていた。

一九一〇年四月に作成された法案には、①予算案や課税などの金銭に関わる法案は、貴族院で否決されたとしても、庶民院を通過すれば成立する、②金銭以外に関連する法案については、貴族院で否決されたとしても、庶民院を三会期通過すれば成立する、といった内容が盛り込まれた。これでは貴族院の権限など完全に骨抜きにされてしまう。「人民予算」のとき以上に貴族院からの反発が予想された。当時の貴族院には六〇〇人ほどの議員がおり、その大半が保守党側だった。

またもや国王による調停が期待されたが、この与野党対立のさなかに、エドワード七世は急死する。ここに父王のあとを受けて登場したのが、ジョージ五世（在位一九一〇～三六年）である。新国王による調整を受けて、イギリス史上初めてとなる同じ年に二度目の議会の解散・総選挙で与野党は雌雄を決することになった。結果は与野党ともに同数（二七二議席ずつ）となったが、労働党などの支持を受けた自由党政権が議会法の成立に強気となった。

最終的には、保守党の元首相で党首アーサー・バルフォア（一八四八～一九三〇）ともともと親しかったジョージ五世による保守党幹部への説得も功を奏して、一九一一年八月に議会法案は貴族院で可決された。これによって中世以来、イングランド（イギリス）政治の中枢を担ってきた貴族院の勢力は一気に衰退したが、貴族制それ自体は救われたのである[5]。

バジョットに学んだジョージ五世

即位するや早々に、一連の与野党間の対立にあたって調整役を務めたジョージ五世がこのときに信条としたのが、政党間の抗争のなかで「公正中立」の立場を貫くことであった。

ジョージが、立憲君主制のあり方について真剣に考えるようになったのは、年子の兄エディの突然の死（一八九二年一月）を受けて、父アルバート・エドワード（のちのエドワード七世）に次ぐ、王位継承者第二位としての自覚を強めた一八九四年のことである。この年の三月、ジョージはケンブリッジ大学で国制史を講じていたジョゼフ・タナー（一八六〇～一九三一）から個人授業を受け、第一章でも紹介した、バジョットの『イギリス憲政論』をテキストにして、「立憲君主とはどうあるべきか」を学んでいた。

そのジョージが几帳面に取った講義ノートのなかで特に強調されていたのが次の一文である。「君主は諸政党から離れており、それゆえ彼の助言がきちんと受け入れられるだけの公正な立場を保証してくれている。彼はこの国で政治的な経験を長く保てる唯一の政治家なのである(6)」。

イートンなどの名門パブリックスクールを経て、オクスフォードかケンブリッジのいずれかで学ぶという、典型的なイギリス上流階級の教育をいっさい経験せず、王立海軍兵学校を出ただけの生粋の軍人だったジョージが、二八歳にして突然、王位継承者となるべく政治や国制を学び出したときにつかんだ「君主の極意」とでも言うべきであろうか。

あとで見るとおり、ジョージはこのときに学んだ「極意」を終生忘れることはなかった。一九一〇〜一一年の議会法をめぐる与野党の政争でそれを実践して見せただけではなく、一九三一年夏には彼自身が先導するかたちで挙国一致政権を樹立させ、この国を救うことになる。

第一章で紹介した小泉信三も、「海軍士官出身であるジョオジ五世が、よくこれほど憲法論が出来るものだ、と私は一驚した」と述べているほどである(7)。

さらに、ジョージがこの「極意」を伝授しようとした相手が、議会法の制定から一〇年の時を経て一九二一年五月に訪英した、日本の皇太子裕仁（のちの昭和天皇）であった。裕仁は、ジョージ五世の薦めもあって、五月一八日にケンブリッジ大学にタナーを訪ね、「英国皇帝ト其ノ臣民トノ関係（The Relation between the Crown and the People）」と題する講演を聴いている。内容はおそらく、これより二七年前にタナーがジョージ五世と一緒に講読したバジョットの『イギリス憲政論』をもとに、「立憲君主制とは何か」を説いたものだったのだろう(8)。

第一章でも述べたが、この一九二一年の訪欧の際に、裕仁皇太子が最も印象に残ったことが、イギリス王室を訪ねて「立憲君主制」の奥義《おうぎ》について学んだことだった。ジョージ五世自身からも様々な話を聞いたかもしれないが、このタナーの講演がのちの昭和天皇に大きな影響を与えたことは想像するに難くない(9)。ジョージ五世が裕仁を気遣ってくれた様子については、皇太子の訪欧に随行した珍田《ちんだ》捨巳《すてみ》が帰国後に次のように回想している。「皇帝［ジョージ五世］は全く御教育の積の様にて真に親切なりしのみならず、皇室の堅固なるは恰も日英両国のみなりと云ふがごとき口気にて、停車場にての別辞にも皇帝は吾々皇室がと云ふが如き語気なりしなり(10)」。

ところで、若い頃にバジョットの著作に学んだジョージ五世であったが、そのバジョットの「誤り」を身をもって示すことになった。バジョットは、皇太子が若くして王位に即《つ》くのはよいが、年を取ってから、あるいは中年で即くのは弊害があると述べている。なぜなら「青年時代の全部と壮年期の半分とを怠け暮らしてきているので、勤勉を期待するのが無理」であり、「立憲君主に適する人物は、早くから統治しはじめ、青年期に誘惑にうち勝ち、若い時代に勤労の意欲をもち、生まれながらに判断力を備えた者だけである。このような君主は、神の最大の贈り物である。しかしまたそれは、稀有《けう》な贈り物でもある」と、バジョットは断言している(11)。

ジョージ五世

ところが、ジョージ五世は、実に四五歳にして王位に即いた。しかし青年時代に「怠け暮らす」どころか、バジョットの「金言」を守り、「謹厳実直」を絵に描いたような、まじめな人物でもあった。ジョージこそは、真の意味で神からの「稀有な贈り物」だったのかもしれない。

いとこたちの戦争と貴族たちの黄昏

そのジョージ五世が立憲君主として国民とともに乗りきったのが、史上最初の総力戦ともいうべき、第一次世界大戦（一九一四〜一八年）であった。

もともとジョージは王妃メアリとともに、即位後すぐに連合王国としてのイギリス全土をくまなく行幸していた。イングランド、スコットランド、ウェールズ、アイルランドの各地で人々にじかに接し、その飾らない気さくな性格が国民全体から愛されていた。一九一四年八月から第一次世界大戦へと突入し、一六年から導入された徴兵制度により、イギリスでは成年男子の大半が戦場に駆けつけ、女性たちは銃後の守りを担うこととなった。

謹厳実直なジョージ五世はその国民の模範になろうと努力した。戦争が続く限り、軍服以外の新調は差し控え、バッキンガム宮殿での晩餐会でも酒類はいっさい出さないことに決めた。暖房や照明の使用も最小限に抑えられ、風呂もお湯は五〜六センチだけであとは水で済ませた。国民はこうした王室の質素倹約ぶりに感銘を受けた。第一章でも述べたが、バジョットがイギリスの君主制の第四の特徴としてあげていた「人々が君主を道徳の指導者として考えるようになっていること」を、ジョージはまさに身をもって実践していたのかもしれない。

さらに彼が目をつけたのが論功行賞だった。それまでの褒賞は、一部の英雄や将軍・提督たちにしか与えられていなかったが、ジョージは一兵卒や勤労動員の女性など、すべての国民を対象とする「ブリティッシュ・エンパイア勲章」を創設した（一九一七年）。創設からわずか二年の間で二万五〇〇〇人の人々が受章し、その一人一人に国王自らが勲章を授与したのである。喜びの受章者のなかには労働組合員やそれまで君主制に否定的だった人物たちも数多く含まれていた。歴史家のフランク・プロハスカは言う。「この勲章は人々に恭順という観念をしみこませ、共和主義をくじく手段として絶妙な効果をあげた[12]」。まさに王室は「栄誉の源泉」であった。

ジョージの努力も並大抵ではなかった。大戦中の四年間で彼が慰問に訪れた連隊の数は四五〇、病院への慰問は三〇〇回、軍需工場や港湾で働く人々を激励した数も三〇〇回、勲章や記章を授与した人数は五万人を超えていた。大戦で命を落とした帝国臣民は八八万人を超え、戦後に国王は国民と帝国にとっての「喪主」となった。終戦一周年を迎えた一九一九年の一一月一一日から、この日は「戦没者追悼記念の日（Remembrance Day）」とされ、毎年、王室や政府指導者が国民とともに式典を主催した。今やジョージ五世は「国父（people's father）」となっていた[13]。

とはいえその「国父」も、大戦中には国民感情にかなり配慮していた。総力戦が激化し、国民の間でドイツ帝国やドイツ人に対する反感が強まると、国王は従兄《いとこ》でドイツ皇帝のヴィルヘルム二世（在位一八八八～一九一八年）ら八人のドイツ系王侯に与えられていた、イギリス最高位のガーター勲章を剝奪せざるを得なくなった（一九一五年）。さらに一九一七年七月には、それまでのドイツ系の王朝名（サックス＝コーバーグ＝ゴータ）に換えて、「ノルマンによる征服《コンクェスト》」のウィリアム一世以来、王室にゆかりの深い城下町の名から「ウィンザー王朝」へと改めた[14]。

ジョージが気を遣ったのは「ウィリー」こと、ヴィルヘルム二世に対してだけではなかった。大戦中に革命で倒れた「ニッキー」こと、もうひとりの従弟《いとこ》でロシア皇帝のニコライ二世（在位一八九四～一九一七年）の処遇をめぐっても苦悶せざるを得なかったのである。

ヴィルヘルム二世とニコライ二世

本来であれば、大戦の同盟国であり仲の良いロシア皇帝を革命から助けたかったところであるが、イギリス国内にはロシアの専制政治に対する長年の嫌悪が渦巻いていた。ジョージは皇帝一家の亡命受け入れを断念するとともに、彼らが処刑された直後の宮廷での礼拝文にも、皇帝一家への追悼の文言はいっさい入れさせなかった。ロシアの反革命勢力や反民主主義勢力に肩入れをしているとの、あらぬ誤解を国民から受けないためであった(15)。

「いとこたちの戦争」とも呼ばれたこの世界大戦の余波で、ヨーロッパの大国のほとんどすべてで「帝国」が崩壊していくなかにあって、「最後の帝国」を担う運命となったジョージ五世にも、大衆からの圧力は重荷となっていたのかもしれない。

またこの戦争は、貴族たちにも打撃を与えた。ヴィクトリア時代には「奇妙なほどにしぶとい存在」と言われた地主貴族階級は、鉱業・運河・鉄道への投資や金融証券業界と結びつくことで、一八七〇年代以降の農業不況から打撃を受けながらも、その財力を維持できていた。しかし、

「人民予算」やその後の相続税増税（最大で課税率六〇％）に加え、第一次大戦で戦死した者の数は計り知れず（一九一四年だけで地主貴族およびその子弟の実に一九％が命を落としたとされる）、戦後には彼ら貴族たちの土地財産のかなりが売りに出されていた。さらに議会法によって貴族院の力も弱体化していた[16]。

第二章でも見たとおり、一九世紀後半から徐々に進んでいた「貴族政治（aristocracy）」から「大衆民主政治（mass democracy）」への移行は、第一次世界大戦という「総力戦」によって最終的に決定づけられた。一九一八年には男子普通選挙権と女子（三〇歳以上）選挙権が実現し、さらに二八年にそれは男女普通選挙権へと結実した。いまや有権者は全国に二九〇〇万人を数え、その大半は大衆であった。それまでは「貴族政治」に包まれるかたちで威厳を保っていた王室は、貴族たちが溶解してしまった現在となっては、直接国民と向かい合わなければならなくなっていた。そうした時代の要請に対して、「現実主義と柔軟性」を示したジョージ五世は「民衆君主制（people's monarchy）」の至高の存在として、国民から絶大な人気を博していったのである[17]。

「おばあちゃまが生きていたら」

第一次世界大戦はイギリス議会政治にも影響を与えた。大戦中の党内分裂により自由党の勢力が衰退する一方、戦後に新たに選挙権を得た若き労働組合員を支持基盤とする労働党が飛躍的に議席を増やしていったのだ。一九二〇年代は、保守・自由・労働の三政党の勢力が拮抗する状態となっていた。そのようななかで行われた、一九二三年一二月総選挙では、当時の与党保守党は過半数を制することができず、野党側からの攻勢を受けて内閣総辞職も目前の状態となっていた。

野党第一党の労働党が初の単独政権を獲得する可能性が高まった。こうしたなかで一九二四年一月、ロンドンのウェストエンドではクロムウェル（第二章六八頁を参照）を主人公に据えた演劇が上演されており、『デイリー・ヘラルド』にその劇評が掲載された。「かつてひとりのイングランド国王［チャールズ一世のこと］が一般庶民の意思に反して立ち上がり、その首を失った。さらに空気の読めない王［ジェームズ二世のこと］が同じく立ち上がり、追い出された。現国王が政治に干渉しないよう助言を受けられることを望む[18]」。

当時、貴族院を「人民を食い物にしている富裕階級の利益を守るだけの連中」と評し、その廃止を掲げてきた労働党が政権に就くことを、上層階級とその代表である国王が阻止するのではないかとの懸念もあった。先の劇評はこうした背景から書かれたのかもしれない。ところが、ジョージ五世自身の腹はすでに決まっていた。国王は、きたるべき議会審議で保守党政権が敗北を喫したら、迷わずに労働党党首ラムゼイ・マクドナルド（一八六六～一九三七）に首相の大命を降下するつもりであった。一九二四年一月二二日にそれは現実となった。年齢がひとつ違いの国王とマクドナルドは人間的にも相性が良く、こののち「二人三脚」で国政にあたっていく。

ただしその日の日記にジョージはこう記している。「二三年前の今日、愛するおばあちゃまが亡くなった。労働党政権が誕生したと聞いたら、彼女はなんと思ったことだろう[19]」。

かつて祖母のヴィクトリア女王は、閣僚のひとりに次のように断言していた。「私は、民主的君主制（democratic monarchy）の女王にはなれないし、またなるつもりもありません[20]」。

そんな保守的なヴィクトリア女王の死から四半世紀もしないうちに、イギリスには大衆民主政治がしっかり根づくようになっていた。それと同時に、彼女があれだけ忌避していた「民主的君主制」が、孫のジョージの時代には現実のものとなっていたのである。

しかしそれまでは君主制に否定的な姿勢を示し、貴族院の廃止などを訴えていた労働党の幹部たちも、いざ政権を獲得してみると、議会の開会式や外国からの国賓を招いての宮中晩餐会など、わからない儀礼ばかりで困惑していた。こうしたときに彼らに救いの手を差し伸べてくれたのが、ほかならぬ国王ジョージ五世だったのである。

ラムゼイ・マクドナルド

「はじめに」の冒頭で紹介したH・G・ウェルズとは、フェビアン協会で活動をともにした、筋金入りの社会主義者だったベアトリス・ウェッブ（一八五八～一九四三）は、マクドナルドがフロックコートを着て国王に恭しくお辞儀し、スコットランド出身で革命家だったはずのジョン・ウィートリー（一八六九～一九三〇）まで国王の前に跪いて手に接吻をする様子を見て衝撃を受けていた。その彼女も、夫シドニー・ウェッブ（一八五九～一九四七）が植民地大臣に就任するにあたり爵位を与えられ、「パスフィールド男爵夫人」となった我が身を嘆いている。[21]

かつて君主制や世襲制を批判していた彼ら労働党幹部らも、一〇〇〇年の歴史を誇るイギリス議会政治のなかで政権を運営しなければならず、国王からの協力は不可欠となっていたのである。

一九三一年の挙国一致政権

このように、イギリスに大衆民主政治が定着しつつあった時代においても、かつてバジョットの『イギリス憲政論』から学んだとおり、ジョージ五世は「この国で政治的な経験を長く保てる唯一の政治家」として、戦後のイギリス政治が混乱に陥った場合には、時の政府や指導者たちと協力しながらその解決にあたった。

たとえば、一九二三年には保守党政権の首相が急病で辞任を申し出てきたとき、まだ党首選挙などなかった当時においては、国王の裁量が大きく影響した。ジョージ五世は、保守党内の意見を緊急に聴取させるとともに、信頼する元党首バルフォアからの助言も得て、新しい政権の樹立を遅滞なく実現している(22)。

さらに、より重要な事例は一九三一年八月の政変であろう。当時の労働党政権のマクドナルド首相が、閣内不一致で総辞職を決意した。しかし、この二年前から始まった世界恐慌の波に飲み込まれていたイギリスの政治経済を再建できるのは、マクドナルドの指導力を除いては難しいと、ジョージ五世は判断した。そこで国王は、すぐさま保守・自由両党の指導者層とも相談の上で、マクドナルドを首班とする挙国一致政権の樹立を進めさせたのである。

実はマクドナルドは、労働党内ではすでに党首の座から引きずり下ろされ、大半の与党議員が彼を支持してはいなかった。このため、政治学者でやはりフェビアン協会の会員だったハロルド・ラスキ（一八九三〜一九五〇）は、マクドナルドは「在任中に政党からの支持という重荷を背負わなかった、近代における唯一の首相であり、ジョージ五世がマクドナルド氏を選んだのは、ジョージ三世がビュート卿を選んだのと同じように個人的な選択であった」と、このときの国王の判断が国制に違反する越権行為であったと断じている[23]。

しかし、ジョージ三世がビュート伯爵を首相に据えた一七六〇年代に比して、一九三一年にあっては君主は一層議会を尊重する必要があり、ジョージ五世は各党の指導者層と入念に相談した後にマクドナルドに大命を降下している。国王は各政党が「君主の下で結束を固め、種々の政策の違いを超えて、挙国一致政権を築けるほどに国制が柔軟にできている」と彼らを讃えた[24]。

それだけではない。国王は挙国一致政権樹立の条件として、可能な限り早急に議会を解散して、総選挙で国民に信を問うことも新政権に約束させていたのである。政権発足の二ヵ月後に行われた総選挙の結果は、挙国一致政権側が庶民院の全議席（六一五）の実に九〇％（五五四議席）を獲得し、国民から圧倒的な支持を集めるものだった。「わが国民は良識を備えており、適切な時に適切な判断が下せる。これは他の国々にとっても、お手本となるであろう」と、この選挙結果を受けて国王は偽らざる心情を吐露した[25]。

そもそも、第二章でも述べたとおり（七三頁）、一八世紀後半のジョージ三世でさえ、側近のビュートを首相に据えたのは議会内の多数派からの支持を得た後のことである。いわゆる「ホイッグ史観（自由主義や民主主義がイギリスにおいて主にはホイッグ系の政治やその伝統によって発展していったとする歴史観）」に引きずられたラスキの君主観は、歴史的な考察も不十分であったとともに、同時代の情勢についても的確な判断が下せていなかったと言えるかもしれない。

帝国の紐帯

そして、第一次世界大戦後のジョージ五世が、さらに象徴的な存在として国内外から重視されるようになったのが、「帝国の紐帯《ちゅうたい》」としての立場であった。

もともと外国語（特にフランス語）が苦手で、外交にはあまり向かなかったジョージではあるが、英語が通用する大英帝国の主要な地域は皇太子時代からほとんど巡遊していた。ヴィクトリア女王が亡くなった直後の一九〇一年三月には、自治領となったばかりのオーストラリアなどを歴訪した。ニュージーランド、カナダにも立ち寄り、七万二〇〇〇キロ、二三一日間におよんだこの旅のなかで、ジョージは二一の定礎式に出席し、五四四回もの歓迎演説を受け、四三二九人に勲章や記章を授与し、二万四八五五人の人々と握手をしたという。これまた几帳面なジョージの日記に記されている数字である[26]。

さらに国王に即位すると同時に準備を進め、一九一一年一二月に現地に赴いて挙行した「インド皇帝戴冠式ならびに大謁見式」は、皇帝自らがインドで執り行った空前絶後の式典となった。その後の第一次世界大戦で、イギリスが何とか勝利をつかめたのは、インドをはじめ、カナダやオーストラリア、ニュージーランド、南アフリカ連邦など、帝国各地からの支援もあってのことであった。しかし戦後にはこれら自治領や植民地へのさらなる権限委譲が行われるとともに、インドでは独立運動の狼煙《のろし》も上がっていった。

こうした帝国の各地には、長男デイヴィッド（のちの国王エドワード八世）をはじめ、四人の王子たちを順次派遣し、王室は「帝国の紐帯」としての役割を担っていった。

そして一九三一年には、世界恐慌に対応する挙国一致政権がイギリス国内に樹立される一方で、これら自治領と対等の関係で経済協力を進めるための「ウェストミンスタ憲章(Statute of Westminster)」が調印された。こうした時期に「意識的に」行われた帝国博覧会(一九二五年)や帝国競技大会(一九三〇年)、さらには労働者たちの祭典であるウェンブリーでのFAカップにおいても、ジョージ五世は帝国と大衆にとっての統合の象徴となった。

いまだに帝国臣民たちを結びつける標語は「国王と国のため(For Crown and Country)」だった。その彼らへの演説も戦後のジョージ五世が積極的に取り組んだことのひとつである。ノーベル賞詩人のラドヤード・キプリング(一八六五〜一九三六)などが原稿をしたため、一九三二年の降誕祭《クリスマス》には、全世界の帝国臣民に向けてラジオでメッセージを寄せている(27)。

急激に変化していくイギリス社会に合わせるかたちで、立憲君主制も時代の動きに敏感に反応し、その姿を変えていった。第一次大戦後のイギリスでそれを体現したのがジョージ五世だった。その彼も、一九三五年五月には「在位二五周年記念式典《ジュビリー》(Silver Jubilee)」を国民とともに盛大に祝った。「国父」ジョージの記念式典は、当時台頭が著しかったドイツの全体主義やソ連の社会主義に対し、イギリスの立憲君主制の安定ぶりを示すものであった。

魅惑の王子と「王冠をかけた恋」

しかしそれからわずか八ヵ月後の一九三六年一月に、ジョージ五世は七〇年の生涯の幕を閉じ

エドワードとウォリス

た。あとを継いだのは、長男エドワード八世（在位一九三六年一～一二月）である。

謹厳実直な父とは異なり、新国王は皇太子時代から世の中の脚光を浴びることが大好きだった。第一次世界大戦終結直後の一九一九年秋にカナダとアメリカ合衆国を訪れたのを皮切りに、帝国各地を父の名代として、さらには「将来の国王」として周った。一九二二（大正一一）年には、この日本も訪れ、摂政皇太子裕仁から大歓迎を受けた。いずこでも人気者だったエドワードは、「魅惑の王子《プリンス・チャーミング》」と呼ばれ、社交界の寵児となった。

ところがそれは父王を支える宮廷人たちの考え方とは違っていた。三代の君主に秘書官補として仕えた老臣サー・フレデリック・ポンソンビ（一八六七～一九三五）は、あるときあまりに大衆に近づきすぎる皇太子にこう苦言を呈している。「君主制は、常にある種の神秘に包まれていなければなりません。殿下はあまりにご自身を見せつけてはいけません。君主制は高みに留まっていなければならないときもあるのです。もし民衆のところに降りて行かれたら、神秘も影響力も失うことになるでしょう」。対するエドワードの反応は「私はそうは思わんね。時代は変わっているんだよ」というものであった(28)。

だが父王はポンソンビと同意見だった。彼が死の床で見舞いに訪れた首相につぶやいた言葉は衝撃的である。「あの坊やは、私が死んでから一二ヵ月以内に身を破滅させることになるだろう」。

そしてそのとおりとなった。王位継承時にまだ独身だったエドワード八世は、すでに不倫関係にあったウォリス・シンプソン（一八九六〜一九八六）との結婚を望み、王族や政府、国教会から猛反対を受け、最後には彼自身が愛した「大衆」からも愛想を尽かされ、俗に「王冠をかけた恋」と呼ばれるスキャンダルで、その年の一二月に退位したのである。

王位は年子の弟ジョージ六世（在位一九三六〜五二年）が引き継いだ。彼は、父と同じように思わぬ形で王位に即き、これまた父と同じようにその三年後から始まった第二次世界大戦（一九三九〜四五年）で国民とともに戦い、勝利をつかんだ。しかし二〇世紀の前半だけで二度の世界大戦を戦い抜き、イギリスはもはや「大英帝国」とはほど遠い状態となっていた。一九四七年にはインドとパキスタンが独立し、イギリスはアメリカからの経済支援で糊口《ここう》をしのぐ有様であった。衰弱していたのは大英帝国だけではない。国王ジョージ六世自身もしかりだった。大戦の終結から六年半後の一九五二年二月、ジョージ六世は静かに息を引き取った。訃報は国王の名代として英領東アフリカ（ケニア）を訪れていた王女にも伝えられ、彼女は急いで帰国の途に就いた。

エリザベス二世と国王大権の衰弱

父の急死を受けて、一九五二年二月六日にウィンザー王朝四代目の君主となったのが、ジョージ六世の長女エリザベス二世（在位一九五二年〜　）である。翌五三年六月二日に盛大な戴冠式も無事に済ませ、ここに新しい「エリザベス時代」が本格的に始まった。

戦後のイギリス政治は、保守党と労働党を中心とする二大政党制がしっかりと定着していた。

女王にはかつての君主のような「国王大権（Royal Prerogative）」は残されていないかに思われた。しかし彼女が王位を継承した当初は、いまだ「首相の任免」に関する君主の大権は残っていたといえよう。一九二二年から党首選挙を導入していた労働党とは異なり、「党首は選ばれるのではなく自然に登場する」との信条から党首選のなかった保守党の政権交代の場合は特にそうだった。

一九五六年秋にイギリスは「スエズ戦争」で世界中から非難を受け、いまや帝国主義的で強硬な姿勢が通用しない時代になっていることをあらためて思い知らされた。病身の首相サー・アンソニー・イーデン（一八九七〜一九七七）は翌五七年一月に辞意を表明した。この会見の席で、女王はイーデンに後継首班について助言を仰ぐことはなかった。通常は、保守党内で政権交代が行われる場合には、辞めていく首相（党首）が自らの後継者を君主に奏薦して御前を辞去するのが慣例であった。もちろんその場合には、次期党首は党内調整を経て「登場」していた。

一九五七年の首相選定については、イーデンは玉璽尚書《ぎょくじしょうしょ》のリチャード・バトラー（一九〇二〜一九八二）を後継者に推すのではないかと思われた。しかし女王は、バトラーをあまり好まなかったと言われる。ここでイーデンから「バトラー」の名前を出されてしまっては、引っ込みもつかなくなる。イーデンとの会見を終えた女王は、すぐさま保守党幹部に相談させ、第二次大戦時の首相サー・ウィンストン・チャーチル（一八七四〜一九六五）など「長老政治家」の意見も徴させ、最終的には蔵相のハロルド・マクミラン（一八九四〜一九八六）に大命を降下した。

イーデンは「スエズ戦争」での失策により党内でも影響力を失っており、また当初は長期政権を担うであろうと期待された彼が、わずか二年足らずで辞意を表明したため、保守党内にも確固たる後継者がまだ「登場」していない状況だった。こうした非常事態を受け、女王が有する首相任免に関する大権も強大化したものと思われる[29]。

さらに、そのマクミランが六年後の一九六三年一〇月に、病気を理由に突然辞意を表明した際にも、保守党内には「自然に登場できる」ような後継者は見あたらなかった。このときは病院に見舞いに訪れた女王に対し、マクミランが外相のヒューム伯爵（一九〇三〜一九九五）を推挙して「ヒューム首相」に決まった。なお、このときすでに、イギリスでは国政の中枢を担うようになった庶民院で発言できない貴族院議員は首相にはふさわしくないとの判断で、首相職は庶民院議員に限られるようになっていた。ヒュームの場合には、ちょうどこの年に議会を通過した貴族法により一代に限って爵位を放棄し、補欠選挙で庶民院議員に当選してから首相に就任した[30]。

エリザベス二世

ところが、総選挙に慣れていないヒュームが首相に就いたこともあってか、翌六四年一〇月に保守党は僅差で労働党に敗北し、労働党のハルロド・ウィルソン（一九一六〜一九九五）が政権を担当することになった。そのウィルソンから「お上品な時代錯誤（an elegant anachronism）」と揶揄《やゆ》されていた保守党の党首選びのあり方は、党内からも批判が上がるようになっていた。こうして一九六五年二月からは、ついに保守党にも庶民院議員団による党首公選制度が導入されることに決まった。それも当初は現職が辞意を表明した場合に限られていたが、一九七五年からは毎年改選されるように変わった。労働党でも、議員団、労働組合、党員代表による全体会議での党首選挙が一九八一年から始められるようになった[31]。

こうして、いまや首相任免に関する国王大権は形式的なものとなってしまったが、女王は敬愛する祖父のジョージ五世から引き継いだ叡智に基づき、保守・労働の二大政党の間で公正中立の立場を貫き、議会政治の危機にあたっては、各党指導者と協力しながらその解決に努めている。女王の最新の評伝にもあるとおり、「君主制にとっては政治的中立こそが成功の最大の秘訣」なのである[32]。

コモンウェルスの女王陛下

そのエリザベス二世も、国制の上では、ヴィクトリア女王やジョージ五世以上に難しい立場に立たされているといえる。現在の彼女は、①グレート・ブリテン及び北アイルランド連合王国の女王、②カナダやオーストラリアなど海外一五ヵ国（英連邦王国）の女王、③コモンウェルス（旧英連邦諸国）の首長、というそれぞれの地位にある。そしてこの三つの間で「板挟み」になることも稀ではない。

たとえば、一九七〇年にエドワード・ヒース（一九一六〜二〇〇五）率いる保守党政権が、ヨーロッパ共同体（ＥＣ）へのイギリスの加盟実現を第一課題として掲げていたとき、この加盟に不安を抱いていたコモンウェルス諸国の首脳たちから横槍が入るのを恐れ、ヒース首相は翌年にシンガポールで開催される予定であったコモンウェルス諸国首脳会議（Commonwealth Heads of

Government Meeting：ＣＨＯＧＭ）に、女王が出席しないよう要請し、女王もこれを受け入れた。一九五三年に初会合が開かれて以来、女王が初めて欠席することになったのである。それは政府と正面から衝突するのを避けようとした女王の英断によっていた。しかし翌七二年にイギリスのＥＣ加盟が内定するや、七三年にカナダのオタワで開催されたＣＨＯＧＭに、今度はヒース首相に事前に「通達」して、女王は晴れて出席することができた[33]。

コモンウェルス（Commonwealth）こそは、政府や閣僚、現場の外交官らが政策決定の実権を握る戦後イギリス外交の世界のなかで、女王や王室がいまだに大きな影響力を残す舞台である。

なかでもエリザベス二世は、一九四七年に初めて家族で訪れた外国が南アフリカ連邦であり、その折に次のようにラジオを通じて演説していた。「私の人生は、それが長いものになろうが、短いものになろうが、われわれのすべてが属する大いなる帝国という家族への奉仕に捧げられることになるでしょう」。さらに、彼女は戴冠式を終えた五ヵ月後の一九五三年一一月から半年にわたる世界周遊の旅に出かけるが、その行き先はほとんどがコモンウェルス諸国であった。

女王夫妻が世界周遊の旅に出かける四日前に、当時の保守党政権のチャーチル首相は庶民院で次のように演説した。「女王がこれから乗り出されようとしている旅は、ドレーク［一六世紀のイングランドの海賊・航海者］がイングランドの船で初めて世界を一周した時に劣らぬ幸先の良い旅であり、女王が持ち帰られるであろう宝物も、ドレークに劣らぬ輝かしいものであろうかと思われるのであります[34]」

女王の周遊はこのチャーチルの期待に違わぬものであった。たとえばオーストラリアでは、かつての祖父ジョージ五世も顔負けの活躍を示した。このとき女王夫妻は、五七日間で二五〇以上の公務をこなし、七〇もの市町村を周り、自動車で二〇七回、飛行機で三三回の移動を行った。当時のオーストラリア国民（全人口九〇〇万人）のうち、女王夫妻を一度は見たという国民は、実に七五％（六〇〇〜七〇〇万人）にも達していたとされる。[35]

第一章でも紹介した憲法学者の高柳賢三は、戦後の日本国憲法で天皇を「象徴」と表現する際に、ＧＨＱの高官たちが念頭に置いたのが、「英国王は英コモンウェルスの成員の自由な結合の象徴（Symbol of the free association of the members of the British Commonwealth of Nations）」であると規定した、一九三一年の「ウェストミンスタ憲章」の前文であったと指摘する。[36]

かつてジョージ六世は、「君主というものは権威を付随した抽象的な象徴（abstract symbol）にすぎないが、国王自身は個人なのだ」と、コモンウェルスの首相たちに漏らしたことがあった。その長女のエリザベス二世は、即位して最初の「クリスマス・メッセージ」をニュージーランドのオークランドからラジオを通じて世界中に発信した。そのとき女王はこう語りかけている。「私は君主というものが、我々の団結にとって単に抽象的な象徴であるだけではなく、あなたと私の間を結ぶ、個人的な生きた紐帯であることを示したいのです[37]」

アパルトヘイト廃止と女王の影響力

その女王が、コモンウェルスの人々との「個人的な生きた紐帯」の役割を果たした如実な事例が、彼女の最初の海外訪問地である南アフリカでの世界的な大事件と関わっていた。

一九七九年八月にアフリカ大陸で初のCHOGMとなったザンビア（ルサカ）の会議の折には、すぐ南隣の南ローデシア（一九六五年にコモンウェルスから脱退）の黒人差別政策を終わらせることが、最大の争点となっていた。しかしこの年にイギリスで首相に就任し、CHOGM初参加となったマーガレット・サッチャー（一九二五〜二〇一三）は、この問題に大した関心を示していなかった。主催国ザンビアの大統領ケネス・カウンダ（一九二四〜　　）ら黒人首脳たちと、サッチャーとの間には冷たい空気が流れるようになっていた。

このとき、初日の晩餐会で一人部屋の隅にたたずんでいたサッチャーを、昔からの知り合いである黒人首脳たちが談笑する場に連れ出し、両者の間を取り持ったのが、ほかならぬ女王陛下であった。サッチャーはこのとき、南ローデシア問題の深刻さを認識し、翌日の会議からはまるで別人になったかのごとくに積極的に発言し、翌月にはロンドンにあるランカスタハウスで南ローデシア各派の指導者を一堂に集めて交渉を開始させた。それは翌八〇年に、黒人にも初めて参政権を与えた「ジンバブエ（南ローデシアが改名）」の独立につながった。

マーガレット・サッチャー

こののち、サッチャーは再び黒人差別問題からは遠ざかってしまうが、このジンバブエ独立を呼び水に、さらに南隣の南アフリカ共和国（一九六一年にコモンウェルス脱退）で深刻化していた「アパルトヘイト（人種隔離政策）」を廃止に追い込むことが、女王や南アフリカの周辺諸国の黒人首脳らにとっての最終的な目標であった。

南アフリカへの経済制裁を渋るサッチャーを尻目に、女王は世界各国の首脳らとも裏で連携し、アパルトヘイト反対の闘士ネルソン・マンデラ（一九一八〜二〇一三）をついに釈放させることに成功を収める（一九九〇年）。この直後に、アパルトヘイトそれ自体もなし崩し的に崩壊していったことは周知の事実である。コモンウェルスの首脳たちと長年にわたる友好関係を保ち続け、世界中に知己を持つ女王でなければなしえない偉業であった[38]。

この点については、歴代のイギリス首相たちも認めている。サッチャーの前任者であった労働党のジェームズ・キャラハンも「女王はコモンウェルスについての権威であり、私はその意見を尊重した。私は常に思っているのだが、このローデシアに関する女王の主導権は、いつ、いかなるかたちで、君主が自らの幅広い経験に基づき、さらには完全に立憲的節度をもって、大臣たちに助言し、奨励するべきなのかを示す申し分のない事例であった」と振り返っている[39]。

また、サッチャーの後継首相となった保守党のジョン・メイジャー（一九四三〜　）はこう断言する。「コモンウェルスをひとつにまとめ上げている最も重要な要素が君主制である。特に加盟国には女王に対する愛着が根強い。それもそのはずで、女王は加盟国のすべてについて毎回百科事典的な知識を披露してくれた。私もコモンウェルスに関わる問題をたびたび奏上したとき、『ああその問題はこうだと記憶しておりますよ……』と、女王陛下はその問題の起源から何から何まですべてを、もう何年も前のことなのに懇切丁寧に教えてくださったのだ[40]」

「ダイアナ事件」の教訓

まさにエリザベス二世は、祖父ジョージ五世がバジョットの『イギリス憲政論』から学んだとおり、「この国で政治的な経験を長く保てる唯一の政治家」として、もちろん立憲君主としての節度も保ちながら、歴代の政府からの諮問に対して意見を述べ、奨励し、警告を発しながら政治に携わってきたのである。しかしその女王の長い治世にも危機的な状況は見られた。

その最たる例が、彼女の後継者であるチャールズ皇太子（一九四八〜　）がダイアナ妃（一九六一〜一九九七）と離婚した翌年、一九九七年九月に起きた「ダイアナ事件」であろう。

八月三一日にパリでの交通事故により突然の死を迎えた彼女に、その年に首相に就任したばかりの労働党政権のトニー・ブレア（一九五三〜　）が「彼女は民衆の皇太子妃（People's Princess）であった」と即座に追悼の姿勢を示したのに対し、ロンドンから北に八〇〇キロも離れたスコットランドのバルモラル城で静養中だった女王は、ダイアナが王室を離れたことを理由に、国民に哀悼の意を示すことはなかった。

チャールズ皇太子とダイアナ妃

それは当時の国民（特に大衆）の感情とは大きくかけ離れた行為であった。側近たちからの要請でロンドンに戻った女王は、事態の重大さに気づき、その後はダイアナに対し最大限の弔意を示すことで、事態は一応は収まった[41]。

この「ダイアナ事件」をめぐる一連の騒動には、一九九七年当時のイギリス社会の様々な問題が隠されていよう。サッチャー保守党政権時代に奨励された「自由競争」の原理により、国民の間で王室や貴族など上流階級に対する「恭順」という感覚が急激に衰弱したこと。さらに同じくサッチャー主義によって、国民の間に経済的格差が拡がり、特に下層階級（「置き去りにされた人々」と呼ばれる）の間ではダイアナに対する「自己投影」（ダイアナも自分も弱者である）」が強まり、それが宮殿前に数万人以上が集まり花束がうずたかく積まれるという光景につながった。

それまで王室は国民から支持を集めていると信じて疑わなかったエリザベス二世は、こうした新たな状況にはついていけていなかったのであろう。これ以後、王室はホームページや最新の通信手段を利用して、広報活動に邁進した。その成果もあってか、ヴィクトリア女王以来となる「在位六〇周年記念式典（Diamond Jubilee：二〇一二年）」や「女王の九〇歳誕生日（二〇一六年）」の頃までには、王室と国民が一体となってこの慶賀を盛大に祝うようになった。

とはいえ、二一世紀に入ってから、連合王国の内部にも軋みが生じている。一九九七年九月、ブレア政権によりスコットランドとウェールズの双方で住民投票が行われ、各地方に関わる立法機関としてのスコットランド議会（Scottish Parliament）とウェールズ議会（Welsh Assembly）が開設されることに決まり、一九九九年から活動を開始した。同年には「北アイルランド紛争」のため長らく停会されていた、北アイルランド議会（Northern Ireland Parliament）も復活した。[42]

その後、スコットランド議会では、「イギリスからの独立」を主張する国民党が躍進し、二〇一四年九月には独立問題を問う住民投票も行われ、賛成四五％、反対五五％で「独立」は見送られた。ところが、二〇一六年六月に連合王国全体で、ヨーロッパ連合（ＥＵ）からのイギリスの離脱に関わる国民投票が実施され、スコットランドや北アイルランドでの多数派（EU残留派）の意に反し、ついにイギリスの離脱が決まってしまうや、再び「独立問題」が浮上している。

このような危機に直面する連合王国のなかで、再び「君主制」の意味も問われようとしている。今後もし、スコットランドが連合王国から独立するとなった場合には、同じ島のなかでイングランド（およびウェールズ）との共存を望もうとすれば、それは一七〇七年以前の「同君連合」に戻るしか方法はないのではないか。こうした状況に、女王も王室もチャールズ二世以来の教訓となってきた「現実主義と柔軟性」を、政府や議会や国民に示しながら対応していくことになろう。

イギリス立憲君主制の系譜

最後に、これまで第二章と第三章で述べてきた、「イギリス立憲君主制」の形成と定着についてまとめておきたい。

憲法学者のレーヴェンシュタインは、イギリスの君主制を「少くとも一六八八年まで」は「絶対君主制」をとり、一八三二年から本格的に「議会主義的君主制」になったと指摘している(43)。

しかし本書での考察からも明らかになったとおり、イングランド（イギリス）には厳密な意味での「絶対君主制」は存在しなかった。一〇世紀のアゼルスタン王の時代から、レーヴェンシュタインが画期としている「名誉革命（一六八八〜八九年）」に至るまで、歴代の国王たちは議会（およびそれに相当する有力者との会議）に相談することなく、勝手に政治を進めることはほとんどなかった。稀にそのような事態が起きると、「マグナ・カルタ（一二一五年）」を突きつけられたジョン王や、「清教徒革命（一六四二～四九年）」の後で首を切られたチャールズ一世のような運命をたどることになったのである。

そのチャールズ一世でさえ、清教徒革命中の一六四三～四四年には、革命派がロンドンを占拠するなかで、オクスフォードに拠点を移し、ここで王党派の貴族院と庶民院をそれぞれ召集し、革命派に対抗する政策を議員らと講じていたほどなのである。

レーヴェンシュタインの定義をイギリスの歴史に敢えて当てはめれば、アゼルスタン王の時代から名誉革命までは、「立憲君主制（君主が君臨もし、統治もする）」であったのが、名誉革命による「権利章典」やその後の「議院内閣制の成立」を機に、「議会主義的君主制（君臨すれども統治せず）」に完全に移行した、というのがより現実に近かったのではなかろうか。

その意味でも、イギリスの「立憲君主制」は、アジアの諸帝国はもちろんのことながら、同時代のヨーロッパ大陸諸国とも異なるかたちで形成され、定着し、今日に至っていると考えられるのである。それでは、イギリスやそれに影響を受けた各国の「立憲君主制」は、二一世紀の今日にはどのような状況となっているのか。第Ⅱ部ではその点について見ていくことにしよう。

第Ⅱ部　立憲君主制はいかに生き残ったか

第四章　現代のイギリス王室

二一世紀に君主制は存立できるのか

過去何世紀かの間に形成されたものであろうが、われわれ自身の時代に生まれたものであろうが、あらゆる制度のなかで、立憲君主制こそがわれわれ国民全体の奥深くにまで最も根づき、心から大切にされている制度であることは疑う余地がない。現在のわれわれの世代にとって、立憲君主制はこれ以前の時代に誰もが夢想だにしなかったほどに強力な意味を持っている。国王こそは、われわれコモンウェルスの諸国民、諸国家そして諸人種を緩やかに結合しながら力強く絡み合わせている神秘的な紐帯《ちゅうたい》なのである。それは魔術的な紐帯であるとさえいってもいいのかもしれない(1)。

この言葉は、一九五二年二月七日、前日に急逝した国王ジョージ六世（在位一九三六〜五二年）

の訃報を受け、ＢＢＣのラジオを通じて国民に語りかけた当時のウィンストン・チャーチル首相の演説の一節である。チャーチルにとって、国王は彼が政治家として仕えた五人目の君主であると同時に、第二次世界大戦をともに戦った「戦友」でもあり、その死は彼に強い衝撃を与えた。

　このチャーチルの言葉には、ラジオを聴いた国民の多くが共感を示したのではないだろうか。国王の死から六〇年近くを経て制作された二〇一〇年のイギリス映画『英国王のスピーチ（The King's Speech）』は、ジョージ六世が生来の吃音《きつおん》症に悩まされ、言語療法士《セラピスト》の許に通いながらそれを克服した姿を感動的に描いている。これはすべて事実に基づいているのだ。父ジョージ五世（在位一九一〇～三六年）に負けず劣らずの謹厳実直な性格だった彼は、このような真摯な姿勢で国民と向かい合い、ともに大戦を乗り切って、勝利をつかむことに成功した。

　本書でもたびたび登場する憲法学者のレーヴェンシュタインは、ジョージ六世が亡くなり長女のエリザベス二世（在位一九五二年～　）が王位を継承した一九五二年に刊行した『君主制』のなかで、現代における君主制の存立はそれが民主主義的に正当化されている場合、すなわち、「君主制が国家の福祉と国民の一体性との促進それ自体を要求しうるばあいにのみ、是認されうるということは明らかである」と述べている。[2]

　レーヴェンシュタインによれば、君主制の存立を正当化している根拠には、感情的な理由づけと理性的な理由づけがそれぞれある。[3]

　感情的な理由づけとしては、①宗教的要素、②国父説、③正統性の三つが、理性的理由づけは、①中立的権力としての君主制、②国家の象徴的具現化としての君主制、がそれぞれあげられる。

感情的な理由づけの①と③は、ヨーロッパでは、すでに第一章でも紹介した「王権神授説」が関わってこよう。王は神によって選ばれた存在であり、その支配には正統性がある。しかも、親から子、孫へと代々継承されることで、その正統性は確固たるものとなる。

イングランドでも、すでに九世紀頃から「王はキリストの代理人（Christ's vicar）」という観念が現れ、それが第二章（五三頁）でも述べた、九七三年にエドガー王によって始められた「戴冠式」へと結実した。その王冠は、キリスト教によって神聖性と永続性が保証されたのである[4]。

また中世以来、イングランドやフランスでは、神から力を与えられた王が瘰癧《るいれき》（頸部《けいぶ》リンパ節が数珠《じゅず》状に腫れあがる病気）患者に触れることで治癒を行うという儀式も始められている。それはなんとステュアート王朝（一六〇三～一七一四年）の時代まで続き、チャールズ二世（在位一六六〇～八五年）は四年間（一六六〇～六四年）で二万三〇〇〇人、「名誉革命」で王位を追われた弟のジェームズ二世（在位一六八五～八八年）も九ヵ月間（一六八五年三～一二月）で四四二二人の瘰癧患者に触れていたという記録も残っている。イギリスで最後にこの儀式を行ったのは、ジェームズの次女アン女王だった[5]（一七一四年）。

ジョージ六世

こうした儀式はもとより、一八世紀以降には「王権神授説」もかつてのように信じられることはなくなったが、それでもノルマン王朝のウィリアム一世によって一〇六六年の降誕祭《クリスマス》に始められたウェストミンスタ修道院での「戴冠式」

は、現在まで歴代国王により連綿と引き継がれている。さらに、現在のエリザベス女王の紋章の底辺には、君主の標語《モットー》が掲げられているが、それは「神と余の権利（Dieu et Mon Droit）」という「王権神授説」を表象するフランス語である。

感情的な理由づけの②にある「国父」という考え方は、第三章（八七頁）でも記したとおりだが、第一次世界大戦や世界恐慌を国民とともに乗りきったジョージ五世が典型例であろうし、第二次世界大戦時のジョージ六世にも当てはまるものだった。

さらに理性的な理由づけについては、これもすでに第三章で歴史的な経緯を述べてきたとおり、バジョットの『イギリス憲政論』を学んだジョージ五世から現在のエリザベス二世に至るまで、歴代イギリス国王によって忠実に継承されている役割であることは言うまでもない。

レーヴェンシュタインが指摘する「君主制存立の理由づけ」は、二一世紀の今日《こんにち》のイギリスにもしっかりと息づいているのである。

国王大権の現在——国家元首としての君主

それでは君主の実質的な権限についてはどうであろうか。中世から歴史のなかで築かれてきたいわゆる「国王大権（Royal Prerogative）」は、現在ではどのようになっているのか。

一七世紀まで見られたイギリスの国王大権は、以下の一二項目に集約できる。

①法律の免除、②法律の停止、③恣意的な課税、④恣意的な処刑、⑤布告による立法、⑥議会の同意のない常備軍の保持、⑦議会の召集・閉会・解散、⑧大使の任命、⑨宣戦講和・条約の締

結、⑩陸海軍の統帥、⑪裁判官の任命、⑫恩赦[6]

このうち①から⑥は名誉革命後の「権利章典」によって消滅し、⑦から⑫までが現在でも残る大権である。ただし、⑦のうち「議会の解散」は二〇一一年の議会法（議会任期固定法）により、内閣不信任決議に対する解散権行使か、庶民院の三分の二以上の賛成に基づいた自主解散にのみ限定されたため、国王大権からははずされることになった。

また、ハノーヴァー王朝が始まった一八世紀からは、「議院内閣制」も確立され、これにともなって国王大権のなかに新たに加わってきたのが、「首相の任免」である。

イギリス王室がホームページ等を通じて毎年六月に公表する『年次報告書（Annual Report and Accounts）』によれば、現在のエリザベス女王の役割は大きく二つに分けられる[7]。

まずは「国家元首（Head of State）」としての役割である。かつては君主自身が「政府の首長（Head of Government）」も兼ねていたが、こちらは上記の「議院内閣制」の定着により、基本的には時の首相（内閣総理大臣）が務めることになっている。エリザベス女王は、「グレート・ブリテン及び北アイルランド連合王国（イギリス）」の国家元首であると同時に、カナダ、オーストラリア、ニュージーランドなど全部で一六ヵ国の国家元首でもある。そして個々の国に首相がおり、政府の首長を務めている。それゆえ、二年に一度ずつ開催される「コモンウェルス諸国首脳会議（Commonwealth Heads of Government Meeting：ＣＨＯＧＭ）」に、一六ヵ国を代表して出席するのは各国の首相たちである。ちなみに女王は「コモンウェルスの首長」になる。

「国家元首」としての女王の役割は、主には国制に則っており、上記のレーヴェンシュタインが言う「君主の理性的な理由づけ」にある「中立的権力」に基づき、政党政治や議会政治のなかで公正中立の立場にある。その女王の国制的な責務とは、

①議会の開会
②首相の任命
③議会制定法の裁可
④官職者の任命の裁可
⑤枢密院令の裁可
⑥国家元首としての代表的な役割（国賓の接遇・外国への国賓としての公式訪問）
⑦各国外交官の接受
⑧首相との定期的な会見

の八つが主にあげられている。これ以外にも、

⑨栄典・爵位の授与（栄誉の源泉）
⑩国軍の最高司令官
⑪司法権の首長（女王の名において裁判が行われる）
⑫すべての文官（官僚）の首長
⑬イングランド国教会の最高首長

という、国制には特に明記されていない五つの役割もさらに加わる。

以上の「国家元首」としての責務にあげられた①〜⑦は、日本国憲法第六〜七条で定められた

天皇の「国事行為」にも符合する部分が多いであろう。⑤にある「枢密院（Privy Council）」は、一五三〇年代に創設された君主の諮問機関であるが、一八世紀半ばから議院内閣制ができあがり、その後は帝国（植民地）に関わる法令なども審議・制定していたが、二一世紀の今日においては事実上は形骸化している。ただし君主が即位する際には、まずこの枢密院を召集して王位継承を承認してもらい、また忠誠も誓わせるならわしは今日にも続いている。構成員である枢密顧問官（Privy Councillor）は閣僚を務める（た）人物が登用され、しかも「終身」で務めるのが基本である。それゆえ、現在では五〇〇人前後も顧問官がいるため、実際にはその時々の閣僚たちが、枢密顧問官の資格で女王の諮問に応えるのが実情である。

単なる儀礼ではない首相との会見

また⑧の「首相との定期的な会見」も形式的なだけのものと考えてはいけない。すでに紹介したとおり（第一章三七頁）、レーヴェンシュタインは現代の君主はかつてバジョットが定義づけたような大臣に対する権利（諮問に対し意見を述べる権利、奨励する権利、警告する権利）などはもはや備えておらず、大臣から「報告を受ける権利」と大臣に「説明を求める権利」ぐらいしかないと述べている。[8] しかし、エリザベス二世と相対した首相たちの印象はそうではない。

女王は即位した当初から、ロンドンに滞在しているときには、毎週火曜日の夕方に首相の拝謁を受けてきた。労働党のトニー・ブレア（在任一九九七～二〇〇七年）が首相になってからは、議会開会中は毎週水曜日の正午から三〇分間、庶民院の議場で「首相への質問時間」が設けられるようになり、その準備で首相とその周辺は火曜の夕方が大忙しとなった。このため現在では、女王と首相との会見も水曜日の夕方に設定されている。首相のほうからバッキンガム宮殿に赴き、女王と二人だけでその時々の政治情勢について幅広く話し合われる。内容はあくまでも「極秘」であるため、どんな議題がどのように話し合われたのかはまったくわかっていない。

二〇世紀最長の政権を率いた保守党のマーガレット・サッチャー（在任一九七九～九〇年）は、回顧録のなかで次のように振り返っている。

「この拝謁が単なる形式的なものだとか、社交上の儀礼に限られていると想像する者がいたら、それは完全に間違いである。拝謁は地味で事務的なものであり、女王陛下は現下の問題について恐ろしいほどに深い理解と幅広い経験を有しておられた」。コモンウェルス（特に第三章一〇三頁で紹介した南アフリカ問題など）への対応をめぐって、女王と首相との見解の相違がマスコミ等で大々的に取り上げられたときについても、「鉄の女」はこう回想している。「あのときでさえ、政府の職務に対する女王の態度は絶対的に正しかったと私はいつも感じていた(9)」

さらに、サッチャーのあとを引き継いだ同じく保守党のジョン・メイジャー（在任一九九〇～九七年）も、六年半に及び首相として女王に相対していたときのことをこう振り返る。「女王が、ウィンストン・チャーチルが首相だった時代から国家文書を読んでこられたことは、実に印象深い思い出となっている。『彼のお父さんを知っていますよ』と、さる政界の大物について女王は語られ、しかも実に鮮やかにその人物について描写される」。続けてメイジャーは自らの後任となったブレアにこう語りかけている。「私は、トニー・ブレアが彼女に助言を求め、彼女の反応

に設けられることになった。

その意味でも、いまだにイギリスでは君主が「栄誉の源泉（Fount of Honour）」となっている。そして日本では、現在は宮中で行われる神道の祭祀《さいし》は「天皇が私的に執り行う儀式」と解釈されるようになっているが、イギリス（イングランド）では女王は一六世紀に創始されたイングランド国教会の最高首長（Supreme Governor）であると同時に、イギリス全体における「信仰の擁護者（Defender of the Faith）」でもある。特に近年では、イングランド国教会やキリスト教だけではなく、イギリスに住む人々すべての信仰を尊重する擁護者という意味で、エリザベス女王も次代を担うチャールズ皇太子もその立場を強調するようになってきている。(14)

国民の首長としての役割

これまで説明してきた「国家元首」としての役割と並んで、現在のイギリスの君主が果たしているもうひとつの役割が「国民の首長（Head of Nation）」としてのそれである。

こちらの役割は、日本の憲法（天皇）と比較すると、「天皇の公的行為」と同じような意味合いを持っていると考えられる。その「国民の首長」としての役割は大きく四つに区分されている。

まず、①「国民統合（Unity and National Identity）の象徴」としての役割である。ジョージ五世の時代に始まり、現女王の時代から毎年恒例となった「クリスマス・メッセージ」や、国家全体に関わる偉業の達成を祝うメッセージ、逆に国家全体にとっての悲しみ（テロや自然災害）に対するメッセージなどがこれにあたる。

次に、②「連続性と安定性（Continuity and Stability）の象徴」という役割がある。社会や文化、科学技術が急速に変化していく現代においても、君主制はイギリスの政治・経済・社会・文化に継続的に安定性を与えられる表象となっている。それを象徴する行事もまた、女王や王室を中心に営まれている。たとえば、国事行為でもある議会の開会式、女王の公式誕生日（例年六月の第二か第三土曜日）のパレードやガーター騎士団のセレモニー、ロイヤル・アスコット競馬といった毎年行われる行事に始まり、女王の在位二五・五〇・六〇周年記念式典や戴冠式、さらに結婚記念の節目の年の行事（二〇一七年一一月には女王とエディンバラ公の結婚七〇周年も祝われた）などがある。

またこの連続性のなかには、王室が他国の王室や共和制をとる外国との間に築いてきた長年の友好関係も含まれよう。現在のエリザベス二世に限っても、その六五年に及ぶ長い在位のなかで、トルーマンからオバマに至る一二人のアメリカ大統領たちと接し（ただし大統領時代のジョンソンには会っていない）、国内でも彼女に仕えた首相はチャーチルからメイまで一三人にのぼる。大統領や首相には任期や辞任があるものの、基本的にそのようなものがない君主には、国内外における様々な関係を取り結んでいく「継続性」という強みが備わっているのだ。

さらに、③「国民の功績の顕彰（Achievement and Success）」という役割も備わっている。先に挙げた「栄典・爵位」のほかにも、慈善活動への貢献や、芸術・学術の分野で優れた功績を残した人物を顕彰する場合（たとえば「女王音楽メダル（The Queen's Medal for Music）」や「詩歌への女王金メダル（The Queen's Gold Medal for Poetry）」）がある。また、特定分野での功績に限らず、一〇〇歳の誕生日や夫妻の結婚七〇周年には女王から直接カードが届く。この六五年間で二四万人の一〇〇歳のひとたちと、七四万組の夫妻に女王から直筆署名入りのカードが贈られた。

最後に、④「社会奉仕への援助（Support of Service）」という役割もある。すでにイギリス王室では、ヴィクトリア女王の時代から君主制こそが、義務、奉仕、自己犠牲、安定性、威厳、道徳的原理といった価値を具現化する存在となっていた。女王の夫君アルバート公も述べているとおり、「慈善活動の先頭を切り、われわれの生活をより高次の純粋なものにしていくための種々の努力を指導し、激励していくこと」が王室の使命とされていった。[15]

ヴィクトリアとアルバートの時代から一五〇年以上が経過した今日、王室は、自然環境の保護、野生動植物の保護、都市環境の整備、老人福祉、障害者福祉、青少年教育、貧困の撲滅、医療の進歩、科学芸術の振興など、あらゆる種類の慈善団体・振興団体の名誉会長や名誉総裁といった「後援者《パトロン》」の要職に就き、社会のために奉仕する人々を支えているのである。

女王夫妻の公務

私が植えた記念の樹木が、気候変動や人間による伐採を耐えぬいて、みな無事に育っていたとしたら、今頃は大きな森となっていることだろう。さらに、私が礎石を置いた公共の建物や施設をすべて集めたとしたら、巨大な都市ができることだろう。[16]

これは在位わずか三二五日にして「王冠をかけた恋」の果てに王位を退き、「ウィンザー公爵」としてその余生を送ったエドワード八世が、退位から一五年後（一九五一年）に出版した回顧録のなかの一節である。エドワード自身は、こうした「公務」が大嫌いで、イギリスだけではなく、カナダやオーストラリア、ニュージーランドでも植樹や定礎式には飽き飽きしていたようだ。

この「デイヴィッド伯父さん（エドワード八世の家族内での呼び名）」から可愛がられた姪《めい》の「リリベット」こと、現在のエリザベス二世は、祖父ジョージ五世や父ジョージ六世譲りの謹厳実直な性格もあって、こうした「公務」を淡々とこなしている。

二〇一六年度（二〇一六年四月～二〇一七年三月）にエリザベス二世が国内で担った公務の数は、『年次報告書』によると一六二一件に及んでいる。これは上記の「国民の首長」としての役割、日本でいう「公的行為」に相当するものである。二〇一六年は、女王が四月二一日に満九〇歳の誕生日を迎えたこともあって、六月には四日間にも及ぶ記念行事が続いた。バッキンガム宮殿前でのコンサートや宮殿前の大通り（The Mall という）で女王がパトロンを務める六〇〇を超える各種団体のボランティアによる「大昼食会」など、そのすべてに女王は顔を見せている。

また二〇一四年から始まった「第一次世界大戦一〇〇周年記念」の行事も続いており、一六年は西部戦線で最大の激戦となった「ソンムの戦い（一九一六年七～一一月）」の追悼記念礼拝がウェストミンスタ修道院で女王夫妻臨席の下で執り行われた。

さらに一〇月には、リオデジャネイロでのオリンピック、パラリンパックでメダルを獲得した選手たちのためのレセプションもバッキンガム宮殿で開かれた。そして年度末（二〇一七年三月）

にはコモンウェルス版のオリンピックとして四年に一度開催されている「コモンウェルス競技大会《ゲームズ》」が、次回はオーストラリアのゴールド・コーストで二〇一八年に開かれるのに先立ち、世界中に散らばる五三ヵ国の加盟国すべてを聖火リレーでつなぐ開始の行事がバッキンガム宮殿の正面玄関でこれまた女王夫妻が見守るなか行われている。

この間に「国家元首」としての女王は、一一月にコロンビアのサントス大統領夫妻を国賓として歓待した。大統領は長年にわたった内戦に終止符を打ち、翌月ノーベル平和賞を授与された。

そのエリザベス女王を夫君として六五年以上にわたって支えてきたエディンバラ公爵フィリップ殿下（一九二一年～　）も、二〇一六年度の公務は一九六件にのぼった。しかし同年六月に満九五歳を迎えた老公も、ついに単独公務を控える決断を下すことになった。二〇一七年五月、同年秋から老公は単独での公務は行わないとの声明がバッキンガム宮殿から発表された。老公がこれまでの六五年間（一九五二～二〇一七年）に担った単独公務の数は二万二二一九件に及び、レセプション等で行ったスピーチは五四九六回にもなるとされている。

フィリップ殿下

老公自身も「私は世界で一番除幕式に立ちあった男だろう」と冗談を交えながら豪語しているが、先のデイヴィッド伯父さん（ウィンザー公爵）のたとえを用いれば、女王夫妻がこれまでに植えた木や礎石を置いた建物をあわせれば、かなりの規模の田園都市ができあがることだろう。

エディンバラ老公は、上記の「引退表明」をされたときには、イギリスやカナダ、オーストラリアなど英連邦王国も含め、実に七八〇以上もの各種団体の後援者《パトロン》を務めていた。こうした役職も今後は子どもや孫たちに徐々に引き継がれていくことになろう。なお、老公は「単独での公務」にはひとまずは終止符を打ったが、議会の開会式や国賓の接遇、宮中晩餐会やガーター騎士団のセレモニーなど、女王と連れだっての公務には今後も可能な限りは出席される予定である。

王室歳費の透明化

イギリスの君主制の成功は、大部分老女王ヴィクトリアとその孫ジョージ五世が採用した市民的生活様式にもとづいている。国王が質素であればあるほど、それだけ国王の地位は安定してくる。[中略] 今日、君主制が、かつて存在し、しかも正当な理由から強調された国王と国民との間の懸隔に、橋を架けようと努力していることは、現代の特徴である。また大衆の潜在意識に政治的なものが芽ばえ、それが意識的行為の対象になってからは、君主制は自分から進んで「国民的」になることによって、自らの存在を理由づけようとしている。(17)

このレーヴェンシュタインの言葉は、第一章でも紹介したバジョットと、彼の『イギリス憲政論』から学んだであろう福澤諭吉の『帝室論』にも見られる「至言」といえよう。

第七章で中東や東南アジアの君主たちの現況についても見ていくが、王室が国民一般の生活水準からあまりにかけ離れた「贅沢で豪奢な生活」を営んでいるような場合には、君主制の未来も危うくなってしまう。

たとえば、アフリカ南部のスワジランド王国は、二〇一五年度のIMF（国際通貨基金）による試算では、GDP（国内総生産）は世界で一五五位の四〇億二八〇〇万米ドル、国民一人あたりのGDPにしても一一七位の三一四〇米ドルにすぎない。ところがこの国を統治する国王ムスワティ三世（在位一九八六年〜　）は、一億米ドル（約一一〇億円）を超える個人資産を有し、自家用セスナや豪華な宮殿をいくつも保有しているのである。国民の六三％（一二〇万人）以上が一日にわずか一・二五米ドル（一三八円）で生活しているとされるなかにあって、国王の生活態度は国内外から当然のごとくに非難を集めている[18]。

二一世紀は、政府や官公庁はもとより、王室にも「会計の透明性」が求められる時代になっている。イギリス王室は清教徒革命後の王政復古のときから、莫大な所領からの収入をすべて議会（政府）にいったん預け、そのなかの一部が「王室費（Civil List）」として国家予算のなかから計上されてきた（第二章七〇頁）。それは長年「慣習」とされてきたが、一七六〇年からは正式な法律として定められた。しかし、政府の予算の一部という扱いで毎年定められてきた経緯から、それは国民の税金で王室が賄われているとの「誤解」を生み出す要因にもなってきた。

このような国民の「誤解」のもと、王室費の計上をスムースに進めるためには、王室は贅沢で奔放な生活を慎まなければならなかった。それだけではなく、第一章でもバジョットの言を引いたが（三五頁）、君主は国民にとっての「道徳的な規範」となる必要もでてきた。それはヴィクトリア女王やジョージ五世が築いたような、「夫婦仲が円満で多くの子供たちに囲まれた一家団《だん》欒《らん》」こそが理想像とされるようになったからである。

ところが、一九九二年にエリザベス女王の一家はとても団欒とは言えない状況になった。この年、チャールズ皇太子とダイアナ妃が別居に踏み切り、次男アンドリュー王子とセーラ妃も同じ道をたどった。さらに長女アン王女もついに離婚を決めた。これではとても「道徳的な規範」として国民に向かい合うわけにはいかなかった。さらに「泣きっ面に蜂」とでも形容しようか。この年の女王とエディンバラ公の結婚四五周年の日（一一月二〇日）にはウィンザー城で大規模な火災が発生した。王室としては、修復の費用を政府から援助してもらいたかったのであるが、国民や世論の大反対もあり、政府は王室自身による再建を女王に要請するに至った。

この年の暮れに行われたロンドン市長主催の恒例の晩餐会の席で、女王がかつての側近からの慰めの言葉（ラテン語）を披露したとおり、「今年はひどい年（Annus Horribilis）」であった。

この翌年（一九九三年）から、王室は夏の間（七～九月）だけバッキンガム宮殿を一般公開し、その収益をウィンザー城修復に充てていくことになった。王室も臨時の経費を「自分で稼がなければならない」時代となっていたのである。

さらなる試練となったのが、一九九七年の「ダイアナ事件」であろう。国民から王室への不満が高まった当時、第三章（一〇六頁）でも詳述したとおり、王室がいかに国民のために日々努力しているのかをホームページや最新の情報機器を通じて発信すると同時に、「国民の税金で王室が賄われている」という二五〇年にも及んだ国民からの「誤解」を解くため、ついに王室は政府との交渉を始めた。そして、ようやく二〇一一年に「王室歳費法（Sovereign Grant Act of 2011）」が議会で制定されることになった。

イギリス王室は、グレート・ブリテン島の海岸線の多くやランカスタ、コーンウォルなど古くから有する所領、さらにロンドンの「摂政大通り《リージェント・ストリート》」の土地などから、二〇一四年度には年間に二億八五一〇万ポンド（約四〇〇億円）もの収入を上げる大地主である。二〇一二年四月からは、上記の王室歳費法により、そのうちの一五％（約六〇億円）を年間の活動費として政府・議会から「国家予算には含めないかたちで」了承されるように変わった。こうした王室財産の管財人には、その時々の首相、財務大臣、女王手許金会計長官が就き、資産管理も堅実に行われている。なお二〇一七年度からは、バッキンガム宮殿の各種修繕費を捻出するために、この割合が二五％に引きあげられ、歳費は七六一〇万ポンド（約一〇六億円）に決まった(19)。

こうした努力が実を結び、現在では王室の歳費や収支決算などの「透明性」も国民から好意的に受け入れられるようになっている。

ウィンザー城

二〇一三年の王位継承法

このような年間活動費の改革と並んで、イギリス王室が打ち出した近年の改革が二〇一三年に議会を通過した「王位継承法（Succession to the Crown Act 2013）」である。この法は、実に三〇〇年にわたって王室を縛りつけてきた二つの問題を解決してくれた。

まずは、それまでの「男子優先」の長子相続制をやめて、男女を問わず第一子が継承において優先されるという「絶対的長子相続制（absolute primogeniture）」に変更された点である。

イギリスでは、ヴィクトリア女王や現エリザベス二世の存在からもわかるとおり、女子にも王位継承権はある。この点では、ハプスブルク家や歴代のフランス王家と大きく異なっている。しかし男子がいる場合には、たとえその子が末子であろうが、継承順位では優先されたのである。現女王も、もし弟がいたとしたら、その子がジョージ六世のあとを継ぎ、エリザベスは「一王女」としてまったく違う人生を歩んでいたかもしれない。

この新たな王位継承法が制定されるきっかけとなったのが、チャールズ皇太子の長男で王位継承者第二位の立場にある、ウィリアム王子（一九八二～　）とキャサリン妃（一九八二～　）の結婚（二〇一一年四月）であった。いずれ二人の間に生まれてくる第一子が、ウィリアムに次ぐ王位継承者第三位となる。その子が女子でそのあとに男子が産まれれば、継承順位も下がってしまう。実はイギリスでは、この王位継承に関わる「男女同権」は意外にも遅くまで実現できなかった。ヨーロッパ大陸ではいち早く採用したスウェーデン（一九七九年）を嚆矢《こうし》に、オランダ（一九八三年）、ノルウェー（一九九〇年）、ベルギー（一九九一年）、デンマーク（二〇〇九年）、ルクセンブルク（二〇一一年）が次々と絶対的長子相続制を採用していたのだ。

ウィリアム王子の結婚式から半年後の二〇一一年一〇月末に、オーストラリアのパースで開かれたCHOGMには、女王が国家元首を務める「英連邦王国（Commonwealth realm）」一六ヵ国の首脳たちも一堂に会していた。ここで特別の会合を設け、イギリスだけではなく、他の一五ヵ国の君主に即《つ》く者の場合にも絶対的長子相続制が適用されることに決まり、各国議会での批准を経て、最後には女王の裁可を得てから、二〇一三年の王位継承法制定につながった。

ちょうど二〇一三年七月には、ウィリアム王子夫妻に第一子が誕生したが、それは男性のジョージ王子であった。その二年後の五月には妹のシャーロット王女が生まれるが、もしこの二人の誕生が逆転していたとしたら、ウィリアム王子の次の王位は「シャーロット女王陛下」へと引き継がれることもあり得たわけである。

ウィリアム王子とキャサリン妃

「男子優先」と並んで、二〇一三年の王位継承法で変更されたのが、「宗教的差別」であった。一七世紀後半にジェームズ二世が即位し、彼の従弟《いとこ》のフランス国王ルイ一四世から援護を受けるかたちで、イングランドがカトリック勢力に乗っ取られる危険性が高まって以来、「カトリック」の信徒が王位を継承することへの拒絶反応が高まっていた。それは一七〇一年に制定された王位継承法（Act of Settlment）へと結実し、カトリック教徒はイングランド王位を継承できず、また王族はカトリック教徒とも結婚できない（結婚する場合には継承権を放棄する）こととなった。

もちろん一八世紀初頭の当時は、こうした「カトリックからの脅威」という現実も見られたし、何よりイングランド国教会の最高首長に就くべき人物がカトリックでは困った。

しかしそれから三〇〇年の月日を経て、いまさら「カトリックからの脅威」を叫ぶ者などいないし、国民に保証されているはずの「信教の自由」にもとる考え方であろう。そこで、王位を継承する立場にある「継承順位上位六位」までの王族については君主からの許可が必要とされるが、よほどのことがない限りはそれ以外の王族については結婚許可の承認も必要なくなった。

ここに晴れてカトリック教徒への「差別」も穏和化された。実は女王にはカトリック教徒と結婚した従弟がいた。亡き父ジョージ六世の弟だったケント公爵の次男にあたるマイケル王子（一九四二〜　）である。彼は離婚歴のあるカトリック教徒のマリー・クリスティーヌと一九七八年にウィーンで結婚した。このとき彼は女王から許可を得たが、王位継承権は放棄せざるを得なくなった。それが二〇一三年の王位継承法によって継承権も回復し、マイケル王子は二〇一七年現在、王位継承者第四二位の位置にある。

王位継承には中世以来のしきたりや宗教的な問題も深く関わっていて、その点でもまた「国王と国民との間の懸隔」は君主制の存立に大きな影を落とす時代となっていよう。その意味でも二〇一三年の王位継承法は、時代に即した改革であったと言えようか。

オーストラリアの特殊性

このように「男子優先」と「宗教的差別」を変更するかたちで、新たな王位継承法の下でイギリスをはじめ一六ヵ国に君臨する「君主」の存在が再確認されたわけであるが、それですべてが順風満帆になったとは言えない。英連邦王国からの離脱を考える国々も現れているからだ。

たとえばカリブ海に浮かぶジャマイカである。一六七〇年からイギリスの植民地となり、一九六二年に独立したこの国は、以後もエリザベス二世を女王として戴いてきた。しかし、独立五〇周年を迎えた二〇一二年に、自国の国家元首を女王から大統領へと替えようという動きが出てきた。二〇一七年現在は、まだ議会で法案が審議されているが、共和国になる可能性も高い。

このジャマイカより前から「共和制運動」が高まりを見せていたのが、南半球の大国オーストラリアである。

一八世紀以来、イギリスの植民地となってきたオーストラリアは、一九世紀半ば以降に、アメリカ合衆国やアイルランドからの移民が多数流入するようになってからは、イギリス本国や王室に対する反感も根強く醸し出されていくことになった。オーストラリアでも、ヴィクトリア女王の誕生日や記念日などが祝われることはあったが、アイルランド系（カトリック）移民などは、イングランド国教会の形式で執り行われる記念礼拝には参加できなかったのである。

とはいえ一九世紀の段階では、いまだ強力な「共和制運動」が生じることもなかった。当時のオーストラリアの上流階級は血脈や人脈、経済や文化といった様々な側面でイギリス本国の地主貴族階級と通じていたし、一八七〇年代から本格的に始まった帝国主義の時代の到来で、南太平洋にはフランスやドイツも植民地を拡大していた。そのようななかで自前の陸海軍など持ち合わせていないオーストラリアが頼ったのが、本国イギリスの軍隊だった。さらに当時のオーストラリア経済にとっては、ロンドンのシティこそが「生命線」であり、本国からの独立など金融危機をもたらす以外の何ものでもなかったのである。[20]

しかしそれも、二〇世紀前半の二度の世界大戦とともに大きく様変わりした。特に第二次世界大戦では、日本軍から猛攻を受けたオーストラリアを救援する力など、イギリスにはなかった。いまや自治領となっていたオーストラリアとニュージーランドにとって頼みの綱となったのは、超大国アメリカの支援であった。レーヴェンシュタインが一九五二年に刊行した著作でいみじくも述べているとおり、「オーストラリアにとっては、今日ではイギリス国王よりも、アメリカ空軍の方が重要」になってしまったのである。[21]

オーストラリア経済の「生命線」という意味でも、もはやイギリスやヨーロッパはその距離と同じく遠い存在となりつつある。一九九〇年代までには、ＡＳＥＡＮ諸国だけでヨーロッパとの取り引きを上回っており、これに日本、韓国、台湾、香港をあわせれば、総輸出額の五五％にものぼった。[22]さらに二一世紀には、躍進著しい中国との交易関係も急激に上昇している。

さらに間の悪いことに、通商上の変化と時を同じくして生じたのが、イギリス王室のスキャンダルの数々であった。先に紹介した「ひどい年（一九九二年）」を境に、オーストラリアの世論調査の結果を見ても、君主制の人気は一挙に凋落した。それまで（一九五三〜八八年）は世論の六〇％以上が君主制に好意的だったのが、一九九三年の世論調査でそれは四〇％以下に激減したのである。反対に共和制支持派は五〇％を超えていた。[23]イギリスから見て地球の反対側ともいえるオーストラリアの「臣民」にとっても、王室は「道徳的な規範」にならなければならない存在だったのだ。

こうした動きも受けて、一九九九年には「君主制の存続」の是非を問う国民投票が行われた。賛成派は五五％、反対派は四五％で「女王陛下はとどまる」ことになった。

二〇世紀初頭にイギリスの保守党政権で首相を務めたアーサー・バルフォアは、バジョットが『イギリス憲政論』を書いた時代にはまだ顕在化していなかった、王位の近代的な側面について述べている。「国王は一党派の指導者でもなく、一階級の指導者でもない。一国民の元首である――実は多数の国民の元首である。彼は万人の王である。［中略］彼はこの帝国が構成されている種々雑多の社会、その位の上下を問わず、これらのすべてを結ぶ運命を予定された一つの紐帯である。［中略］なおこのほかに、世界に分散している各領地の様々の民族［中略］の長でもある」[24]

バルフォアがこの世を去った翌年（一九三一年）に、「ウェストミンスタ憲章」によってイギリス本国と自治領は対等の関係で結ばれるようになり、かつての本国を頂点に戴くピラミッド型の「帝国（Empire）」は、構成員すべてが平等な長方形の「英連邦（Commonwealth）」へと姿を変えた。第二次世界大戦後に、アジアやアフリカでも次々と独立国が登場し、その大半が自国民による選挙で自分たちの大統領を選ぶ「共和制」への移行を選択したのである。

ただし、上記のようにアメリカ合衆国やアイルランドからの移民が多いオーストラリアとは異なって、隣国のニュージーランドはイギリス（ブリテン）からの移民が大半を占めていることもあってか、基本的には君主制支持者が多数を占めている。オーストラリアで「共和制運動」が高揚した一九九四年の時点でも、世論調査で五四％が君主制を支持する一方、共和制への移行を唱えていたのは二八％にとどまっている[25]。

また、「帝国の長女」とも呼ばれ、一八六七年にイギリス帝国内で初めて自治領となったカナダでも、女王は「多文化共生の表象」として尊重されている[26]。

このようにオーストラリアは「英連邦王国」のなかでは特殊な立場にあるが、今後のイギリスでの国王の代替わりにともなって、再び君主制存続の是非を問う国民投票が実施される可能性もあろう。いまや経済的にも遠い存在となったイギリスとオーストラリアの紐帯に君主制がなれるかどうかは、やはり君主と王室が「道徳的な指導者」になれるか否かにもかかっているだろう。

現代民主政治の象徴として

イギリス立憲君主制の存立は、世界大に拡がる「英連邦王国」だけではなく、当のイギリスにとっても大きな問題となっている。二〇一六年六月の国民投票で、ヨーロッパ連合（ＥＵ）からのイギリスの離脱が決まったなか、第三章（一〇六〜一〇七頁）でも言及したが、これに否定的な立場を貫き「ＥＵ残留派」が多数を占めたスコットランド、北アイルランドが、イングランドから離れていく可能性も高まっているのである。それだけではない。

同じく「ＥＵ残留派」が住民の九六％という圧倒的な数字を示した、イベリア半島の最南端にあるイギリス領ジブラルタルの今後の動向も注目されてこよう。ジブラルタルは、その地理的な位置づけや歴史的な経緯もあって、長年イギリスとスペインのあいだで領有問題が争点となってきている。そうしたときに、ジブラルタル住民にとっての同一性《アイデンティティ》の象徴がイギリス王室だった。

一九五四年、世界周遊の旅の最後にエリザベス女王夫妻が訪れて以来、王族たちはたびたびジブラルタルを訪問して、住民たちとの絆を深めてきた[27]。

ジブラルタルは何度か行われた住民投票でも、九五％以上がつねにイギリス領への残留を希望してきたが、このＥＵ離脱問題をめぐっては本国との確執も予想できる。こうしたときに助け船を出してくれるのが王室なのかもしれない。ジブラルタルを自治領化して「英連邦王国」の一員に入れることも可能かもしれない。その際に、イギリスとジブラルタルは「同君連合」によって王室を媒体に今後も結びつくこともできよう。

さらに、グレート・ブリテン及び北アイルランド連合王国内でのつながりについてもしかりである。スコットランドがイングランドと分かれる道を選択した場合にも、一七〇七年以前のような「同君連合」のかたちで結びつきを維持することは可能であろう。一九九六年に当時のジョン・メイジャーの保守党政権は、かつてエドワード一世（在位一二七二～一三〇七年）がスコットランド遠征を行った際、「スクーンの石」をイングランドに持ち帰り、歴代国王が戴冠式で用いた「スクーンの石」をイングランドに持ち帰り、ウェストミンスタ修道院にある聖エドワードの椅子の下に強引に押し込んでしまった事件（一二九六年）から七〇〇年を記念し、この石をスコットランドに返還している[28]。

スクーンの石

そのときの取り決めで、イギリス国王の戴冠式が行われるときだけは、スクーンの石を一時的にウェストミンスタに戻し、式が終わったら再びスコットランドに返すことになっている。しかし今後のウィンザー朝の王は、かつてステュアート王朝の王たちが行ったように、イングランドとスコットランドの双方で戴冠式を挙行してはどうかといった声も聴かれるのである[29]。

近年のジャマイカやオーストラリアに限らず、第一章でも紹介したとおり（三二頁）、イギリスでも「反君主制」の動きや声はかつて見られた。しかしその急先鋒とも言うべき社会主義者たちも、労働党政権の閣僚になった瞬間から君主や王室の虜となり、ともに手を携えて国民のために邁進してきたのはすでに述べたとおりである。「はじめに」で登場した（七頁）、第二次大戦末期の労働党政権の外相アーネスト・ベヴィンから役職を引き継いだ、労働党の重鎮ハーバート・モリソン（一八八八〜一九六五）は、そのベヴィンが見ることができなかったエリザベス二世の戴冠式を眺めながら次のように感想を漏らしている。「人々が女王を喝采し、賛美しているときには、彼らは同時にわれわれの自由な民主政治をも賛美しているのである[30]」。

多くの識者たちが指摘するとおり、イギリスの立憲君主制は時代や状況に柔軟に対応し、その時々の国民の要求にも応え、国民道徳の規範となっている限り、今後も長く続いていくだろう。その点では、同じく国民との距離が近く、国民の支持によって維持されてきた北欧諸国の君主制も同様なのかもしれない。次章では、これらの国々について検討していくことにしよう。

第五章　北欧の王室――最先端をいく君主制

質実剛健な陛下たち

ノルウェー人もスウェーデン人もデンマーク人も、王室が何か自分たちからかけ離れており、格式ばった宮廷や仰々しい国家儀礼の表象のような存在であると考えることは好んでいない。〔中略〕これらの国々の国王や王妃は、確かに伝統的な威厳と品位をもってその公的な機能を果たしてはいる。しかし、ひとたびそれが終われば、彼らの家臣たちと大して違わないようなごく普通の家庭生活へと戻っていくのである。(1)

これは、イギリスの歴史家で評論家のデイヴィッド・セシル卿（一九〇二～一九八六）が一九五七年に記した論稿の一節である。彼自身、第四代ソールズベリ侯爵の次男として生まれている。祖父はヴィクトリア女王にとって最後の首相として仕えた第三代侯（在任一八八五～八六、八六～

九二、九五～一九〇二年）であり、父も兄（第五代侯）も保守党政権で閣僚を務めた由緒ある貴族政治家の家柄である。三〇〇年以上前の先祖は、あのエリザベス一世にとっての首席の大臣も務めていた。そのデイヴィッド卿から見て、北欧三国の王室は実に質素に思えたのだ。

デイヴィッド卿だけではない。本書にもたびたび登場する憲法学者のレーヴェンシュタインも、北欧の君主たちは「あらゆる点でまったく裕福な中産市民階級の生活と同じような市民的生活をしているので、この型の立憲君主制は『国民に接近している』」と指摘するのである。[2]

この北欧三国は、後述するように、一時は同一の君主の下に支配されたこともあり、また地理的にも隣接していることから、現代でも農業や漁業、工業・交易業など近似した経済状況にあり、政治制度や教育制度、さらに一六世紀からはルター派のプロテスタントが主流派を占める宗教的な側面からも、国民の生活形態が実によく似ている。人口の面でも、二〇一七年現在で、デンマーク（約五七五万人）、ノルウェー（約五二七万人）、スウェーデン（一〇〇五万人）と、それぞれの国土の面積からすれば、みな比較的少ない国である。

しかし、国民一人あたりのGDP（国内総生産）で見れば、IMF（国際通貨基金）の試算では、ノルウェー（七万四八二二米ドル：世界第四位）、デンマーク（五万二一一四米ドル：同第七位）、スウェーデン（四万九八六六米ドル：同第一一位）と、いずれもこの日本（三万二四八六米ドル：同第二四位）よりずっと高水準にあるのだ。[3]

北欧からはるか遠くに住むわれわれ日本人にとってみると、これら北欧三国は、第二次世界大戦後に世界的な社会福祉先進国として特に注目を集めてきた。さらに環境保全や男女同権など、二一世紀の今日のわれわれにとって大切な問題をつねに先取りしてきた国々でもある。
イギリスの歴史家サー・チャールズ・ペトリ（一八九五～一九七七）は、この三国が、①立憲君主制を採用し、②政党は小党分立でありながら政権の移動が円滑で政府も安定性をもち、③社会的・経済的プログラムが強調され、社会立法の進歩が見られる、という三点だけをとってみても、実によく似た状況にあると述べている。さらにペトリによれば、この三国は「君主制と自由とがきわめてみごとに一致しうるという事実の顕著な実例を示している」のである。[4]
このように、歴史的にも文化的にも極めて近い関係にあり、多数政党からなる議会制民主主義に基づく政治体制に支えられた北欧三国ではあるが、その立憲君主制のあり方には近年では違いも見られつつある。本章では、このデンマーク、ノルウェー、スウェーデンの三国の立憲君主制について検討してみよう。まずはその前提として、三国の歴史を簡単に振り返っておきたい。

カルマル連合からそれぞれの道へ

北欧三国に王権が登場したのは、日本ではちょうど平安京が築かれた八世紀末のことである。海賊にして交易者でもあった、かのヴァイキングの手によってであった。北海、バルト海、さらには大西洋沿岸にまで及んだその勢力は、各地にノルマン人、デーン人らの「王国」を築いた。さらに九世紀頃からは北欧にもキリスト教が伝えられ、このヴァイキングの王権がキリスト教による正統化を経て強化され、王国の形成や統合はよりいっそう進められた。

第二章（五三頁）でも述べたが、イングランド王となったデーン人のカヌートが兄の急逝により「クヌーズ（カヌートのデンマーク語名）大王」としてのちに「北海帝国（一〇一八～三五年）」と呼ばれる広大な領土を支配したのは一一世紀前半のことだった。しかしクヌーズ大王の王権は、彼の軍事的・政治的才能に主に依存する軍事王権にすぎず、一〇三五年に彼が亡くなると「帝国」は急激に衰退した。明確な王位継承の規範を備えた統治王権はいまだ確立されていなかった。

その後、デンマーク、ノルウェー、スウェーデンという今日に続く三国に分かれていくなかで、デンマーク王女からノルウェー王妃となった女傑マルグレーテ（一三五三～一四一二）の指導力により、一三九七年に三国はスウェーデン南境の町カルマルで「同君連合」を形成し、中央集権的な強力な王権に基づく支配が確立された。この頃までには三国それぞれに、強力な王権を築こうと中央集権化を進める王たちと、有力者たちからなる王国参事会や州集会による貴族寡頭制をめざそうとする勢力との間で、種々の対立が生じていた。

「カルマル連合」は、旧王領地を有力者から奪い返し、諸侯らの政治的・経済的な支配基盤を弱体化させ、王権の強化を図るためのものでもあったのだ。(5) 第二章で詳述したように（五九頁）、同時期のイングランドでは有力者たちからなる「議会《パーラメント》」の力が定着していたが、北欧では逆に王権をより強大化させていく動きが見られたわけである。

一六世紀に入ると三国は、ノルウェーを一五三六年に編入したデンマークと、グスタヴ・ヴァーサ（在位一五二三～六〇年）を新たにスウェーデン王として「独立」した側とに分かれ、ここに紆余曲折を経ながらも一二〇年にわたって続いてきたカルマル連合は終焉を迎えた。グスタヴ王はこのデンマークとの戦争のために多額の軍資金を必要とし、一五二七年には全国身分制議会を召集した。彼は、特に聖職貴族たちからの財政支援を期待したが、教会側はこれに反発した。ついに国王は教会財産の没収を強行し、宗教改革の開祖となったマルティン・ルター（一四八三～一五四六）の教えに基づいて形成された「ルター派（福音派）」を国教とすることも決められた。スウェーデンはローマ教皇庁（カトリック）とも袂《たもと》を分かつことになった。

一〇年後（一五三七年）にはデンマークでも、やはり身分制議会の了承を得てルター派が国教とされ、ここに北欧三国はルター派のプロテスタントを信奉する勢力に与《くみ》したのである。

一六世紀半ばは、北欧に限らず、西欧世界全体がカトリックとプロテスタントの両陣営に分かれて死闘を繰り広げた「宗教戦争」の時代でもあった。北欧三国もこの争いに否応なしに巻き込まれていく。その最後の闘争ともいうべき「三十年戦争（一六一八～四八年）」は、北欧での主役交代にもつながった。デンマークではクリスチャン四世（在位一五八八～一六四八年）の治世に東インド会社が設立され（一六一六年）、重商主義政策が進められて国家財政も潤っていた。神聖ローマ帝国内における宗教戦争で、プロテスタント側の劣勢が目立つようになると、野心家のクリスチャンはついに参戦を決意する（一六二五年）。しかし結果は惨敗であった。

ここに登場したのがスウェーデンの若き王グスタヴ二世アードルフ（在位一六一一～三二年）である。軍事の天才だった彼は銃器を持つ歩兵を活用して、騎兵に頼る皇帝軍側の旧式な戦法にうち勝ち、兵役義務制度（徴兵制の初期段階）も導入

女傑マルグレーテ

して、スウェーデンを一躍「軍事大国」に成長させた。国王自身はリュッツェンの戦い（一六三二年一一月）で戦死してしまったが、三十年戦争の講和を話しあったヴェストファーレン（英語名ウェストファリア：ドイツ北西部）で結ばれた条約（一六四八年）により、スウェーデンはバルト海に軍事的要衝を獲得したのである。

一七世紀末までに、スウェーデンはバルト海に一大帝国を築き上げた。しかし当時ヨーロッパでは「勢力均衡（balance of power）」という考え方が拡がり始めていた。ある国が軍事的・領土的に抜きんでると、芽が青いうちに周辺諸国が団結してこれを摘み取るという構図である。西欧では、同じく三十年戦争で勢力を拡大したブルボン王朝のフランスがやはりハプスブルクやオランダ、イングランドから叩かれていた。その運命がついにスウェーデンにも訪れるときがきた。

カール一二世（在位一六九七～一七一八年）治下に生じた「北方大戦争（一七〇〇～二一年）」により、新興の大国として東側から登場したピョートル大帝率いるロシアをはじめ、プロイセンやポーランド、デンマーク（ノルウェー）にはさまれ、ここにバルト海対岸の領土はすべて失われた。一七世紀末から一九世紀初頭までのヨーロッパは、俗に「長い一八世紀（一六八八～一八一五年）」と呼ばれ、大陸全体はもとより、この頃までに各国が植民地を拡げていたカリブ海や北米大陸、インド周辺まで巻き込む「戦争の世紀」となっていた。この「長い一八世紀」の間にデンマークもスウェーデンも「二流国」へと衰退し、ヨーロッパの地図も塗り替えられた。

「長い一八世紀」の最後の戦争であった「ナポレオン戦争（一八〇〇～一五年）」の戦後処理問題を話しあったウィーン会議では、それまで四〇〇年にわたってデンマークの事実上の支配下に置かれてきたノルウェーが、デンマークとの同君連合を解消することに決まった。しかし「独立」は許されず、こののちはスウェーデンとの同君連合に組み込まれることになったのである。さらにスウェーデンの新たな国王には、かつてナポレオンの元帥の一人だったカール一四世ヨハン(在位一八一八~四四年)が即《つ》くことも内定し、ここに今日にも続く「ベルナドッテ王朝」が形成される。

こうしてヴァイキングによる支配の開始から一〇〇〇年の歴史を経て、北欧三国はそれぞれの道を歩むことになった。それではこれら三国で一九世紀以降に立憲君主制が醸成されていく過程を、デンマーク、ノルウェー、スウェーデンの順で見ていくとともに、それぞれの国の君主制の現況についても、あわせて考察していきたい。

デンマーク王政の変遷――絶対君主制から立憲君主制へ

> 自然法により、戴冠式において国王は彼の臣民の自然的父となる。そして父権的義務をもつ父が子どもを養い、教育し、有徳な生活を送るよう面倒をみる義務があるように、国王も彼の臣民全ての面倒をみる義務がある。(6)

この言葉は、一六〇三年にエリザベス一世の死を受けてイングランド国王も兼ねることになるジェームズ一世が、その五年前に記した自著『自由なる王国の真の法律』の一節である。三十年

フレゼリク三世

戦争にデンマークを引き込んだクリスチャン四世は、ジェームズの義弟（妃アンの弟）にあたる。

そのクリスチャンのあとを継いだフレゼリク三世（在位一六四八〜七〇年）が治めるコペンハーゲンで一六六〇年九月、身分制議会が召集された。相次ぐ戦乱のため、デンマークは経済的に疲弊していた。その解決策を話し合うための議会であったが、免税の特権に与る貴族に対する市民らの反発が強まり、協議は紛糾した。ついに市民たちは貴族らの政治的影響力を弱めようと、王権の強化を訴えた。年末までには、財務庁、国務庁、陸軍庁などの中央官庁が創設され、身分制議会もそれ以降は開かれることがなくなった(7)。

こうしてジェームズ一世が自著で論じたような「絶対君主制」が、デンマークにその姿を現すこととなったのである。一六六五年にはそれを保証した憲法も制定された。ある歴史家は「絶対主義を細部に至るまで規定した文明世界における唯一の成文法」と呼んでいる。この憲法では、国王の統治には、王国の領土の保全、キリスト教の維持、憲法それ自体の遵守《じゅんしゅ》という三つの制限が課せられているだけで、あとはすべて国王の自由裁量とされたのである。これ以後は、強度の中央集権と上記の官僚制によって王国は統治され、議会制や内閣制は生まれなかった(8)。

このような絶対君主制は基本的に一九世紀前半まで続いた。転機となったのは、ヨーロッパを席巻《せっけん》した市民革命の影響である。一八三〇年のフランス七月革命はデンマークの自由主義をも鼓舞する出来事となった。翌三一年に、地方議会が設置された。さらに、一八四八年のフランス二月革命とそれに続くドイツ三月革命が、地方議会の合同会としての全国議会の設置につながる。

加えて三月革命はデンマークにおける国民主義（民族主義）にも火をつけた。デンマーク南部のシュレースヴィヒ（デンマーク語でスレースヴィ）とホルシュタインの両公国は、デンマーク国王が公爵を兼ねる「同君連合」にあった。しかし、ドイツ系住民の多い両公国でドイツ連邦への編入を要求する声が高まっていた。これとは反対に、コペンハーゲンの市民たちはスレースヴィとデンマークとの立憲的結合を求める状況であった。一八四八年三月二一日、コペンハーゲンでは一万五〇〇〇人の市民による行進が行われ、それは一〇月の憲法制定議会設立につながる。

この制憲議会により、一八四九年六月五日に自由主義的な憲法が発布された。二院制の議会が設置されるとともに、経済的に自立した三〇歳以上の男子による普通選挙権も認められた。さらに言論出版の自由や信教の自由も保証されたのである。こうして絶対君主制は幕を閉じ、デンマークに新たに立憲君主制が確立されることになった(9)。

女性参政権の実現と多党制のはじまり

デンマークに立憲主義的な新憲法が制定されてから一五年後、さらなる国民主義の高揚とプロイセン首相ビスマルク（一八一五〜一八九八）による巧みな策略とが相まって、「第二次スレースヴィ戦争（一八六四年）」と呼ばれるプロイセン・オーストリアとの戦闘が始まった。デンマークは手痛い敗北を喫し、シュレースヴィヒとホルシュタインは両国に没収された。これと時を同じくして、デンマークには今日に続く「グリュックスボー王朝（一八六三年〜　）」が成立した。この新しい王朝の下で、デンマークでは選挙権のさらなる拡大が見られていく。

二〇世紀の幕開けからすぐに、ヨーロッパは第一次世界大戦（一九一四〜一八年）に突入した。すでにバルカン半島で戦闘が開始していた一九一二年一二月に、デンマークはスウェーデン、ノルウェーとともに大国間の戦争には共同で中立を保つことを確認し合っていた。一九一四年八月八日には、大戦勃発と同時に実際に三国は中立を宣言した。しかし、イギリスとドイツの中間に位置するユラン（ユトランド）半島が国土の中枢にあるデンマークは苦悶《くもん》を強いられた。ドイツが大ベルト海峡への機雷敷設を要求してきたのである。単独でこれに対抗できなかったデンマークは敷設をのまざるを得なかった。イギリスの側も北欧への通商路を厳しく取り締まった。大戦への中立により大いなる恩恵を受けたアメリカ合衆国やスペインなどとは異なり、北欧は経済的な苦況に追い込まれていったが、北欧三国は大戦が終結するまで共同で中立を守り続けた。

この間に、デンマークには二〇世紀の新たな思潮、すなわち民主主義と男女平等の潮流とともに、さらなる改革の波が訪れていた。ロシアの支配下にあったフィンランドでは、一九〇六年に女性にも国政選挙権が与えられるようになっていたが、ノルウェー（一九一三年）、デンマーク（一五年）、スウェーデン（二一年）もその後に続いた。デンマークでは同じく一九一五年に、それまで設けられていた所得や資産に基づく制限条項も撤廃され、男女普通選挙の時代へとより近づいていった。

第一次世界大戦が終結したのちの一九二〇年代になると、こうした「大衆民主政治」の定着によって、デンマークだけではなく北欧のすべてに、様々な国民の利害を反映し、それゆえ単独過半数を獲得できないような少数政党が次々と乱立するようになった。デンマークでは、それまでの保守勢力、自由主義勢力、社会民主主義勢力という三つの勢力が伯仲する体制から、非社会主義勢力（保守党・自由党・農民党）と社会主義勢力（社会民主党・共産党）の五つの政党が対立する状況へと変わっていった。これが「北欧五大政党制」と呼ばれるものであり、基本的には一九七〇年代まで北欧の政治を特徴づけることとなる。(10)

大戦下の国王の存在

一九三〇年代にはいると、デンマークは世界恐慌の波に飲み込まれることになった。しかし、より深刻だったのは第二次世界大戦に巻き込まれたことである。

第一次世界大戦の時と同様に、デンマークはスウェーデン、ノルウェーとともに事前に「中立」を宣言していた。とはいえ、このたびの相手は血縁関係で結ばれたホーエンツォレルン家のドイツ皇帝ではなく、ナチス・ドイツの独裁者アドルフ・ヒトラー（一八八九～一九四五）だった。

一九四〇年四月九日。まだ夜も明けぬ午前五時だというのに、コペンハーゲンにたたずむアマリエンボー宮殿の窓を叩く大きな音が響いた。一〇年以上にわたってこの国の政府を率いてきたトーヴァル・スタウニング（一八七三～一九四二）首相その人ではないか。首相は緊急に国王に会見を申し込んだ。たたき起こされた国王クリスチャン一〇世（在位一九一二～四七年）はただならぬ気配を感じ取った。ドイツ軍がデンマークに急襲をかけてきたのである。

宮殿の周りはドイツ兵に取り囲まれていた。近衛兵が応戦したものの、所詮かなう相手ではなかった。一六人の死者と二三人の負傷者を出し、国王は閣僚、軍高官と相談の結果、午前六時には「降伏」を余儀なくされた。大戦中はドイツがデンマークに各種の保護を与え、ドイツ軍も内政に干渉しないとの条件に基づく決定であった。形式的には政府もそのまま継続され、ナチス以外の政党活動もそのまま許可された。ナチスとしては、デンマークを「モデル保護国」にし、北欧や西欧の他の国々に見せつけようとしていたのである(11)。

王妃アレクサンドリーネはドイツのメクレンブルク゠シュヴェリーン大公家の出身であったが、彼女の忠誠心はあくまでもデンマークにあった。これに対して、国王の弟ハーラルの妻ヘレーネ王女（国王兄弟の又いとこにも当たった）は、露骨に親ナチスの立場を取り、夜ごと開かれる舞踏会でナチの高官たちと乱痴気騒ぎをしでかす始末であった。

占領下にあった当初は合法的な抵抗運動にとどまっていたデンマークでも、ナチスによる締め付けが厳しくなった一九四三年夏から抵抗が激しさを増す。全国に散らばっていたレジスタンスやサボタージュグループが「自由評議会」を結成し、各地でドイツ軍に反旗を翻した。サボタージュ参加者がドイツ軍によって処刑されるや、庶民はいっせいに職場を放棄し、これにドイツ側は電気・ガス・水道をすべて遮断する対抗措置に出た。それでも市民は耐えぬいた。

デンマーク国民にとって「ナチスへの抵抗」の象徴となっていたのが、ほかならぬ老国王クリスチャン一〇世であった。国王は占領の翌日からコペンハーゲンの町を毎朝馬で散策した。乗馬はそれまでの日課でもあったが、ドイツ軍の兵士たちが見守るなか、護衛もつけずに一人で愛馬と散策する国王の姿は、ドイツに対する無言の抵抗と国民の目には映っていた。事実、ドイツ兵が彼に敬礼してもいっさい無視し、普通に挨拶してくる一般市民にはいつものとおり優しく言葉をかけるのであった⑿。

一九四二年九月には大事件も起こった。国王の七二歳の誕生日を祝って、ベルリンからヒトラー総統直々の電報が届いたのである。これに対する国王の返礼は「お言葉に感謝する。クリスチャン国王」という素っ気ない返信電報だけであった。激怒した総統はコペンハーゲン駐在の大使をより強硬な親衛隊（SS）の高官にすげ替えただけではなく、政権の交代まで要求してきた。

それからわずか一ヵ月後の一〇月一九日、国王はいつもの乗馬のさなかに落馬した。負傷した左膝は終生治ることはなく、これ以後は車椅子の生活を余儀なくされた。それでも国王の気骨はへこまなかった。デンマーク在住のユダヤ人に「ダビデの星」をつけるようにとの要求にも断固反対した。国王は「デンマーク国民であるユダヤ人」にはナチスに指一本触れさせなかった。こうした国王の態度と自由評議会などの支援もあって、ドイツ占領下にあった諸国のなかでデンマークのユダヤ人たちは九八％がホロコーストを逃れることができたとされる。オランダ（二七％）、ベルギー（六〇％）、ノルウェー（六〇％）と比べてもその

クリスチャン10世

数字は格段に高い[13]。

ついに一九四五年五月にデンマークは連合軍により解放された。五月九日、クリスチャン一〇世は王妃とともに馬車でコペンハーゲンの大通りを行進し、議会の開会式に向かった。沿道では数え切れないほどの人々が拍手喝采しながら、この老国王に手を振り続けた。

レーヴェンシュタインも鋭く指摘するとおり、「亡命する時を逸したデンマーク国王は、侵略者がかれの品格を傷つけることができず、またかれがすでに存命中に一つの伝説となったほど、悠然かつ大胆に行動したのであった[14]」。

こうしてデンマーク国民は、ナチス・ドイツの占領下にあった五年間を、まさに国王とともに乗り切り、戦後の新しい時代を迎えることになったのである。

「女王」の誕生――女性への王位継承権

ドイツの占領下に置かれた「中立国」デンマークは、他の参戦国と同様に、戦後も厳しい経済状況に直面した。しかし、一九四七年にアメリカ政府から発表された「マーシャル計画《プラン》」による財政支援（二億八〇〇〇万米ドル）を受けて、デンマークは徐々に戦後復興に乗り出していった。

そのさなかの一九五三年に、この国に新しい憲法が誕生した。すでに大戦前からの懸案事項となっていた、議会を一院制に移行する、参政権の年齢を二三歳に引き下げる、国民投票の手続きを整備する、といった内容が盛り込まれていた。なお、参政権はこののちさらに引き下げられ、二一歳（一九六一年）、二〇歳（七一年）を経て、現在では一八歳（七八年）となっている。しかしこの新しい憲法にとっての最大の目玉は、王位継承に関わる改正であった。デンマークでは、絶対君主制であれ、立憲君主制であれ、中世以来「男子」にのみ王位継承権が与えられ、女子には継承権はなかった。しかしそれはすでに大戦前から「時代遅れ」の考えとされ、多くの国民が改革を訴えていた。一九三九年には国民投票も行われたが、このときは規定の票数（有権者の四五％以上）を得られずに頓挫していた。

第二次世界大戦が終結してから、再びこの問題が浮上した。現行憲法では、クリスチャン一〇世の長男フレゼリク皇太子が王位を継ぎ、その次は年子の弟であるクヌーズ王子に継承権が与えられていた。フレゼリクは、スウェーデン王女イングリッドと結婚し、ドイツによるデンマーク侵攻の一週間後に生まれた長女マルグレーテを筆頭に、二人の間に生まれた三人の子はすべて女の子だった。三女のアンヌ・マリー（一九四六年八月生まれ）を出産したあと、イングリッド妃は医者からもう出産は医学的見地からも控えたほうがよいとの忠告を受けてしまった。

その八ヵ月後に老国王が亡くなり、夫はフレゼリク九世（在位一九四七～七二年）として王位に即いた。デンマーク国民の多くが、新しい国王とともに新しい憲法を作る希望を抱き始めた。そこには「大戦の暗い過去」も関係していた。兄の即位で王位継承者第一位となったクヌーズであるが、彼にはインゴルフ（一九四〇年生まれ）とクリスチャン（一九四二年生まれ）という男の子が二人いた。それぞれが王位継承者第二位と三位というわけである。しかしこの継承に国民の多くが反対だった。二人の母親、すなわちクヌーズの妻は大戦中にナチス高官と親しくしていたあのヘレーネ王女の娘だったのである。ヘレーネは占領終結から四週間後（一九四五年五月）には国外追放の憂き目に遭っていた。国民からも怨嗟《えんさ》の対象とされていたのだ。

そのヘレーネの孫が王位に即くことには国民も難色を示していたし、そもそも女性に継承権がないことも時代にそぐわない。一九五二年ぐらいからは新聞や雑誌でも論争が開始し、翌五三年二月四日には国務会議（内閣とは別の組織でイギリスの枢密院に相当）に政府が用意した新たな王位継承法案が提出された。クヌーズに替わり、王位継承者第一位をマルグレーテ王女にするというものだった。国務会議で賛同を得た法案は、三月二八日に議会も通過した。そして五月二七日に実施された国民投票の結果、規定の票数（四五％以上）を超える有権者が賛意を示したのである。ここに六月五日の国務会議で国王からの裁可を正式に得た新憲法と王位継承法により、デンマーク史上初の「女王」の誕生が決まった。クヌーズは継承順位第四位に繰り下がった[15]。

一九七二年一月一四日に父クリスチャンに劣らず国民から敬愛を集めたフレゼリク国王が崩御し、女王マルグレーテ二世（在位一九七二年～　）が即位した。なお、この時点ではまだ王位継承における「男子優先」が定められていたが、それも二〇〇九年の改正によって「絶対的長子相続制」へと切り換えられ、男女を問わず第一子が継承順位でも優先されることになっている。

女王陛下の大権

そのマルグレーテ女王も、即位して四五年という長い年月が経過したが、二一世紀の今日にも彼女には大権が付与されている。その多くは、第四章でも紹介した、イギリスのエリザベス女王と共通する役割である。

①議会制定法の裁可（ただし閣僚の副署を伴う）
②首相・閣僚の任免（組閣への関与）
③国務会議の主催
④首相・外相との定期的な会見
⑤各国からの外交官の接受
⑥国賓の接遇・国賓としての外国への公式訪問
⑦すべての文官（官僚）の首長
⑧陸海空軍の最高司令官
⑨栄典の授与

これらはいずれもイギリス君主が「国家元首」として果たす役割であり、日本の天皇が行う「国事行為」にも相当しよう。日本で言う「公的行為」、すなわちイギリス君主の「国民の首長」としての役割も、もちろんデンマーク君主は担っている。各種の行事への参加や、各種団体の長への就任などである。[16]

マルグレーテ二世

しかもイギリス女王とは異なり、デンマーク女王は憲法的には政治に関与するより大きな力を備えている。まず女王は形式的にはいまだに「政府の首長（Head of Government）」も務めている。実際には時の首相がこれを果たすが、政権は単に女王が首相を指名しただけで法的存在と認められる。他の手続き（正式な承認投票や信任投票など）はいっさい必要ない。このため政府は議会で敗北するまでは議会の信任を得ているものと解釈され、たとえ少数党政権であっても、議会内でこれに積極的に反対する多数派が現れない限りは政権を存続できるのである[17]。

少々わかりにくいかもしれないので、少し説明を補おう。イギリスとの一番の違いは、デンマークが基本的に二大政党制を採っていない点に由来する。第四章で詳述したように、第二次世界大戦後のイギリス政治は基本的には保守党と労働党による二大政党制を採ってきた。さらに一九六五年以降には、両政党ともに党首公選も導入したため、女王が首相の選定に深く関わることはなくなった。

しかしデンマークは多党制である。二〇一七年現在も、一院制をとる「国民議会（Folketing：一七九議席）」には一三の政党から選出された議員たちが議席を占めている。デンマークの選挙では任期四年の議員を比例代表制で選挙している。現在の与党は、中道の自由主義政党「ヴェンスタ」であり、同党のラース・ルッケ・ラスムセン（一九六四〜　）が首相を務める。二〇一五年の総選挙でヴェンスタは第三党（三四議席）に転落したが、デンマーク国民党（三七議席）など三党から閣外協力を受け、与党の地位を占めている。第一党は社会民主党（四七議席）となっている。

後述するノルウェーとは異なり、デンマークには議会内で政党が「ブロック」を恒常的に組むような慣習がない。このためデンマークの君主のほうが、政権交代には深く関わっている。デンマークでは総選挙後に内閣はいったん総辞職する。これを受けて女王は第一党から獲得した議席数の順に党首と会見し、彼らから意見を聴いていく。その際に党首らは、現況ではどの政党によるどのような組み合わせが実現可能で望ましいのかを女王に提言する。こうした提言を受けて、女王は特定の人物に首相の大命を降下する。もちろん、一度の話し合いで決まるのが難しいこともあるが、デンマークの「合意政治」ではこれまで政権樹立が紛糾したことはない⑱。

このように二〇世紀以降の一世紀にも及ぶデンマーク政治のなかで、君主は政党間の対立から巧みに距離を取れるシステムが醸成され、そのなかで君主は首相の選定にあたっている。立憲君主である女王が自らの意思だけで政権を決めるようなことはないが、日々の政治運営については④にもあるとおり、イギリス女王と同じく、首相や外相との定期的な会見によって、デンマーク政治の奥深くにまでマルグレーテは影響力を及ぼすことができるのである。

「新興王国」ノルウェーの誕生

そのデンマークにより四世紀近くも「同君連合」の下で支配されたのが北のノルウェーである。一四五〇年にときのデンマーク王クリスチャン一世がノルウェー王を兼ねてから、正式にデンマークによる支配に組み込まれた。それもナポレオン戦争で終結した。一八一四年にはノルウェー国民は自らの王を推戴しようとしたが、今度は隣国スウェーデンが横槍を入れてきた。翌一五年からはスウェーデンとの「同君連合」に組み込まれ、外交権もスウェーデンが握った。

しかし、一九世紀のヨーロッパはすでに述べてきたとおり、各地で自由主義と国民主義が勃興してきた時代でもあった。特に西欧の市民革命は、デンマークと同様に、ノルウェーにも大きな影響を及ぼした。一八八〇年代からは、国政選挙権を一定の収入をもつ成人男子に拡げ、教育制度の改革や地方自治も進められた。こうしたなかでいつまでも外交権をスウェーデンに握られていることに、ノルウェー議会や国民の間からも反発が上がるようになっていた。一八九一年には「領事館分離」をスウェーデンに求め、一〇年以上に及んだ交渉が決裂すると、一九〇五年にはノルウェー議会は領事分離法案を圧倒的多数で可決した。[19]

ところが、スウェーデン国王オスカル二世（在位一八七二～一九〇七年）がこの議決を拒否したのである。当時のスウェーデンの君主には議会の決定を拒否できる権限が備わっていたのだ。ここにいたりついにノルウェー議会での議決も国民投票（一九〇五年八月実施）も「同君連合」の解消と、ノルウェー「独立」を決めた。イギリスやドイツといった周辺の大国から圧力を受けたオスカル二世もこれに屈した。新しい政治体制は「立憲君主制」とされ、その新生ノルウェー王国の初代国王には、デンマーク王の孫にあたるカール王子が「ホーコン七世（在位一九〇五～五七年）」の名前で即位することになった。

歴史家ペトリは、本来ノルウェーのように人民の貧富・地位の相違が少なく、地理的孤立からくる独立精神の強さでデンマークやスウェーデンとも長い闘争を続けられる国民の気性とも関わり、「共和制」にこれほど適した国はないように思えるが、独立を後押ししたイギリスやドイツといった君主制をとる周辺大国への外交上の配慮も影響し、「国民の圧倒的多数は君主制を支持した」と鋭く指摘している。ノルウェー人には厳しい自然環境で生活していることからくる冷徹な判断力と、「君主制に対する憧憬と愛着」とが二〇世紀になってもしっかり根づいているようである。[20]

新しい王とともにスタートした新しいノルウェーは、他のヨーロッパ諸国に先がけて、一九一三年には女性参政権もいち早く実現した。しかしその翌年から始まった第一次世界大戦で、ノルウェーは思わぬ余波を受けることになる。すでに述べたとおり、北欧三国は大戦には厳格な中立を守っていた。ところが、貿易と海運業に大きく依存していたノルウェーは、一九一六年頃から激しさを増したドイツ海軍による潜水艦攻撃で保有船舶の大半を失ってしまったのである。生活必需品の多くが配給制となったが、国王とともにノルウェー国民は耐え忍んだ。[21]

大戦が終結すると、他の北欧の国々と同様に、ノルウェー議会にも様々な利害を代表する小党が次々と作られていった。さらに一九三〇年代の世界恐慌のあおりを受け、極右政党の指導者でヒトラーに心酔するヴィドクン・クヴィスリング（一八八七〜一九四五）のような人物まで台頭するようになった。こうしたなかでヨーロッパは二度目の大戦を経験する。

「抵抗の象徴」としての老国王

一九四〇年四月九日の早朝、ドイツ軍はノルウェーの首都オスロや西海岸六ヵ所を同時に急襲した。知らせを聞いたホーコン国王の初動も早かった。二歳年上の兄であるデンマーク王クリスチャン一〇世は、短時間でコペンハーゲンを包囲され、国民の安全のために侵攻からわずか一時間で降伏せざるを得なかったが、その兄とは異なり、ホーコンは果敢に抵抗を試みた。オスロはドイツから少し距離があり、何よりもフィヨルドで入り組んだ長い沿岸線と山がちの地形を持つことがホーコンに幸いした。さらにオスロの要塞を守る将兵たちの活躍もあり、ドイツ海軍の巡洋艦を沈めることにも成功を収めていた。

こののち国王とオーラヴ皇太子（のちの国王オーラヴ五世：在位一九五七〜九一年）は政府閣僚とともに北に逃れた。マッタ皇太子妃はまだ幼かったラグンヒル（九歳）、アストリッド（八歳）、ハーラル（三歳）という三人の子どもたちを連れてアメリカ合衆国へ亡命する。ノルウェー軍による徹底抗戦は各地で続いた。しかしドイツ軍による猛攻に耐えられず、二ヵ月後の六月七日に国王は皇太子、政府閣僚らとともに国外への脱出を決定した。

六月一〇日にホーコンとオーラヴはロンドンのユーストン駅に降り立った。駅頭にはチャーチル首相が出迎えに来ており、二人を連れてすぐさまバッキンガム宮殿に案内した。ホーコン国王の亡き妻はジョージ六世の叔母（ジョージ五世の妹モード王女）にあたった。それからの五年間にわたりホーコンはイギリスでの亡命生活に入る。ロンドンに借りた事務所では、毎日のように皇太子や閣僚たちと協議を行い、連合軍から得た情報をもとに祖国の解放に尽力した。

また国王は、ＢＢＣ（英国放送協会）のラジオを通じて、ノルウェーの国民に希望を捨てないように訴え続けた。ロンドンでは「自由ノルウェー」という抵抗組織を立ち上げ、「すべてをノルウェーのために（All for Norway）」を標語《モットー》に、国王は寝る間も惜しんで活動を続けた。

そしてついに待望の時が訪れた。一九四五年五月八日にドイツが降伏した。その五日後、先遣隊としてオーラヴ皇太子がまずはオスロに入った。さらに亡命からちょうど五周年にあたる六月七日に、七二歳の老国王ホーコンが祖国の土を踏んだ。アメリカから戻ってきたマッタ皇太子妃や孫たちにも再会し、宮殿へと向かう国王の乗る馬車を、歓喜する大勢の国民が取り囲んだ。宮殿前には一三万人以上の市民が集まり、ここにノルウェーは解放されたのである。

ナチスによる占領後も祖国デンマークにとどまって抵抗の意志を貫いた兄クリスチャンと同様に、亡命後もラジオを通じて国民に語り続けたホーコンは、ノルウェー国民にとって「ナチへの抵抗と祖国解放の希望」の象徴となり続けていた[22]。

なお、ドイツ軍侵攻から徹底抗戦の決定に至るホーコン国王の動向については、二〇一六年に制作のノルウェー映画『ヒトラーに屈しなかった国王（原題は Kongens nei）』で詳細に描かれた。アカデミー賞外国語映画賞ノルウェー代表作品に選ばれたこの映画は、封切りと同時にノルウェー全土で空前の大ヒットとなり、国民の七人に一人は鑑賞したとされている。

ホーコン七世とオーラヴ皇太子

ノルウェー国王の大権

第二次大戦後のノルウェーは、五年にわたるドイツ軍による占領やその後の解放戦争で疲弊しきっていた。経済的窮乏なども影響し、戦後はしばらく労働党を主体とする政権が続いた。一九六九年に北海でエコーフィスク油田が発見されると、石油・天然ガスによって経済も潤うようになった。それまでの漁業、海運業、林業に加え、金融業でも栄えていく。一九七二年にはデンマークとともにヨーロッパ共同体（ＥＣ）への加盟交渉が進められたが、国民投票で否決された。二〇一七年現在でも、ノルウェーは主要国のなかではスイスと並びヨーロッパ連合（ＥＵ）に加盟していない数少ない国のひとつとなっている。

長年の歴史のなかで、デンマークやスウェーデンとも均質性が維持されてきたノルウェーは、両国と並んで社会福祉、環境保護、男女同権などにいち早く取り組んだ国でもある。「独立」から一世紀を超えた現在のノルウェー王国を治めるのはハーラル五世（在位一九九一年〜　）。ナチス侵攻時にはまだ三歳だった彼も、父オーラヴのあとを受けて国王に即き、二〇一六年には「在位二五周年記念（Silver Jubilee）」を迎えた。いまや齢《よわい》八〇歳も超えている。

そのハーラル国王にも、デンマークのマルグレーテ女王と同様、「立憲君主」としての大権が備わっている。それは以下のとおりとなる。

①国会の開会
②内閣の任免
③国務会議の主催
④外交（国賓の接受・国賓としての海外訪問）
⑤各国外交官の接受
⑥国軍の最高司令官
⑦首相・外相・三軍司令官との定期的な会見
⑧栄典の授与

政権交代の際にも、国王の影響力はいまだに強い。二〇〇七年の憲法改正までは、形式的には二院制をとっていたノルウェー議会であるが、改正以後には一院制の「国民議会（Stortinget）」となっている。全議席数は一六九。任期は四年で、比例代表制をとる。議会を構成する政党も労働党（四九議席）、保守党（四五議席）、進歩党（二七議席）など九つに及ぶ。二〇一七年現在は、保守党のエルナ・ソルベルグ女史（一九六一〜　）が政権を担当している。

彼女がもし首相を辞任するような場合には、国王の御前に赴いて辞意を表明し、後継首班について進言する。通常は、議会内で最大の支持を得られるであろう人物を推挙するのが習わしである。さらに国王は国民議会議長からも意見を聴取し、これらに基づいて次期首班にふさわしい人物を招請して大命を降下する。前内閣の総辞職と新内閣の組閣は、国務会議で最終的に公式の承認を受ける。国務会議には、首相と最低七人の閣僚も構成員として加わっている。

その国務会議は、デンマークのそれと同じく、内閣とは別の組織として国王からの諮問に応じる機関である。毎週金曜日の午前一一時から国王を議長に開催されている。憲法第三五条では、次期国王となる皇太子もこれに出席できるようになっており、現在もホーコン皇太子が出ている。

これ以外にも、デンマーク女王と同じ役割がノルウェー国王にも与えられており、「国家元首」としての上記の責務の他にも、「国民の首長」として様々な儀式を司り、各種団体の後援者《パトロン》にも就いている。なお、二〇一二年五月の憲法改正までは、ノルウェー国教会（ルター派）の首長の役割も担っていたが、「多文化共生」を掲げる昨今のノルウェー社会にはふさわしくないということで、この役割は終えている。[23]

このように、時代とともに国王大権の内容や性質が変わってきてはいるが、国王の存在はいまもノルウェーの政治・経済・社会・文化のすべてにおいて国民生活に根ざしているのである。

専制君主制から立憲君主制へ――スウェーデンの苦闘

さて、二一世紀の今日においても、デンマーク女王とノルウェー国王は君主としての大権を保持しているわけであるが、両国にはさまれたスウェーデンではこれが大きく様変わりしている。

スウェーデンに「立憲君主制」が登場するのは、一八〇九年の憲法によってである。西からはナポレオンのフランス軍、東からはロシア軍にはさまれて敗戦の続いたグスタヴ四世（在位一七九二～一八〇九年）が将校らのクーデターで退位に追い込まれ、「国王による専制政治」もここに終焉を迎える。行政では国務審議院、立法では国会の力がこれによって強化された。

ナポレオン戦争後の一八一八年から始まったベルナドッテ王朝でも、一八〇九年憲法が引き継がれたが、ここで国王に保証されていた大権とは主に次のようなものであった。

①内閣の任免権、②公務員の任免権、③法律の裁可権、④国会の解散権、⑤条約の締結権、⑥宣戦・講和の決定権、⑦軍の統帥権、⑧恩赦権、⑨国会との共同における立法権、⑩最高裁判所裁判官の任命権[24]。

いずれも同時代のイギリスやオランダ、ベルギーなど立憲君主制国家で認められていた君主の権限である。グスタヴ四世は国会を無視するような専制政治を進めていたが、その反動として、「国王と国会」が適正な権限配分を図り、両者の均衡と調和を実現しようとしてこの憲法が作られた。しかし、それから一世紀もしないうちに、当時のヨーロッパを席巻した普通選挙権運動の高揚と相次ぐ近代政党の出現、さらにはそれにともなう民主主義化・議会中心主義化などの急速な発展とにより、スウェーデン政治も変容を遂げていく。[25]

二〇世紀初頭のスウェーデン政治の立役者が、普通選挙制度の導入など各種の改革を主張した自由連合党のカール・スターブ（一八六〇～一九一五）であった。彼は政権を率いていたときに歴代の国王とたびたび衝突した。国会で選挙法改正審議が行き詰まり、スターブ首相は下院の解散を国王に要請した（一九〇六年）。当時の国王は、ノルウェー議会が可決した領事分離法を覆したあのオスカル二世である。国王はスターブ首相からの解散要求まで断固拒否した。スターブ内閣は総辞職となり、保守派が政権を引き継いだが、この政権で選挙制度の改革もあらためて進められ、下院選挙における男子納税者への普通選挙権が認められた。[26]

この新しい選挙法に基づき、初めて行われた総選挙（一九一一年）では自由連合党が大勝し、スターブが再び首相として戻ってきた。この間に国王はグスタヴ五世（在位一九〇七～五〇年）へと代替わりしていたが、スターブはこの国王ともたびたび衝突した。第一次世界大戦が勃発する半年前の一九一四年二月には、国防強化の問題をめぐって国王と首相の対立が頂点に達し、内閣の助言を蔑ろにした国王の態度に鑑み、スターブ内閣は総辞職に踏み切った。スターブはイギリス流の立憲君主制を理想として描いていたが、当時のスウェーデンではオスカルにしろグスタヴにしろ、国王にいまだ国会や内閣の意思を覆すことのできる権限が備わっていたのである。[27]

しかし時代は確実に変わっていた。その一九一四年の総選挙では、第一党に社会民主党が躍り出ることとなった。ノルウェーやデンマークに比べて工業化がいち早く進んだスウェーデンでは、労働者政党としての社会民主党の台頭も早かった。保守的な国王は社会民主党に政権を預ける気がなかったが、三年後の夏の総選挙でも同様の結果となった。ここに妥協策として、自由連合党のニルス・エデーン（一八七一〜一九四五）を首班とする自由連合党と社会民主党の連立政権が誕生した。

エデーンは、かつての指導者スタープの押し進める政策が、国王の側近たちの非公式な助言によって握りつぶされていたことをよく知っていた。そこで組閣を引き受ける条件として、エデーンはグスタヴ五世に国王とその立憲的助言者である内閣との間にはいかなる非公式の助言者も介在させないと約束させた。ここにスウェーデン憲政史上「議院内閣制」がようやく確立された。これ以後は、原則的には国王は内閣の助言を受け入れ、国会に対して責任を負う内閣が統治権を担う体制へと移行していくのである[28]。

象徴君主制への道

スウェーデンは、第一次大戦に続いて、第二次世界大戦でも中立を守ることに成功を収めた。ナチスにとっても対英戦略の上で特に重要ではなかった点が幸いしたのかもしれない。とはいえ、このときの中立が、ノルウェーやデンマークとは異なり、かえって「国王と国民との一体感」を生み出さない結果となったことは確かであろう。大戦中のスウェーデンは、厳正中立の立場を守り、ユダヤ人の亡命やノルウェー・デンマークからのレジスタンス運動家の受け入れなどは行ったが、両国への軍事的・経済的支援はいっさい拒否した。ノルウェーのホーコン七世は、このときの怒りから、グスタヴ五世が亡くなるまではスウェーデンの地は決して踏まないと公言していたほどだった[29]。

そのグスタヴ老国王が九二歳の天寿を全うして一九五〇年一〇月に崩御すると、スウェーデン国内での改革の動きも加速していった。戦中から戦後にかけての政権（一九三二〜七六年）は、社会民主党によりほぼ独占され、国会内にはオスカル、グスタヴと続いた保守的な国王に対する不満もくすぶっていた。大戦終結からまもない一九四七年一月に、王位継承者第二位にあった王孫グスタヴ・アドルフが飛行機事故で亡くなると、第二位にはその前年の四月に生まれたばかりのカール・グスタヴ（現国王）が繰り上がった。これを機に、グスタヴ五世とその息子グスタヴ六世アードルフ（在位一九五〇〜七三年）が亡くなったら、君主制も廃止してはどうかとの議論までなされるようになっていた。

グスタヴ五世

父の長命もあって六七歳で即位したグスタヴ六世アードルフは、祖父や父とは異なり、積極的な政治行動に出ることはほとんどなかった。植物学と考古学を愛した国王は人柄も温厚で、首相や閣僚たちと衝突することもなかった。こうした事情も幸いして、一九五四年八月に主要政党の代表からなる「憲法審議会」が政府に設置され、君主の地位や権能を見直す討議が開始されていく。審議会は九年にわたって続き、憲法改正の審議自体もなんと二〇年もかけて慎重に進められたのである。一九七三年九月に父に劣らぬ長寿を保った老国王が九〇歳で崩御した。王位継承者のカール一六世グスタヴ（在位一九七三年～　）も二七歳の青年に成長していた。

その五ヵ月後の一九七四年二月二八日、スウェーデンで新しい憲法が成立した。そこでは国民主権と議会制民主主義とが基本原則に掲げられ、「政府が王国を統治し、政府は国会に責任を負う」と明確に定められた。先に記した（一六四頁）一八〇九年憲法で国王に保証されていた大権は、すべて失われた。新たな憲法では、国王には儀礼的・国家代表的な権能の行使のみが保証された。

それまで国王が任免を行っていた内閣（首相及び閣僚）は、一九七〇年から一院制をとるようになった国会の議長によって任免されることになった。政権交代にあたり、国会議長は各政党の代表者と国会副議長との協議に基づき、首相候補者を国会に提案し、議員総数の過半数から否決されない限りはこの提案が承認される。さらに国会の解散権も政府に帰属する。[30]

憲法上では「国王は君臨も統治もしない」新たな象徴君主制が誕生した瞬間であった。憲法学者の佐藤功によれば、象徴君主制とは「君主の存在は認めながら、その君主は国政に関する権能をもたず、単に精神的・心理的に国民の統合・国家の永続性を象徴する機能のみをもつとされる君主制」となる。[31]

象徴君主の役割とは

それでは、国民統合の代表者にして「国家全体の象徴（symbol för landet)」となったスウェーデン君主の役割とは、具体的にどのようなものになったのか。

まず、象徴君主制に移行したとはいえ、国王はあくまでも「国家元首（Head of State)」である。その点では、他の北欧の君主やイギリス女王と同じことになる。スウェーデン国王も、まったく政治や外交から離れた存在になったわけではなく、下記のような権限を有している。

①政権交替の際に行われる「特別閣議（särskild konselj)」の議長を務めるとともに、政府閣僚からなる「情報閣議（informationskonselj)」も定期的に開催する。

②国会議長の要請に基づき、毎年、「国会（Riksdag)」を開会する。

③外交問題について国王と協議する「外交諮問委員会（utrikesnämnden：国会により委員が任命される)」の議長を務める。

④「国家最高の代表者（rikets främste företrädare)」として国防軍を統合する。

⑤「国家最高の代表者」として国家を対外的に代表する。[32]

すでに述べたとおり、首相及び閣僚の任免権は国会議長にあるものの、その任命式は国王自身が議長を務める特別閣議で行われる。また新たに任命された首相や閣僚は、国王に対してつねに国務に関する情報を提供しておく「義務」がある。これが情報閣議である。定期的なものとしては、通常国会が行われる秋、予算案が国会に提出される一月、国会の通常会期終了の六月、には必ず開かれている。また国王と首相が同意した場合には、必要に応じて臨時に開かれる。[33]

レーヴェンシュタインが『君主制』を出版したのは一九五二年のことであるが、彼が現代イギリス君主の権限は大臣と相対して「報告を受ける権利もしくは説明を求める権利へ弱められ」たと指摘したような君主像は、それから二〇年の歳月を経て、スウェーデンでより明確なかたちで現実のものになったと言えよう。憲法学者の下條芳明の言葉を借りれば、それは「情報権的君主制」になった[34]。

さらに上記の④にある国防軍との関係であるが、国王は陸海空軍の高位将校（大将）の地位にはあるが、現行憲法下では「最高司令官」ではない。この点が、君主がいまだ軍事の面で最終決定権を握っている、イギリスや他のヨーロッパ諸国とも違う点であろう。スウェーデンではいまや国防軍の最高司令権は「政府」が預かっているのである。

しかしそのようななかでも、いまだスウェーデン国王に残された大きな権能が「外交」の分野であろう。上記の⑤に含まれる役割は、各国外交官（大使）からの信任状の接受、各国へと派遣される外交官への信任状の認証、国賓の接遇、さらに自身が国賓として外国を公式訪問することなどが含まれる。この点では、ヨーロッパ各国の君主たちと何ら変わるところがない。

とはいえ、その国王の「外交」が政府のそれと齟齬が生じてもいけない。そこで上記③にある外交諮問委員会が開かれ、両者の間で調整が図られる。国王はいまだ「国の顔」であり、スウェーデン外交の立役者である。国王自身もその点は認識しており、二〇一六年に国民に向けられた「クリスマス演説」では次のように述べている。「海外への公式訪問は、スウェーデンと各国との間に対話を開き、知識を交換することに役だってくれています。それゆえ、私はこれがスウェーデンの国家元首としての私の役割にとって、きわめて重要であると考えているのです[35]」。

男女同権の先駆者

このように「象徴君主制」を確立した先駆者とも言うべきスウェーデンは、一方で王位継承に関して「絶対的長子相続制」を導入した草分けでもある。

本章でも詳述したように、現在のマルグレーテ女王の継承にあたり、デンマークでは一九五三年に憲法改正が行われた。しかし、女子に継承権が与えられるようになったとはいえ、その後も王位継承にあたっては「男子優先」が守られたままであった。これが「男女を問わず」第一子を優先するようになるのは、実に二〇〇九年まで待たなければならなかったのである。

実はスウェーデンにおいても、一九五三年の時点では王位継承者は男子のみに限定されていた。それが新憲法の制定にあたり、継承資格を女子にも認めるべきであるとの声が高まりを見せて、主要政党間で活発な議論が展開された。しかしこのときは憲法にはすぐに盛り込めなかったが、新憲法制定から五年後（一九七九年）には「男女同権」が検討され、ここに「女系同等王位継承制（fullt kognatisk tronföljdsordning）」が導入されることに決まった。[36]

一九八〇年一月一日から施行された、この新しい王位継承法により、それまで優先されていたカール一六世グスタヴ国王の長男カール・フィリップ王子（一九七九年五月生まれ）に代わり、国王の長女ヴィクトリア王女（一九七七年七月生まれ）が王位継承者第一位とされ、彼女が一八歳の誕生日を迎えた一九九五年七月に、ヴィクトリアは正式に「皇太子（Kronprinsessa）」に就位したのであった。それはヨーロッパ王室のなかでも最も早い「男女同権」だった。

こののち、オランダ（一九八三年）、ノルウェー（九〇年）、ベルギー（九一年）等と続き、最後はイギリスでも二〇一三年に「絶対的長子相続制」は採用された。二〇一七年現在、いまだ「男子優先」を採るのはスペインであり、リヒテンシュタイン侯国はいまだに「男子のみ相続」の継承法を維持している。

「四〇〇万の護衛がついている！」

このように、中世以来の長い歴史と伝統を誇る北欧三国の君主制ではあるが、それぞれの国に特有の事情が重なり、今日のようなかたちを採ることになった。スウェーデン型の「象徴君主制」が今後の北欧、さらにはヨーロッパ全体の君主制の傾向《トレンド》になるかは定かではないが、二一世紀の今日における議会制民主主義に根ざした君主制のひとつの指標となることは間違いないだろう。

レーヴェンシュタインは次のように述べている。「君主が長年の生活経験をもち、政党政治にたずさわる人物を充分に知りつくし、あらゆる国内政治の動揺を乗り越えて、つねに一貫せる対外政策につとめたということ、また君主が私生活を市民的水準に適応させ、それによって社会的統率を失うことなく、人望を集めることを心得ているということ、これらのことを考えるならば、なぜ西欧および北欧の国民が、彼らが信用する君主制に固執し、君主制を共和制と交代しようとは考えていないのか、ということが理解されるだろう(37)」。

第二次世界大戦を父王ホーコン七世とともに乗り越え、戦後のノルウェーを国民と一緒に支えたオーラヴ五世国王は、よくお供も付けずに宮殿の外を散歩し、街角の肉屋や魚屋、雑貨屋などに気さくに声をかけることで有名だった。声をかけられる市民のほうでも「いやあ王様！」と、国王を大歓迎し、世間話に花を咲かせたものである。あるとき、宮廷警備の責任者から「用心のため、せめて護衛を一人はお付けください」と国王は進言された。すると普段は陽気で気さくな国王が大声を張り上げてこう言った。「私には四〇〇万人の護衛がついているんだ！」。当時のノルウェーの全人口のことである。警備の責任者は二度と同じ進言を繰り返すことはなかった。

これもまた北欧の立憲君主制を象徴する逸話といえようか。

第六章　ベネルクスの王室——生前退位の範例として

国王による「一喝」

著名なイギリスの立憲主義者ウォルター・バジョットは、立憲君主国における君主の特権を以下のように述べております。意思を知らせる特権、奨励する特権、そして警告する特権です。

この数ヶ月、私は最初の二つの特権を用いてきました。私はいままさに公式に、また透明性をもって、第三の特権を用いたいと思います。警告する特権です。その理由は、第一に、多くのベルギー国民と同じように、私も長い交渉に失望しているからです。これが将来への不安を生み出しているのです。(1)

本書でもすっかりおなじみの、このバジョットの名言を引用した一節は、二〇一一年七月二一日にテレビを通じて国民に向けて語りかけられた、時のベルギー国王アルベール二世（在位一九九三〜二〇一三年）の演説の抜粋である。この日はベルギーの建国記念日にあたる。しかも初代レオポルド一世（在位一八三一〜六五年）の即位からちょうど一八〇周年を迎えたその日だった。

その晴れの日の演説にもかかわらず、王朝の開祖レオポルドの玄孫《やしゃご》にあたるアルベール国王のこの苦渋に充ち満ちた発言はいったいどうしたことであろうか。

アルベール二世

実はこの演説は、二〇一〇年六月に総選挙が行われ、フランデレン分離・独立（後述する）を主張する新フランデレン同盟が第一党になったにもかかわらず、一年以上も正式な政権が決まらずにいたさなかに行われたものだった。二〇一〇年の年末には、いつまでも政権を樹立できない政党政治家たちの「無策ぶり」に抗議する示威行動《デモンストレーション》が全国に展開していた。

テレビ演説を通じての国王による「一喝」は、まさに国民全体の声を代弁したものだったのだ。この「一喝」から五ヵ月後、二〇一一年一二月に社会党など七党の連立による正式な政権がようやく誕生した。正式な政権がなんと五四一日間もできずにいた、史上最長の「政府空白期間」も一応は解消された。国王も国民もこれでひとまずは安心した(2)。

あとで詳述するとおり、第二次世界大戦後のベルギーでは、フランス語話者のワロン系とオランダ語話者のフランデレン系の言語・民族的な対立に、政治的主張の相違などが複雑に絡み合う党派間の確執が長らく続いている。そのような政党政治の調整役としてきわめて重要な位置づけにあるのが、実は「国王陛下」なのである。

しかし、上記の演説からちょうど二年後の二〇一三年七月二一日に、アルベール国王は譲位し、長男フィリップ（在位二〇一三年～　）があとを引き継いだ。当時七九歳になっていた老国王には、もはや混乱の続くベルギー政治の調整役は体力的にも難しくなっていたのかもしれない。それほどにベルギーにおいては「立憲君主」の存在はいまだに政治の中枢を占めているのである。

さらにアルベール譲位の三ヵ月前にはオランダでも君主の代替わりが見られたが、ベネルクス三国（ベルギー、オランダ、ルクセンブルク）では君主の「生前退位」が慣例となっているようにも思える。それは近年、天皇の生前退位問題で揺れたこの日本にも多くの示唆を与えてくれる。

「ベネルクス三国」の歴史的背景

そもそも「ベネルクス（Benelux）」という言葉が使われるようになったのは、第二次世界大戦後のことであるが、この三国のつながりは遠く中世にまでさかのぼることができる[3]。

紀元前の時代に今日《こんにち》のベネルクスにはケルト系の民族が住み着いていたが、かの有名なカエサルのガリア遠征（紀元前五〇年代）により、やがてこの地はローマ帝国の支配下に入る。このときローマから恐れられたのが「ベルガエ」のケルト。のちにベルギーの語源となる諸族の総称である。西暦五世紀からはゲルマン諸族により支配され、フランク王国へと編入された。ここに登場したのが、八四三年に王国内で公領と認められたブルゴーニュである。ブルゴーニュ公爵家は、やがて今のフランス、ドイツ、そしてベネルクスにまたがる広大な領域を支配するようになった。その最盛期を築いたのが一五世紀のフィリップ善良《ル・ボン》公（在位一四一九～六七年）の治世であった。ヨーロッパ北部最大の港町で金融センターにもなっていたアントワープと、その郊外に拡がる毛織物生産の最先進地域フランデレン、そしてワインで名高い農業地帯も抱えていたブルゴーニュ公の宮廷は、北方ルネサンスの拠点となり、特に音楽ではヨーロッパの牽引《けんいん》役となっていた。しかし男子継承に限られていた公爵家の所領も財産も、最後の女性継承者が嫁いだ先へとすべて吸収された。かのハプスブルク家である。一六世紀前半のヨーロッパを席巻《せっけん》したカール五世の時代に、いまのベネルクス三国は一七の州からなる「ネーデルランデン（低地地方の意味）」として再編される。カールが一五五六年に七一の王侯位からの生前退位を決め、ネーデルランデンは長子でスペイン国王も兼ねたフェリーペ二世（在位一五五六～九八年）に継承された。

この頃までに、北部の七州ではカルヴァン派のプロテスタントが主流派を占めるようになっていたが、本国スペインはカトリックの牙城であり、厳しい異端審問が行われた。ここにプロテスタント貴族のオランイェ公爵ウィレム（一五三三～一五八四）を指導者に、のちに「八十年戦争（一五六八～一六四八年）」と呼ばれるスペインからの独立戦争が始まった。それは当時のヨーロッパに拡がっていた宗教戦争でもあり、やがて最後の大戦争となる「三十年戦争（一六一八～四八年）」へと糾合された。その講和を話し合ったヴェストファーレン（英語名ではウェストファリア）の会議で、ついにスペインも北部七州の独立を認めることとなった。

七つの州は「ネーデルランデン連邦共和国」として、近世で初の共和制国家を築いた。なかでも経済的・軍事的に最大の勢力を誇ったホラント州の総督が、共和国の指導者を主に務めていく。このホラントのポルトガル語名（Holanda）が一六世紀末の日本に伝わり、それがそのまま日本語として定着したと考えられる。ここにオランダはスペインから独立し、南部の州（のちのベルギーとルクセンブルク）はスペインの支配下にとどまった。

オランダはまさに「商人の共和国」であった。地の利を活かした大西洋交易から、インド洋を経て太平洋に至る交易路も次々と開拓した。中継貿易によって世界大の規模で通商を行い、アムステルダムは貿易決済の中心地ともなった。「鎖国時代」の日本と唯一取り引きできた欧米の国がオランダであり、一七世紀には最大の経済大国となりおおせていた。しかし各州の権限が強く、後発国イングランドのように中央集権化や国家による市場・産業保護を進められなかったところに、オランダの弱点があった。一七世紀半ばにイングランドとは三次の戦争が勃発した[4]。

経済力で徐々にイングランドに追い上げられたオランダは、ルイ一四世治下のフランスとも通商戦争を繰り広げた。オランイェ公爵ウィレム三世（在任一六七二～一七〇二年）は、ハプスブルク家の神聖ローマ皇帝や「名誉革命」後に自らが国王（ウィリアム三世）に即《つ》いたイングランドとも手を結び、「勢力均衡（balance of power）」の考えから巧みにルイ一四世を包囲した。

ルイ一四世の野望に始まりナポレオン一世の没落によって終焉を迎える「長い一八世紀（一六八八～一八一五年）」の間に、オランダは大国の地位から滑り落ちていく。ヨーロッパで随一の経済大国に躍り出たのがイギリス（一七〇七年にスコットランドと合邦）であったが、成長の背景にはアムステルダムから流入した豊富な資本があった。この時代の最後の野心家ナポレオンによってオランダも占領された。一時はオランダ国王として彼の弟ルイ（のちのナポレオン三世の父）が君臨したが（一八〇六〜一〇年）、やがて兄のフランス帝国へと再編入されていく。

転機となったのは、そのナポレオンの没落であった。ロシアへの遠征に失敗し（一八一二年）、ドイツ諸国民との戦闘にも敗北を喫したナポレオンは、オランダからも撤退を開始した。独立の英雄オランイェ公爵家の末裔であるウィレム六世が国王に推戴され、一八一三年一二月にオランダは王国となることが決まった。さらにナポレオン戦争後に開かれたウィーン会議（一八一四年九月〜一五年六月）により南部一〇州も併合され、ネーデルランデン連合王国が成立する。新生の王国はフランスがこののち勢力を拡張する際の「緩衝地帯」とされた。また、ルクセンブルク大公はオランダ国王が兼ねることになり、いまのベネルクス三国はひとつにまとまった。

ウィレム一世（在位一八一五〜四〇年）となったオランイェ公爵の下で、連合王国は立憲君主制を採用した。しかしそれは名ばかりのもので、王権が非常に強い体制であった。ウィレム一世の即位に先立ち一八一四年に制定された憲法では、国王が行政権をもち、これを補佐する閣僚は国王にのみ責任を負い、議会には負わなくて済んだ。二院制の議会にしても、国王の決定を追認するだけで、第一院は「国王の動物園」と揶揄《やゆ》された。国王の第一課題は相次ぐ戦争で疲弊したオランダ経済を再建することであった。国内産業の保護育成を進め、東インド植民地（今日のインドネシアなど）と本国との提携を強化する一方、金融機関も次々と立ち上げて、オランダの経済は再生されていった。(5)

しかし新生の連合王国が形成されてまもなく、南北間の対立が早くも表面化する。北部では、工業地帯の中核を占める南部への優遇措置（産業保護）に対する反発が強まっていた。ところがより大きな不満の声は南部から上がっていた。オランダが負っていた戦時債務を償還するために、南部にも重税が課せられていた。さらに南部にはカトリック教徒が多かったのに、諸宗派同権化が導入され、カトリック教会に対する国王（プロテスタント）の監督も強化された。さらに教育言語はオランダ語に統一され、これはフランス語に慣れたフランデレンの上流階級やフランス語を母語とするワロンの人々からも強い反発を受けていった。

保守的なウィレム一世はこれらの声を黙殺した。一八三〇年のフランス七月革命は、南部諸州にもすぐに影響を与えた。翌八月に独立反乱が勃発し、ロンドンで開かれた国際会議でイギリスなど大国の承認の下、ここに南部諸州は「ベルギー王国」として独立を果たした（同年一二月）。こうしてオランダとベルギーはそれぞれの道を歩んでいくこととなったのである。[6]

ベネルクス三国

立憲君主制の形成と「女王」の誕生

ネーデルランデン連合王国が誕生して早々に南部諸州を失ったオランダの衝撃は大きかった。ベルギーはヨーロッパ大陸で初めて「産業革命」に乗り出し、そこから生み出される富は莫大なものであった。国王ウィレム一世はベルギーの独立を最後まで認めようとはしなかった。彼は早朝三時から執務を開始し、政治の諸事全般を取り仕切り、国民からの請願にも親身に耳を傾けるという謹厳実直な仕事ぶりを毎日続けていた。とはいえ「啓蒙専制君主」を自認する彼の姿は、明らかに一世紀は感覚が遅れていた。一九世紀も半ばを迎えた当時のヨーロッパでは、自由主義や国民主義（民族主義）を叫ぶ声が各地で高まりを見せていたのである。

頼りにしていた専制主義的な北方三列強（ロシア・オーストリア・プロイセン）からも見放され、一八三八年になってようやくウィレムはベルギーの独立を認めるに至った。その二年後には「議院内閣制」も部分的に採用され、王権は制限を受けることとなった。「余はもういらないのか？みな悪口しか言わぬ。余にももう彼らなど必要ない」と言い残し、一八四〇年一〇月にウィレム一世は退位した。政府からも国民からも孤立し、姻戚関係でも結ばれていたロシア皇帝やプロイセン国王からも見捨てられ、失意のなかでの「生前退位」であった。長男がウィレム二世（在位一八四〇～四九年）としてあとを継いだ。[7] まじめすぎて周囲とも衝突が絶えず、しかも大切な所領を失ったあたり、ウィレム一世の生涯は、アメリカ植民地を失ったイギリスのジョージ三世のそれと似ているようにも思われる。

ベルギー独立にともなう一八四〇年の憲法改正は小幅なものにとどまり、新国王ウィレム二世も改革には気乗り薄な権威主義的な君主であった。ところが、その彼を「豹変」させるような出来事が起こった。一八四八年のフランス二月革命である。パリを震源地に、革命の嵐は瞬く間にヨーロッパ全土へと拡がった。その勢いに恐れをなしたウィレム二世は、三月一三日に第二院（下院）の議長を呼び、抜本的な憲法の改正を進めるよう指示を与えた。「一日にして余は徹底的な保守主義者から徹底的な自由主義者へと変わったのだ」とは、国王自身の有名な言葉である[8]。

こうして自由主義者ヨハン・トルベッケ（一七九八～一八七二）を中心に憲法の改正が進められた。それまで国王によって選ばれていた「動物園」こと第一院（上院）の議員は州議会が高額納税者のなかから選出し、州議会によって選ばれていた第二院の議員は一定の税額を納める成人男子（二三歳以上）による直接選挙で選出されることになった。さらに憲法では、信教、教育、結社、集会、表現、出版の自由が明確に保証された。大臣たちはもはや国王にではなく、第二院に対して責任を負う「議院内閣制（大臣の責任制）」が導入され、オランダにも議会制民主主義と国民の基本的人権が確立されたのである[9]（一八四八年一一月）。

それからわずか四ヵ月後にウィレム二世は急逝し、長男がウィレム三世（在位一八四九～九〇年）として継承した。ウィレム二世の英断は、オランダに自由主義的な改革を次々と可能にするきっかけを与えた。一九世紀後半には、それまでカルヴァン派プロテスタントを主流とするオランダではカトリック教徒に対する差別や抑圧も見られたが、ここに「政教分離」が進められた。また、初等教育の非宗教化も推進された。三月一三日にウィレム二世が徹底的な自由主義者へと「豹変」したことは、オランダに立憲君主制を形成する重要な転機となった。その同じ日には、オーストリアで生じた革命によって「ウィーン体制（一八一五～七〇年）」の立役者で反動的な帝国統治を進めたメッテルニヒは失脚に

ウィレム二世

追い込まれていたのである。

さらにその後のオランダ政治を決定づけるもうひとつの転機が訪れた。一八九〇年一一月に国王ウィレム三世が死去した。彼には先妻との間に三人の男子が誕生したが、いずれも父より先に鬼籍に入っていた。再婚相手のエンマ妃との間には女子が一人だけ生まれた。男子のみが継承できるルクセンブルクとは異なり、オランダでは一八一四年に王国が成立したときからすでに女子にも王位継承権が与えられていた。オランダ初の女王ウィルヘルミナ（在位一八九〇～一九四八年）が誕生する。彼女はまだ一〇歳になったばかりで、成人（一八歳）に達するまでは皇太后のエンマが摂政を務めることになった。

なお、男子しか継承できないルクセンブルク大公には、オランダの王家であるオランイェ＝ナッサウ家の分家筋にあたるナッサウ＝ヴァイルブルク家のアドルフ（在位一八九〇～一九〇五年）が即き、同家が今日でもルクセンブルクの大公位を引き継いでいる。

気むずかしい性格で国民からも人気のなかった亡父の姿を反面教師に、ウィルヘルミナ女王は母からの後押しもあって、即位するや全国への行幸に乗り出した。王室の人気はたちまち回復し、国民は新しい世紀をこの若き女王とともに迎えた[10]。

二〇世紀に入って早々にヨーロッパは第一次世界大戦に突入した。ドイツ軍による侵攻を受けたベルギーとは異なり、オランダは中立を保つことができた。その間に、最大時に一〇〇万人を超えるベルギーからの難民も受け入れている。一九一七年には、さらなる憲法改正が行われた。それまで設けられていた納税額による制限を廃止し、男子普通選挙権（二五歳以上）が実現したのである。一九年には女子にも男子と同等の選挙権が与えられた。

第一次世界大戦の末期、ロシアでは革命によりロマノフ王朝が倒壊され（一九一七年）、大戦で敗れるドイツでも革命が生じていた。これを機にオランダの社会民主労働者党も世論に訴え、「革命」の機運を盛り上げようとした。しかし種々の改革を国会とともに押し進め、立憲君主としての姿勢を貫いたウィルヘルミナ女王への国民の信頼と人気は絶大なものであり、「革命」は失敗に終わった。これ以後、社会民主労働者党も一九三〇年代までには君主制を支持する路線へと変更し、女王も君主制もオランダのあらゆる階層から強い支持を得るに至った(11)。

女王と国民の団結——第二次世界大戦の記憶

このウィルヘルミナ女王に対する国民の信頼をさらに強めていく事態が生じたのは、一九四〇年五月のことであった。五月一〇日、ナチス・ドイツ軍はオランダ、ベルギー、ルクセンブルク、フランスの四ヵ国を同時に急襲した。前年九月から始まっていた英仏とドイツとの戦争に「中立」を宣言していた女王は、ヒトラー総統に抗議を行ったが、しょせん話の通じる相手ではなかった。

その三日後、女王は早朝午前五時にイギリス国王ジョージ六世に長距離電話をかけた。すでにオランダ全土がドイツ軍に蹂躙《じゅうりん》されており、イギリス空軍の支援が欲しかったのである。国王はこの要請に快く応じた。ところがその日の午後、ジョージ六世は再び女王から電話をもらった。女王がかけてきたのはオランダからではない。イングランド南東部の港町ハリッジからだった。

女王は危機一髪のところをイギリス海軍の駆逐艦に乗せられ、イギリスへと上陸したのである。すでに長女ユリアナ（のちの女王）とその家族は一足先にロンドンに到着し、オランダ大使館に避難していた。国王はリヴァプール・ストリート駅に自ら出迎えに赴いた。

駅には、着の身着のままの姿でイギリスへと連れてこられた女王もハリッジから到着していた。彼女は国王に援軍を要請し、自らはそのまま故国へと引き返すつもりであった。しかし、それはナチスにみすみす捕まりに行くようなものである。事実女王がオランダを脱出したときも、あと三〇分遅れていたらドイツ軍落下傘部隊に拘束されていたところだったのだ。ジョージ六世からの説得もあり、女王はひとまずバッキンガム宮殿へと向かうことになった[12]。

ユリアナと家族はより安全なカナダへと旅立ち、六〇歳の老女王はロンドンで孤軍奮闘する。宮殿で数日間厄介になったあと、彼女はクラリッジ・ホテルのすぐ近くに間借りし、同じく逃れてきたオランダ政府の閣僚たちと亡命政権を樹立する。七月からは、BBC（英国放送協会）のラジオを通じてオランダ国民にナチスに対する徹底抗戦を直接訴え、決してくじけないようにと国民を激励した。九月にはいるとドイツ軍によるロンドン空襲も激しさを増し、女王はホテルの地下室で避難生活を送った[13]。

一九四一年一二月に日英（日米）開戦となると、翌四二年に女王はアメリカを訪問し、連邦議会での演説で並みいる議員たちにさらなる軍事・経済支援を要請した。フランクリン・デラノ・ローズヴェルト（一八八二～一九四五）大統領夫妻とも親交を深めた。さらに四三年にはカナダを訪れ、亡命中の娘一家と久方ぶりに再会した。そのユリアナの夫君ベルンハルト（一九一一～二〇〇四）は、元来がドイツ貴族の出身であったが、その出自からくる偏見を取り除こうと、自ら志願して女王の副官を務め、連合軍とオランダ軍との連絡将校として活躍した[14]。

一方、女王が脱出した翌日ドイツに降伏したオランダでは、ドイツ軍による占領が続いていた。もともとオランダにはユダヤ人が多く住んでいたが、彼らは占領機関による組織的な弾圧政策により次々と収容所へ移送されていく。第五章でも述べたが（一五一頁）、デンマークのクリスチャン一〇世が自国のユダヤ人には拒否し続けていた「ダビデの星」が、オランダのユダヤ人の上着の胸には縫いつけられた。こうしたこともあって、占領国のなかでもオランダは最も多くのユダヤ人がホロコーストの犠牲となっていった。

ラジオ演説をするウィルヘルミナ女王

そのような一人が『アンネの日記』で有名なアンネ・フランク（一九二九～一九四五）だった。彼女は家族とともにオランダ人協力者の「隠れ家」に避難した。そのアンネが欠かさずに聴いていたのが「女王様」がロンドンから発する、「ラジオ・オランイェ」の演説だった。彼女はいつもウィルヘルミナ女王の力強い声に勇気づけられていた。しかし彼女はその後「女王様」を一目見る夢もかなわず、一九四四年八月に何者かの密告で官憲により連行されてしまう[15]。

こうしたなかでもウィルヘルミナの奮闘は続いた。ともに亡命してきたデ・ヘール首相が弱腰の姿勢を見せるや、女王は首相を徹底抗戦派のヘルブランディにすげ替えて、オランダ亡命政権は大戦を戦い抜いていくのである。不屈の精神では誰にも負けないイギリスのチャーチル首相もこう漏らしたことがある。「私は世界中の誰をも恐れることなどない。ただ一人……ウィルヘルミナ女王を除いてはね」(16)。

その不屈の女王がついに故国に帰れるときがきた。一九四五年五月二日、ドイツ軍が降伏する六日前に、ウィルヘルミナはユリアナとともにおよそ五年ぶりに祖国の土を踏んだ。国中が歓喜であふれ、街中いたる所で「女王陛下万歳!」の歓声があがっていた。

三代の女王――生前退位の慣例化?

こうしてウィルヘルミナ女王は、ノルウェー国王のホーコン七世と同じく(一六〇頁)、イギリスに亡命しながらもラジオを通じて祖国に徹底抗戦を訴え、英米の首脳たちとも丁々発止の交渉を続けながら、オランダ解放にこぎ着けたのである。女王は国民にとって「解放の英雄」だった。ところが、それから一年もしないうちに、女王は国内で「孤立」を感じるようになっていった。年が明けた一九四六年一月のある日、ハーグ駐在のイギリス大使サー・ネヴィル・ブランドの許を一人の男性が突然訪ねてきた。ユリアナ王女の夫君ベルンハルト殿下だった。母王とともに、「救国の英雄」として帰国していたベルンハルトは、ドイツ軍による占領が終結し、戦後の混乱で様々な公務が入っていたにもかかわらず、それらをすべてキャンセルしてブランド大使に緊急の会見を申し込んできたのである。大使はすぐさまこれに応じた。

ベルンハルトによると、王室がオランダに帰国して以来、どうも国民の態度が「冷たい」ように感じられる。それは彼一人ではなく、女王も妻ユリアナも同様に感じている。戦争中は王室はナチスへの抵抗運動の象徴だった。たとえばドイツ軍による占領政策が始まると、八月三一日の「女王誕生日」にはいっさいの祝賀が禁じられていたにもかかわらず、国中で人々が国歌を合唱したものである。さらに解放直後には、あれだけ国民も女王をはじめ王族を歓迎してくれていたのに、最近では王室に無関心のようである。ベルンハルトはブランドに助言を求めた。

そこでブランド大使は率直な意見を伝えた。国民は現在の王室に失望しているのではないか。国民は王族がもっと進んで自分たちの前に姿を現すことを望んでおり、盛大なパレードで戦勝を祝いたかったのだ。ところが女王は、誠実・勤勉・禁欲を絵に描いたような人物であり、派手な行事はいっさい嫌っていた。五年ぶりに解放された故国に戻った際にもこのようなことがあった。女王の乗る車を先導したアメリカ軍が、けたたましくサイレンを鳴らしながら走行し、オランダ国民に「女王陛下ご帰還!」を伝えた。ところが女王は「私は消防車に乗っているわけではありません!」とそのサイレンを止めさせたのである[17]。

女王はもっと積極的に国民に接するべきではないかとのブランドの助言に、ベルンハルトもまったく同意見であった。しかし母王は聞き入れなかった。女王はオランダの戦後処理問題にかかり切りになっていた。そればかりではない。遠く離れたオランダ領東インド(インドネシア)では大戦中の日本軍による侵攻に続き、戦後には独立闘争が始まっていたのである。亡命中のストレスも相当なものであった。ベルンハルトがブランドの許を訪れた一九四六年、同じくドイツ軍による占領を受けたベルギー、ルクセンブルクとともに「ベネルクス三国」として経済協力体制が築かれ、戦後復興の道筋もつけられた。さらにその翌年にはマーシャル計画《プラン》により、アメリカからも莫大な経済支援が期待できた。もう潮時と女王は考えたのだろう。

一九四八年九月四日にウィルヘルミナ女王は、長女ユリアナに譲位した。一八歳で親政を開始してからちょうど半世紀の月日が流れていた。この日を境に、ウィルヘルミナは再び「王女《プリンセス》」に戻り、オランダ東部のアペルドールンにあるヘット・ロー宮殿へと隠遁し、これ以後は家長となったユリアナ女王を陰ながら支援した。そして一九六二年一一月にここで八二年に及んだ波瀾の人生の幕を閉じたのである。

ウィルヘルミナから女王位を譲られたユリアナ（在位一九四八～八〇年）は、夫ベルンハルトがブランド大使から受けた助言を忠実に実行に移した。新女王は宮廷での堅苦しい儀式の多くを廃止し、より国民へと近づいていく。夫との間にできた四人の女の子もすべて普通の学校に通わせた。彼女自身もよく宮殿を自転車で抜け出しては、町へと買い物に繰り出した。人々は女王の飾らない性格に愛着を抱くようになった。

そのユリアナが母親譲りの君主としての気概を見せたのが、一九五三年一月から二月にかけてオランダ南部を襲った大洪水のときである。一八三六人が亡くなり、七万人以上が家を失った。女王はすぐさまベルンハルトと一緒にゴムボートで被災地に駆けつけた。以下の一文は、その折に女王に接したある女性の回想である。

月曜日の朝、わたしたちのカフェはおよそ二〇〇人の避難者であふれかえり、石炭ストーブの脇に干してある濡れた衣類の鼻をつく臭いが充満していました。そこへ女王が突然入ってこられたのです。まったく予告なしに。長靴を履いてスカーフをかぶって。その瞬間、もの音ひとつしなくなったことを私は決して忘れないでしょう。だれも一言も言いませんでした。まったくだれも。万歳の声さえまったく挙がりませんでした。［中略］本当のことを言えば、わたしたちは啞然としていたのです。だってだれが予想したでしょう。災害からたった一日で、ユリアナ女王が入ってこられるなんて。[18]

一同が啞然としていたなか、女王は被災者ひとりひとりに歩み寄り、励ましの言葉をかけた。一週間後のラジオ演説でも述べているとおり、ユリアナの脳裏には戦時中からの一致団結が突如としてよみがえった。こののちオランダは水害からも、戦後の窮乏からも立ち直っていった。

ユリアナ女王

そのユリアナも「オランダのラスプーチン」と呼ばれた祈禱師ホフマンスにのめり込んだり、夫ベルンハルトが日本でも話題となった「ロッキード事件」に巻き込まれたりと、様々なスキャンダルを起こすようなこともあった。一九八〇年一月、ユリアナはラジオとテレビを通じて生前退位を表明した。四月三〇日の彼女の七一歳の誕生日に、王位は長女ベアトリクス（在位一九八〇～二〇一三年）へと譲られた。彼女も母と同じく、この日を境に「王女」に戻り、一九九〇年代まで娘を助けて公務に勤しんだ。

最晩年にはアルツハイマー病を患ったようであるが、二〇〇四年三月に九四歳の天寿を全うした。同年の暮れにはベルンハルトも後を追うように亡くなった。

あとを引き継いだベアトリクス女王も、祖母や母譲りの謹厳実直な性格で、立憲君主としての務めを忠実に果たした。彼女が三三年にも及んだ在位のなかで海外を公式に訪問した数は、実に五四回にも達する。第二次大戦中のインドネシアでの捕虜虐待問題で、戦後のオランダと日本は一時険悪な関係に陥った。日蘭双方の王族の「公式」訪問もできなかった。こうしたなかで一九六三（昭和三八）年に初来日を果たし、日蘭の戦後和解の一歩を築いたのが当時王女だったベアトリクスであった。一九九一（平成三）年にはオランダ君主として初の公式訪問を行った。その彼女も、二〇一三年一月に長男への譲位をテレビ演説で国民に伝えた。

オランダ国王の大権

二〇一三年四月二九日。アムステルダム国立美術館の「レンブラントの間」で、ベアトリクス女王の最後の晩餐会が厳かに開かれた。世界の至宝とも言うべきレンブラントの傑作『夜警』を背景に、徳仁《なるひと》皇太子やチャールズ皇太子夫妻など世界の貴顕が女王の三三年間の功績を労《ねぎら》った。その翌日、王宮の一室で女王は退位宣言書に署名し、宮殿前に集まった二万人の人々に見守られるなか「生前退位」した。彼女も祖母や母に倣って「王女」に戻り、国王となった長男ウィレム・アレクサンダー（在位二〇一三年〜　）とマキシマ王妃を支え、現在に至っている。

そのウィレム・アレクサンダー国王には、これまで述べてきたような数次の憲法改正を経て、いまでも立憲君主としての「大権」が備わっている。それは主には以下のとおりとなる。

①国会の開会
②内閣の任免
③国務院の開催（議長）
④議会制定法の裁可
⑤勅令の裁可
⑥国賓の接遇・国賓としての海外訪問
⑦各国外交官の接受・自国外交官の認証
⑧国軍の最高司令官
⑨栄典の授与

すでに述べたとおり、オランダでは一八四八年憲法以来「議院内閣制」が採られており、大臣たちは国王にではなく第二院に対して責任を負う。その第二院（定数一五〇）は、比例代表制によって任期四年の議員が選ばれる。オランダは多党制であるため、歴代の政府は連立政権がほとんどである。現在のマルク・ルッテ（一九六七～　）首相も、自身の所属政党である自由民主国民党（三三議席）は第一党の座を占めているものの、過半数には到底及ばず、労働党との連立や中道右派諸政党からの閣外協力によって政権の座についている。

政権交代が行われる際には、国王は連立政権の枠組みについて調査する「情報提供者《インフォルマトゥール》」と、連立協議を主導する「組閣担当者《フォルマトゥール》」を指名する。連立協議がまとまると、組閣担当者が首相に就任する。通常は議会内の最大政党から組閣担当者が指名されるが、この指名はオランダの政治において国王が有する最大の権能のひとつとされている。なおこの組閣方式は、あとで見るとおり、ルクセンブルクやベルギーともほぼ共通している。

オランダにある一二の州議会から間接選挙で選ばれる第一院（定数七五）との合同のかたちで、毎年国会は九月の第三火曜日に開会式を執り行い、玉座から君主が政府の施政方針演説を行う。この点は、イギリスで行われる議会開会式と同様である。その国会で制定された法律は、担当大臣の副署とともに国王の署名によって最終的に裁可される。国王が署名する議会制定法と国務院令は毎年五〇〇ほど、勅令も毎年三〇〇〇件にのぼる。また、司法と行政の双方で国王の諮問に応じるのが「国務院」である。北欧の国務会議やイギリスの枢密院にあたる組織であり、国王が議長を務めるが、副議長が実質的に会議を取り仕切っている。ここで国務院令が定められ、マキシマ王妃は投票権をもたないが議員としてこれに列席している。

国王は「国家元首」であり、日本でいう「国事行為」を担うとともに、国民統合の象徴として全国を行幸し、学術芸術の振興、教育、社会福祉、自然環境の保護などを推進する各種団体にも深く関わっている。また、国民の代表者として外交も担っている。日本とのつながりで考えても、明仁天皇の即位の大礼（一九九〇年一一月）にオランダを代表して参列し、翌九一年には母王とともに公式に来日した。さらに自身の即位の翌年（二〇一四年一〇月）には国王として初の公式訪問も果たしている。ウィレム・アレクサンダー国王も、母に負けず劣らずの活躍を外交の舞台で展開しているのである。(19)

生前退位の始まり――マリー・アデライドの悲劇

そのオランダから一八九〇年に枝分かれし、ナッサウ＝ヴァイルブルク家によって継承されたのがルクセンブルク大公国である。ナポレオン戦争後のウィーン会議で、それまでの公爵から「大公」へと格上げになった。もともとが神聖ローマ帝国の構成員でもあり、オランダよりはドイツ諸国とのつながりが強かった。ベルギー独立後（一八三九年）に現在の国土（二五八六平方キロ）に決められた。オランダと同じく、一八四八年のフランス二月革命の影響を受けて、憲法改正により立法権と行政権の独立、議院内閣制、裁判官の身分保障などが決められた。[20]

南西部は豊富な鉄鉱石の資源に恵まれ、鉄鋼業が発展する一方で、ドイツ（鉄鋼・機械産業）向けの鉄鉱石、銑鉄の輸出で富を得ていった。こうしたことからも、ナポレオン三世のフランスとビスマルクのプロイセンとの間でルクセンブルク領有をめぐり衝突が起こった。一八六七年のロンドン会議で対フランス要塞の撤去を条件に、永世中立化が大国間の合意で決められた。[21]

ところが、それからおよそ半世紀後に生じた第一次世界大戦では、この中立化にもかかわらず、ルクセンブルクは隣国ベルギーと同様にドイツ軍の侵攻を受けた。後で述べるとおり、ベルギーがドイツに対する徹底抗戦を宣言したのに対し、ルクセンブルクは国内の政治対立とも関わり、ドイツに屈す

マリー・アデライド

るような態度を取ることとなった。

　女子への継承権が認められていなかったがために、オランダとの同君連合を解消したルクセンブルクであったが、王朝二代目の大公ギヨーム四世（在位一九〇五～一二年）に生まれた子ども六人がすべて女子であったことから、一九〇七年に憲法を改正し、「男子優先」ではあるが女子にも継承権が与えられることになった。これを受けて初の女性大公となったのが、長女マリー・アデライド（在位一九一二～一九年）である。

　彼女の即位から二年後に世界大戦が勃発した。ドイツ軍による侵攻を受けた当初はこれに公然と抗議していた大公だが、次第に親独的な態度を示すようになっていく。ルクセンブルクを訪れたドイツ皇帝ヴィルヘルム二世を宮殿で歓待し、一時はドイツ皇太子の総司令部をルクセンブルク領内に設置することまで許した。こうした姿勢はフランスやベルギーから強い反発を受けた。

　これに国内的な政争も加わった。熱心なカトリック教徒で元来が保守的な考え方を持つ大公は、自由主義派や社会主義者と真っ向から衝突した。一九一六年には強引に代議院（議会）を解散し、「立憲君主」としての立場を逸脱しているとして、各党派の議員たちからも怒りを買ったのだ。大戦がドイツ側の敗北で終結すると、戦時中の大公の政策は国民の審判を受けることに決まった。

　議会内では自由主義各党や社会主義者たちが君主制の廃止（共和制樹立）を声高に叫んでいた。さらに戦勝国となったフランスやベルギーによるルクセンブルク併合の可能性も高まっていた。このようななかで行われた一九一九年の国民投票の結果で、大公国（君主制）は存続することになったが、マリー・アデライドに対する国民の信頼は失せていた。これ以上の混乱を避けるため、当時まだ二四歳だった大公は二つ年下の妹シャルロット（在位一九一九～六四年）へと大公位を譲ることにした[22]。

生前退位を果たしたマリー・アデライドはヨーロッパ各地を転々としたのち、イタリアで修道女となり、一九二四年に南ドイツのバイエルンでインフルエンザにかかり、わずか二九年という短い生涯を終えたのであった。

女性大公と世界大戦——シャルロットの奮闘

第一次大戦はルクセンブルクの外交方針も大きく転換させた。それまでのドイツ寄りの姿勢は、フランス・ベルギーへと接近する方向に改められ、両国との経済同盟も結成された。しかしそれからわずか二〇年で、ヨーロッパは再び世界大戦へと巻き込まれていく。

シャルロット大公

一九四〇年五月一〇日、ナチス・ドイツ軍はベネルクス三国に突然躍りかかってきた。最小国ルクセンブルクはあっという間に国土を蹂躙され、侵攻から一一時間後にはシャルロット大公一家はフランスとの国境にたどり着いた。大公の脳裏には姉マリー・アデライドの「悲劇」が教訓として浮かんでいた。祖国を離れたくないという気持ちはあったものの、大公一家はフランス、スペイン、ポルトガルに短期間ずつ滞在した。当時一九歳の長男ジャン（のちの大公）を筆頭に六人の子どもたちは夫のフェリクスがアメリカに連れて行くことになった。ローズヴェルト大統領から大公に、子どもたちの亡命を受け入れるとの申し出があったのである。

ルクセンブルク国内からは大公に帰還を求める声も上がっていた。ドイツ軍による占領が始まると、ユダヤ人は強制収容所へと移送され、国民にはドイツ語の使用が強要されるようになった。「私の心は帰国したいと思っている。しかし私の脳は否《ノー》と言っている」。

ついに大公はイギリスの懐に飛び込むことに決めた。八月三〇日、シャルロット大公はロンドンのヴィクトリア駅に降り立った。ここで同じく祖国を逃れてきた閣僚たちと亡命政権を立ち上げた。先に到着していたオランダのウィルヘルミナ女王やノルウェーのホーコン七世と同じく、シャルロットもBBCのラジオを通じて国民に徹底抗戦を訴えた。第一次大戦中の姉とは異なり、大公は「独立の象徴」としてルクセンブルク国民から絶大な信頼を集めることになった。

いつも真珠の首飾りをしていたことから「真珠を身につけた宣伝者《プロパガンディスト》」の異名まで取った。アメリカが対独参戦するや、大公はすぐさま渡米し、各地で反ナチスの演説を繰り広げた。この間にカナダのケベックにあるラヴァル大学で法律と政治学を修めた長男ジャンが、イギリス軍に入隊した。一九四四年六月六日に連合軍がノルマンディ上陸作戦に成功を収めると、その五日後にジャンは父フェリクスとともにノルマンディに入った。九月にはアメリカ軍と国境を越えて、四年ぶりに祖国の土を踏んだ。その後もドイツ軍との激戦が続いたが、一九四五年一月についにルクセンブルク全土が解放されるに至ったのである。

四月一四日、シャルロット大公の姿はルクセンブルクの宮殿にあった。バルコニーには同伴したイギリスのチャーチル首相まで姿を現した。詰めかけた市民からは割れんばかりの拍手と喝采が起こった。こうしてルクセンブルクは「君主と国民」とが一体となって祖国を解放した。先の大戦のときとは異なり、第二次大戦後の立憲君主制は盤石の体制となったのである。(23)

小さな大国の立憲君主制

大戦中にドイツに占領された他の国々と同様に、ルクセンブルクも終戦直後には経済的な疲弊がかなり目立っていた。オランダ、ベルギーと「ベネルクス三国」として経済協力体制を築き、一九五七年からはヨーロッパ経済共同体（ＥＥＣ）の金融センターの役割を担うようにもなり、戦後復興も進んでいった。その四年後（一九六一年）、シャルロット大公は皇太子のジャン王子を「国家元首代行（Lieutenant Representative）」に任命した。いわゆる「国事行為」や「公的行為」などの公務を次々と代行させて、次代の大公として彼を教育していったのである。

そして一九六四年一一月にシャルロットは「生前退位」し、ジャンに大公位を譲り渡したのだ。君主制への国民からの信頼がどん底にあった時代に即位し、二度目の世界大戦にも遭遇した波瀾に富んだ四五年の在位であった。しかし彼女の奮闘のおかげで、ルクセンブルクの立憲君主制はいまや国民からも絶大な支持を獲得していた。退位から二〇年後の一九八五年七月に、シャルロットは八九歳で大往生を遂げた。

そのシャルロットからの期待に違《たが》わず、ジャン大公も三六年近くにわたってこの国を守った。彼もまた五人の子宝に恵まれ、一九九八年には長男アンリを「国家元首代行」に任命し、次代の大公となるべく経験を積ませた。そのわずか二年後、二〇〇〇年一〇月に七九歳のジャンは退位し、アンリ大公が即位することになった。ルクセンブルクは、新しい世紀を新しい大公とともに迎えたのである。[24]

さて、面積でいえば日本の神奈川県（二四一六平方キロ）より若干大きいルクセンブルクではあるが、その人口は二〇一六年現在で五七万六〇〇〇人程度に過ぎない。ちなみに神奈川県には、九一六万人（二〇一七年）もの人々が生活している。人口でも面積でもきわめて小さなルクセンブルクではあるが、実は世界一を誇るものがある。それが国民一人あたりのＧＤＰ（国内総生産）なのだ。ＩＭＦ（国際通貨基金）の試算では、二〇一五年度には一人あたり「一〇万一九九四米ドル」もあり、それはこの日本（三万二四八六米ドル）の三倍以上にも相当する。[25]

先にも記したとおり、一九世紀から発展を続けてきた鉄鋼業やその他の製造業に加え、第二次大戦後にはスイスと並ぶ国際金融資本がルクセンブルク経済を大いに上昇させてきたのである。この「小さな経済大国」とも言うべきルクセンブルクの大公が有する大権とはいかなるものか。

①　国会の召集・解散
②　内閣の任免
③　最高裁判所長官の任命
④　議会制定法の裁可（大臣の副署に基づく）
⑤　法令の公布
⑥　国務院の開催

⑦ 各国大使の接受・自国大使の認証
⑧ 国賓の接遇・国賓としての海外訪問
⑨ 国軍の最高司令官
⑩ 貨幣鋳造権・恩赦権・栄典の授与権

以上は、これまで本書で見てきた、西欧や北欧の立憲君主たちとほぼ同じものである。ルクセンブルクでも大公は「国家元首（Chef de l'Etat）」であり、議会制民主主義に立脚して政治に関わっている。ルクセンブルクは一院制で「代議院（定数六〇）」のみがある。議員は、任期五年の比例代表制による選出である。二〇一七年現在は、民主党所属のグザヴィエ・ベッテル（一九七三〜）が首相を務めるが、民主党は一三議席しか保有していない。ルクセンブルクも多党制で、現政権は社会主義労働者党、緑の党と連立を組んでいる。

このため、ヨーロッパの他の多党制国家と同様に、政権交代の際には君主の役割も重要である。政権交代が行われる際には、大公は連立政権の枠組みについて調査する「情報提供者《インフォルマトゥール》」と、連立協議を主導する「組閣担当者《フォルマトゥール》」を指名し、連立協議がまとまると、組閣担当者が首相に就任する。この点では、先に記したオランダの場合と同じである。

これ以外にもやはり他国の君主たちと同様に、各種団体の総裁や会長として国民の様々な活動を積極的に支援している。(26)

大権のなかには、⑩にある中世以来の伝統的な「貨幣鋳造権」まで憲法（第三九条）には盛り込まれているが、二一世紀の今日においてもルクセンブルクでは、立憲君主制が国民の大半から支持を集めて充分に機能しているのである。大公側も、国民の意識の変化を常に気にかけ、柔軟に対応しているように見える。その点が、二〇一一年には大公位継承に関わる男子優先を改め、「絶対的長子相続制」へと規定を改正したことにも現れていよう。

国民主権に基づく君主制

さて、ベネルクス三国のなかで最後に検討するのがベルギーである。フランス七月革命の影響をもろに受けて独立に踏み切っただけのことはあり、一八三一年二月に制定されたベルギー憲法は自由主義の精神に満ちあふれていた。憲法は「国民の名によって」制定され、「すべての権力は国民に由来する」との文言も盛り込まれていた（第二五条）。すなわち、ベルギーは建国当初から「国民主権の上に認められた君主制」を掲げていたのである。議院内閣制（責任内閣制）も採用された。また、信教、教育、出版、言論の自由も保障され、教会と国家の分離も規定された。まさに史上最初の本格的な「民主主義的憲法」と言われるゆえんである[27]。当時の日本は、水野忠邦の改革などが進められた天保年間（一八三〇～四三年）にあたっていた。

とはいえ、その同じ憲法には、立憲君主たる国王の大権もしっかり定められていた。ロンドン会議の意向と国民議会の投票により、ドイツの小国ザクセン・コーブルク・ゴータ公家出身のレオポルド一世が王に即いたが、彼には大臣の任免や議会の解散、陸海軍の統帥権や恩赦権などが保証されていた。議会は、元老院（上院）と代議院（下院）の二院制を採り、いまだ納税資格に基づく制約は見られたものの、選挙権も当時としては広く与えられていた。

建国当初から、ベルギーはオランダ語を母語とするフランデレン地域（北部）とフランス語を母語とするワロン地域（南部）とに分かれていた。独立反乱で指導者を務めていたのがワロン系の商工業階級《ブルジョワジー》であったことから、政府の中枢も彼らに占められていく。

すでに述べたとおり、イギリスに次いでヨーロッパ大陸ではいち早く「産業革命」に乗り出していたベルギーは、独立後にさらなる経済発展を迎えた。鉄道も全国に張り巡らされ、一九世紀後半には鉄鋼や機械など重工業化も進んだ。さらにレオポルド二世（在位一八六五～一九〇九年）の時代になると、一八八〇年代にはアフリカ中央部に広大なコンゴ自由国を植民地として領有し、天然ゴムと象牙はベルギー本国を潤していった。しかしその背後では、現地住民への非人道的な圧政が見られ、やがてそれは国際的な非難を浴びていくことになる[28]。

レオポルド二世

経済の繁栄は、下層労働者階級の活動も活性化するものである。さらなる選挙権の拡大を求める声が高まりを見せる一方で、ベルギーに特有の問題として、フランデレン系の人々からはオランダ語の公用語化を要求する声も上がった。ベルギーでは建国以来、政府や各種行政、議会、司法のすべてでフランス語が唯一の公用語として認められていた。フランデレン地域でも上流階級はみなフランス語を使用していたので、支配階層の間ではそれでもよかった。しかし早くも一八四〇年代から、フランデレンの中産・下層階級はオランダ語の対等化も叫んでいったのである。これに反応して、一八七〇年代以降には随所でオランダ語を公用語として認める動きが現れた。

このように複雑な言語・民族問題を抱えたベルギーの君主に即く者は、フランス語だけではなく、オランダ語もおおやけの場で流暢に使いこなさなければならなくなった。レオポルド二世はオランダ語ができず、その点でたびたびフランデレン系の新聞から批判を受けていた[29]。

そのレオポルドが世継ぎを残すことなく世を去ると、一九〇九年一二月に三代目の国王に即位したのが、レオポルドの甥（弟の次男）にあたるアルベール一世（在位一九〇九〜三四年）であった。優先される継承者としては父と兄がおり、本来は王位を継承するつもりがなかったアルベールであるが、両者がすでに亡くなっており、彼にとってみればまさに急に降って湧いた王位であった。こうした出自からも、貴族趣味は好まず、登山と自動車の運転を愛する庶民派の王様だった。しかしそれだけではない。実際に多くの庶民と接してきて、ベルギーの抱える言語・民族問題も伯父（レオポルド二世）以上にしっかりと認識していたのである。

アルベールは即位式での誓約を、ベルギー史上初めてフランス語とオランダ語の二ヵ国語で行ったのだ。さらにその場で、自分の子どもたちにはオランダ語も学ばせると約束もした[30]。もともとワロン系でも人気の高かった新国王は、こうしてフランデレン系の人々の心もつかんでいった。しかしそれからわずか五年後に、アルベールは人生最大の試練に直面するのである。


「ベルギーは国だ。道ではない！」

一九一四年八月二日の早朝、ドイツ軍がルクセンブルクを奇襲した。隣国の悲劇はすぐにベルギーにも伝わってきた。一八六七年のロンドン会議で、列強の合意に基づき「永世中立化」が認められたルクセンブルクへの侵攻は、もちろん国際法に違反する行為であった。とはいえ、一八三〇年代のロンドン会議で同じく「永世中立化」が認められたベルギーにも同じ運命が待ちかまえているかもしれない。八月二日の夜七時、ドイツ政府はベルギー政府に通達を行った。ドイツ軍にベルギー領の通過に許可を与えるならば、ベルギーにはいっさい危害を加えないというのだ。つまりこれを拒否すれば、ベルギーは敵国とみなされるわけである。

　このドイツからの最後通牒を受け、午後九時に閣議を召集したアルベール一世は、並みいる閣僚らを前にこう宣言した。「ベルギーは国だ。道ではない！　どのような結末に終わろうとも、われわれの答えは否《ノー》でなければならない。……失敗は許されない[31]」。

　ベルギーはドイツの要求を拒絶した。これを受けて八月四日にドイツ軍がベルギー領内になだれ込んできた。ベルギー側は徹底抗戦し、一時はドイツ軍を撤退させた。このときのアルベール一世の決断が、ドイツ軍の計画を二日間遅らせることにつながったとされる。この間に、ドイツに宣戦布告したイギリスとフランスは抗戦準備を整えることができたのである。このベルギーの勇敢な行為は、のちに第一次世界大戦と呼ばれる世界的な大戦争の帰趨《きすう》を制する、重要な出来事となった。

アルベール一世

　とはいえ、いつまでも強大なドイツ軍に抵抗はできなかった。アルベール一世は内閣とともに、フランス北西部の港町ルアーヴルに移り、ここに亡命政府を樹立した。すでに本書でもおなじみのとおり、のちに第二次大戦時にナチス・ドイツ軍によって占領された多くの国々の王侯たちがたどった道のりは、この第一次大戦時のアルベールを手本にしたものであった。まだこの当時は、のちに見られるラジオ放送を通じての自国民への呼びかけは行えなかったが、対独戦争を通じて国王と国民とはひとつに結ばれたのである。

やがてブリュッセルもアントワープも陥落し、ドイツ軍によるベルギー占領が始まった。各地で市民が強制連行され、多くの犠牲者も出ていた。またドイツの占領政策は、ワロンとフランデレンとの民族対立につけいるかたちで実行された。ドイツと同じゲルマン系のフランデレンには優遇措置が執られ、これがワロン側の反発に火を付けた。戦後にはこのときの遺恨をめぐって、さらなる民族対立が生じてしまうのである[32]。

四年に及ぶ戦いに幕が閉じたのは、一九一八年一一月のことであった。連合軍によってベルギーが解放されると、「凱旋将軍」アルベール一世は、男子普通選挙制の導入を宣言した。政財界にはこれに批判的な声も上がったが、「総力戦」の時代にもはや国を守るのは、ひと握りの上流階級だけではなく、老若男女すべての国民の責務となっていた。翌一九年、二一歳以上のすべての男子に国政選挙権が与えられることになった。ベルギーも他のヨーロッパ諸国と同様に、大衆民主政治の時代へと突入したのである。

さらに戦時中に対立が深まった民族間（言語間）の問題についても、一九三二年までには今日に続く「地域言語制」を導入することに決まった。フランデレンの公用語はオランダ語に、ワロンの公用語はフランス語にさだめられ、地理域的にはフランデレンに位置するものの人口の大半がフランス語を用いる首都ブリュッセルは、例外として「両語圏」とされた(33)。

第二次大戦と「国王問題」

第一次世界大戦はベルギーに甚大な被害をもたらした。被害総額は二〇〇億ベルギー・フランにも達したとされる。ヴェルサイユ講和会議とその後の話し合いで、ドイツから天文学的な数字の賠償金を引き出すことになり、ベルギーも優先的な受け取りを認められた。しかし大戦終結からわずか一〇年で、ベルギーは今度は世界恐慌の波に飲み込まれた。企業が次々と倒産し、銀行も破綻した。町は失業者で溢れかえるようになった。大戦後の二二年間だけで一九回も政権交代が生じる有様となった。議会制民主主義まで国民から信用を失っていた。

こうしたなかで、「大戦の英雄」でもあった国王アルベール一世の指導力に期待する声が高まりを見せていた。ところが、一九三四年二月にベルギー南部のナミュールに趣味の登山で出かけていた国王が遭難死してしまうという悲劇が生じた。国民の大半が悲しみに打ちひしがれた。

レオポルド三世

あとを引き継いだのは、長男レオポルド三世（在位一九三四〜五一年）である。レオポルドは第一次大戦後のベルギー外交のあり方を変えてしまった。ドイツ再興に対する警戒からフランスと軍事協定を結んでいたのを放棄し、仏独両国の間で「中立」を保つことこそが小国ベルギーを守る最善の手段であると考えたのだ。このフランス軽視の姿勢はワロン系国民から反発を受けた。

こうした国内の混乱につけいるかのように、一九四〇年五月一〇日、ナチス・ドイツ軍がベルギーに侵攻した。ヒトラーは、レオポルド三世の中立宣言など歯牙にもかけなかったのだ。緒戦でベルギー空軍は殲滅《せんめつ》させられたが、陸ではドイツ軍に対する抵抗が続いた。しかし周辺諸国が次々と敗退するなかで、ベルギーの力も限られていた。五月二五日にウェイネンダーレ城（西フランデレン）で閣議を開いた国王は、ここでユベール・ピエルロ（一八八三〜一九六三）首相らと真っ向から衝突する。閣僚らはオランダやルクセンブルクと同様に、国王とともに海外に逃れ、そこで亡命政権を打ち立ててドイツに徹底抗戦すべきであると主張していた。対する国王はベルギーをこれ以上の戦火にさらしたくないと、ドイツへの無条件降伏を訴えた。

ここに両者は決裂し、ピエルロ首相ら七人の閣僚はロンドンに亡命した。五月二八日に国王はドイツ軍に降伏し、以後はブリュッセル郊外のラーケン城で幽閉生活を送ることになった(34)。

五月三〇日にはロンドンの亡命政府が国王の権利剥奪を宣言した。レオポルド三世への怒りを示したのは彼らだけではない。ウィルヘルミナ女王やホーコン七世、シャルロット大公を笑顔で温かくイギリスに迎えたあのチャーチル首相までが、六月四日の庶民院審議で次のように怒りをぶちまけたのである。「[ベルギーの]閣僚たちの助言に耳を傾けることもせず、突然、国王はドイツ司令部に代表を送ったのです。そして彼の軍隊は降伏し、われわれの対岸をすべて裸にし、撤退したのであります」[35]。

イギリスへ亡命した諸外国の君主たちが、第一次大戦時のアルベール一世の手法をお手本に、ドイツへの徹底抗戦を続けたのに対し、そのアルベールの長男レオポルドは「降伏」という手段でベルギーを救おうとした。何とも皮肉な結末である。もちろんレオポルドは自国をドイツに売り渡したわけではない。彼は「立憲君主」としての資質に欠けていたのであろう。ベルギー史家の松尾秀哉も指摘しているとおり、「レオポルド三世に非があるとすれば、それは彼が父に比べ、独りよがりだった点に」[36]あった。アルベールは必ず側近政治家の意見に耳を傾け、むしろ彼らの決定に従うことが多かった。

国王が国内にとどまったからといって、ベルギー国民が安全だったわけではない。ユダヤ人は連行され、食糧配給も極度に制限された。大戦後半には連合軍側から激しい空爆にもさらされた。英仏への「裏切り」は特にワロン系の人々からの国王への反発をいよいよ強めていった。

一九四四年一一月三日にベルギー全土が解放された。国王はすでにドイツに連れ去られていたが、ロンドンから帰国した亡命政府は王弟シャルルを摂政に立て、戦後処理問題にあたっていく。ドイツ敗戦後にレオポルドはスイスへと亡命した。ベルギー解放からの七年間（一九四四～五一年）で何と一三回も政権が交代し、戦後のベルギー政治は混沌とした状況にあった。このような状況下で、一九五〇年三月に「国王復帰」をめぐる国民投票が実施された。五七・六八％が復位に賛成ではあったが、それはフランデレン（七二％が賛成）の数字が全体を左右しただけだった。戦前から国王に不信感を抱いていたワロンやブリュッセルでは逆に六割が復位に反対だった。

「社会党」の政治家で三度の組閣経験を持つアヒール・ファン・アケル（一八九八〜一九七五）は、「人にパンが必要なように、ベルギーには国王が必要だ」と唱えていた。これ以上の混乱を避けるために、主要な政治家たちはレオポルドに退位を促した。ついに一九五一年七月、長男でまだ二〇歳のボードゥアン一世（在位一九五一〜九三年）が即位することになった[37]。

憲法学者レーヴェンシュタインはいみじくもこう語っている。「ベルギーの国王の危機は、現代における君主制の価値を劇的に明かにしている。君主制が政党闘争の対象とされたとき、かれの職務や人格が国家の統一と和合の争われざる象徴《シンボル》であることをやめたとき、そしてかれが責任ある大臣から庇護されず、上首尾のうちに行いえないような政治行為をあえてなしたとき、国王はその国の政治的形態の化身としての価値を失うのである[38]」。

政党政治の調整役——合意型政治の君主制

こうして大戦末期からベルギー全土を揺るがせた「国王問題」は終息し、戦後のベルギー王国は若き国王とともに再生に向かった。しかし言語・民族・宗教をめぐるフランデレンとワロンの対立は続いた。現在でも、ベルギーの代議院（定数一五〇）には一三もの政党から議員が選出されている。どの政党がどのような組み合わせで政権を担えるかは、実は国王の調整によっている。

二一世紀の今日でもベルギー国王には、一八三一年憲法以来の「国王大権」が備わっている。

① 内閣の任免
② 公務員の任免

③ 国軍の最高司令官
④ 宣戦布告・条約締結
⑤ 議会制定法の裁可・公布
⑥ 国会の解散
⑦ 各国外交官の接受・自国外交官の認証
⑧ 国賓の接遇・国賓としての海外訪問
⑨ 恩赦権
⑩ 栄典の授与[39]

以上は、これまでに紹介した西欧・北欧の国々の君主の権能とほぼ同じであろう。しかし民族や言語の対立が政党政治と複雑に絡んでいるベルギーで、戦後の「合意型民主主義」を維持するうえで、国王は欠かせない調整役となっているのだ[40]。

それは何も戦後に限ったことではない。この国の建国当初から見られる慣習である。初代レオポルド一世の時代から、内閣を組閣するに際し、国王が「組閣担当者」を指名し、国王に交渉の状況を報告・相談しながら有力者と交渉して内閣の陣容を固め、合意形成が整った後に議会内の多数派の支持で正式に首相に就任している。しかしその後、言語・民族対立が激しくなり「組閣担当者」が次々交替する事態となり、誰が首相候補にふさわしいかを国王に助言する「情報提供者」という存在も登場するようになった。国王には首相指名の権能がいまだに備わっている。

その国王が、戦後ベルギー政治の命運を分けるような重要な裁定者になったことも珍しくない。

一九七〇年の憲法改正により、ベルギーは三つの言語領域と、三つの文化共同体に分けられた。それぞれの文化共同体には、教育・文化・言語に関する政策の自治権が認められた。それでもまだ各派の対立は続いた。ボードゥアン国王はすべての党派の人物と自由に意見交換を行い、どの党派にも偏らないまさに「立憲君主」として調整にあたった。こうした国王と各党指導者層との協力により、一九九三年には連邦制度が導入された。連邦政府（中央）、言語共同体（オランダ語、フランス語、ドイツ語）政府、地域（フランデレン、ワロン、ブリュッセル）政府とに分けられ、三者間に上下関係はなく、連邦政府は安全保障や外交、社会保障について、言語共同体は教育・文化・言語について、地域政府は域内の公共事業（経済政策）についてそれぞれ担当するという「棲み分け」がなされるようになったのである。(41)

そのボードゥアン国王が一九九三年七月に急逝し、王弟アルベール二世が即位した。彼はもともと政治には関心がなく、王弟時代の「放蕩三昧」で政治家からも国民からも信頼されていなかった。それゆえ即位直後には、国王の権限を「儀礼的なもの」に制限し、いわばスウェーデン型の「象徴君主制」に移行してはどうかといった意見まで国会内で飛び出していた。しかし国王になるやそのアルベールも徐々に変わっていった。それとともに、ファン・アケルも言うように、やはり「ベルギーには国王が必要」だという認識が拡がっていったのである。

二一世紀にはいると、「フランデレンの独立」を掲げる地域主義政党の新フランデレン同盟（N-VA）が代議院でも勢力を伸ばすようになった。ついに二〇一〇年六月の総選挙では第一党に躍り出た。ところがその後の二ヵ月に及んだワロン諸政党との組閣交渉は失敗に終わり、ついに両者は感情的にも対立し、一〇ヵ月にわたって会見すら拒否したのである。この間にアルベールは、これまでの「情報提供者」に加え、新たに「論点整理担当者」「準組閣担当者」など、それまでになかった役職も設けて、政界長老（首相経験者）も総動員しながら、各党派の意見を公正中立の立場からねばり強く聞き出し、交渉を続けさせた。それでも組閣は進まなかった(42)。

これにしびれを切らして諸党派を一喝したのが、本章の冒頭に示した二〇一一年の建国記念日の演説だったわけである。最終的には「五四一日間」の空白ののちに、正式な政権が発足した。その二年後に、アルベール二世は父と同じように「生前退位」の道を選んだ。背景には彼自身の「隠し子騒動」であるとか、王室の放漫財政への批判なども取り沙汰されたが、齢《よわい》七七歳にして空前の政治危機を解決しなければならなかったことからくる「疲れ」も見られたはずである。翌二〇一四年五月の総選挙は新王フィリップの下で行われ、五ヵ月後に新政権も誕生した。

二一世紀の「生前退位」

本章で紹介したとおり、第五章で考察した北欧の君主たちとは異なり、ベネルクスの君主たちには「譲位（abdication）」もしくは「生前退位」の事例がよく見られる。一九一九年のルクセンブルクのマリー・アデライド大公の場合と、一九五一年のベルギーのレオポルド三世の場合には、それぞれ世界大戦への対応を読み誤ったことに原因があろう。逆に、第一次世界大戦でフランスに亡命しながらも徹底抗戦を唱えたベルギーのアルベール一世のように、大戦を契機に「国王と国民」が団結心を増す傾向が見られるようになった。それはベネルクスに限らず、ノルウェーやデンマークも同様である。

二〇世紀の大戦争は国家を総動員して戦わなければ勝てない「総力戦」であり、君主は「国民統合の象徴」としてその輝きを増したのである。これは、逆もまたしかりである。イタリアのように大戦に敗北を喫すると、国民投票によってあっけなく追い出されてしまう。確かにサヴォイア王朝の国王たちは、大戦を望まなかったかもしれないし、参戦の決定を実際に下したのはベニト・ムッソリーニ（一八八三〜一九四五）首相だったかもしれない。

しかし、本書でもこれまで各国の君主が有する「大権」を示したとおり、国王自身に宣戦布告の最終決定権があったり、そうでなくとも議会制定法や国務院令、勅令には大臣の副署とともに国王自身の署名がしっかりと記されているのである。その意味でも、イタリア国王が国民の手で放逐されてしまったのには、それなりの正当な理由があったわけだ。

さらに二〇世紀後半にはいると、高齢化した君主たちが体力の衰えを感じると同時に、国民の多く（特に若い世代）との感覚にズレが生じるようになった。次世代を担う後継者（皇太子）がすでに各種の名代（代理）として国内外の公務をしっかりこなすようになっていれば、安心して譲位（生前退位）できる環境が整っているといえよう。北欧諸国には、この種の譲位はいまのところ慣例としては見られないが、オランダ、ルクセンブルク、ベルギーではいまや生前退位が「慣習」化しつつあるといっても過言ではないだろう。

環境保全や多文化共生、同性結婚など多くの面で世界の先端をいくベネルクスの立憲君主制のありかたは、今後の世界の君主制のゆくえにも大きな示唆を与えてくれるのかもしれない。

第七章　アジアの君主制のゆくえ

国王のジレンマ？

伝統的君主制国家は、二〇世紀の後半になって近代化にとりくんだ。こうした政治システムは、基本的なあるジレンマにおちこんだ。一方において、君主の側で権力を集中化することは、社会的・文化的・経済的改革を推進するために必要であった。他方、この権力の集中は、伝統的政治体制の権力拡充と、近代化によって生みだされた新しい諸集団をそれに同化することを困難ないし不可能にした。

こうした集団を政治に参加させることは、おそらく、君主制を犠牲にしてはじめて成功しうると思われる。このことは、君主にとってかなり重大な問題である。すなわち、君主は、自分自身がなしとげた業績の犠牲にならなければならないのか、という問題である。(1)

アメリカを代表する政治学者サミュエル・ハンチントン（一九二七〜二〇〇八）は、二〇世紀のアジアに君臨する王たちが、自国が進める近代化にともなって、それぞれに民主主義が発展を遂げるようになると、かえってその地位を脅かされるだろうと看破した。ハンチントンはこれを「国王のジレンマ（king's dilemma）」と名づけている。

ハンチントンがここで名前を挙げた国は、モロッコ、イラン、エチオピア、リビア、アフガニスタン、サウジアラビア、カンボジア、ネパール、クウェート、タイ、の一〇ヵ国である。このうち、イラン（一九七九年）、エチオピア（一九七四年）、リビア（一九六九年）、アフガニスタン（一九七三年）、ネパール（二〇〇八年）では、それぞれ君主制が倒され、現在では共和国になっている。実に半数が「国王のジレンマ」に陥った末に君主が姿を消していったわけである。

カンボジアは、相次ぐ内戦やヴェトナムとの戦争などを経て、一時期（一九七〇〜九三年）は共和制を採っていたが、一九九三年には波瀾万丈の人生を送ったシハヌーク国王（在位一九四一〜五五、九三〜二〇〇四年）によって王政復古が実現した。

アラブ諸国のなかで「石油資源」に頼れないモロッコとヨルダンでは、一九九九年に各々で現在の国王に代替わりし、民主化が進められるようになっている。この二ヵ国はアラブ諸国でも「立憲君主制」に位置づけてもよいだろう。(2)

ハンチントンが列挙した国のなかでは、サウジアラビア、クウェート、そしてタイが現在でもある意味では「国王のジレンマ」にさいなまれながら、それぞれの王たちが君臨している。特にサウジとクウェートでは王たちが実際に統治まで行っている。

本書ではこれまで、西欧や北欧などヨーロッパの君主制を中心に検討してきたが、それぞれが長い歴史のなかで「立憲君主制」を醸成させていったさまをご理解いただけたものと思う。本章では、これらヨーロッパの王侯たちとは異なる歴史や宗教、伝統や文化を背景とする東南アジアと中東の君主制について詳しく検討していきたい。彼らがヨーロッパとは違う道を歩みながらも、二一世紀の今日《こんにち》に生き残っている術《すべ》とはいかなるものなのであろうか。

アジアに残る君主制

二〇一七年現在、東は日本から西はモロッコに至るまで、東アジア、東南アジア、中央アジア、中東（アラブ世界）という大きな意味での「アジア」には一四ヵ国の君主制国家が存在する。

このうち「立憲君主制」を採るのは、日本、カンボジア、マレーシア、タイ、ブータン、ヨルダン、モロッコの七ヵ国である。残りの七ヵ国では、東南アジアのブルネイ、そして湾岸産油国にあたるクウェート、バーレーン、カタール、アラブ首長国連邦、オマーン、サウジアラビアが絶対君主制もしくはそれに近い「混合体制（議会制もあるが君主の力が強い）」にあるといえる。

すでに第一章でも引用したとおり、憲法学者のレーヴェンシュタインは、二〇世紀後半の世界ではもはや「絶対君主制」を採る国は遅かれ早かれ消滅するだろうと指摘したが、サウジアラビアを筆頭とする中東諸国がいまだに強大な力を有する君主を戴いているのはなぜなのだろうか。東南アジアの絶対君主国ブルネイとの共通点は、ともに産油国でありイスラームを国家の中核に据えている点があげられよう。それ以外にもなにか君主制を支える重要な条件があるのか。

そのレーヴェンシュタインは、第四章で紹介したが（一一二頁）、君主制の存立を正当化している根拠として、①宗教的要素、②国父説、③正統性、④中立的権力としての君主制、⑤国家の象徴的具現化としての君主制、という五つをあげている[3]。このうちの①〜③が感情的な理由づけ、④と⑤は理性的な理由づけである。こうした君主制存立の理由づけは、ヨーロッパ王室に限らず、本章で扱うアジアの王侯たちにもある程度はあてはまるはずである。

このレーヴェンシュタインの指摘と並んで、現代アジアに特有の問題も加味していく必要があろう。インドの政治学者スリーラム・チャウリアは、二一世紀のアジアの君主制の将来にとって、君主たち個人の能力とその政治的手腕の采配、さらには彼らが民主主義にとって決して脅威になっていないことを広く国民に知らしめることが重要であると述べている。そのうえでチャウリアは、アジアで君主制が存立するための要素をやはり五つあげている。①君主が軍隊からの忠誠を維持できている、②君主が宗教を基盤としたカリスマ性の頂点にある、③左派（反王制派）を押さえ込めるだけの強力な政治的中道派の存在、④国内に経済発展が見られる、⑤海外にその国の君主制を必要不可欠と考える強力な同盟者（国）がいる[4]。

このチャウリアが指摘する条件の①は、エジプト（一九五二年）やイラク（五八年）で生じた王制打倒のクーデターがいずれも陸軍将校を指導者に引き起こされたことからも想像しやすい。②はレーヴェンシュタインの五つの理由づけの①と③にもあてはまる。ヨーロッパのキリスト教国と同様に、東南アジアでも王権神授の概念に対する崇拝の念は強く、それはいまだに変わりがない。王権の宗教的尊厳は、アジアの君主制にとって不可欠の要素である[5]。

また政党政治（議会政治）を採る場合には、君主制に反対する社会主義・共産主義的な勢力が強大であることは脅威となりうる。そのためにも、君主制に好意的な上流・中産階級がある一定数おり、「富の再分配」が巧みに行われなければなるまい。国民の貧困は左派のイデオロギーに近づきやすい状況を生みだすからである。一世紀前のロシアがその代表例であろう。そしていざというときに軍事的・経済的に支援してくれる海外の同盟者も君主には必要となってこよう。

ネパール王国の悲劇

チャウリアが上記の五つの条件を提示した背景には、二〇〇八年五月にそれまで二三九年にも及ぶ支配が続いた「シャハ王朝（一七六九～二〇〇八年）」が倒壊されたネパール王国の事例に遭遇したことがあった。なぜネパールでは君主制が倒されてしまったのか。

ギャネンドラ国王

国民の大半がヒンドゥー教を信奉するネパールは、一九世紀前半からイギリスの保護国として組み込まれたが、一九二三年に独立国と認められた。王朝九代目のマヘンドラ（在位一九五五～七二年）の時代に「パンチャーヤト（評議会）制」と呼ばれる体制が確立され、議会内での政党活動が禁止されたばかりか、国王に有利な間接民主制が採用され、ネパール国王は事実上の絶対君主となった。それがイギリスの名門イートン校で教育を受けた、次代のビレンドラ国王（在位一九七二～二〇〇一年）により廃止されることとなり（一九九〇年）、以後は複数政党制に基づく立憲君主制がネパールにも登場する。ビレンドラ王は人柄も温厚で開明的であり、国民からの人気も高かったが、国内で深刻だった貧困問題に積極的に取り組むことができていなかった。

そのような矢先に悲劇は起こった。新世紀が始まったばかりの二〇〇一年六月、首都カトマンズのナラヤンヒティ宮殿で、皇太子が国王・王妃をはじめ家族全員を銃殺するという事件が生じたのである。原因などはいまだに不明な点が多いが、事件から三日後にはその皇太子も亡くなり、王位はビレンドラの弟のギャネンドラ（在位二〇〇一〜〇八年）に継承された。国王一家が全員集まっていた席にギャネンドラの一家はひとりもいなかったことから、「謀殺説」も噂された。

もともとギャネンドラは兄とは異なり、豪奢で派手な生活を送り、国民の間でも不満を抱く者が多かった。加えて国王に即位するや、ギャネンドラはそれまでの立憲君主制を否定し、議会も停止に追い込んだ。この暴挙は、この頃までにネパールに一定の勢力を持つようになった「毛沢東派《マオイスト》」の社会主義者たちをはじめ、議会内各党派から非難された。この毛沢東派と提携を結んだ最大の勢力が同じく左派のネパール会議派であった。四面楚歌となった国王は二〇〇六年四月に議会に権限を返したが時すでに遅かった。二〇〇七年一月、議会は国王の権能をすべて剝奪し、〇八年五月二八日、ここに王制の廃止が正式に決まったのである。[6]

チャウリアによれば、①二〇〇六年の段階でギャネンドラはすでに陸軍の動員に失敗しており、②宗教的カリスマ性に欠け、彼の前任者たちが築いた尊敬や崇拝の念をすべて使い果たしてしまった。彼自身が王位に即いた際の「疑惑」も含め、王族の醜聞や悪評がまさに「自ら墓穴を掘る結果となった」。さらに、③彼の強硬な姿勢が毛沢東派と中道各派を結びつけ、④ネパール国民の経済水準もいまだ低いままであり、⑤南アジアの勢力均衡のなかで最も大切にすべきインドではなく中国に近づくという愚を犯した。以上がギャネンドラ失脚の要因である[7]。

タイ立憲君主制の系譜

ヨーロッパ王室でも同様であるが、君主の愚行は「他山の石」となるものである。ネパールの一連の事態は、すぐ近くのブータン王国にも影響を与えた。一九六〇年代から徐々に国民議会に権能を譲り渡してきていたブータン王制であるが、現在の国王ジグミ・ケサル・ナムゲル・ワンチュク（在位二〇〇六年〜　）の治世になった二〇〇八年、ブータン史上初の総選挙も実施され、今日においては完全に「立憲君主制」といってよい状態になっている。それではより経済力が豊かな王国ではどうだろうか。チャウリアは、ネパールと比較する意味で、タイとブルネイの君主制についても、上記の五つの視点から検討を加えている。

チュラロンコーン大王

まずはタイの君主制から検討してみよう。東南アジアでも最も由緒ある君主制をとるタイでは、一二四〇年頃に創始されたスコータイ王朝によって「王国」が築かれた。現在にまで続く「ラッタナコーシン王朝」は、一七八二年にチャオプラヤー・チャクリによって始められた。一九世紀後半には英仏両国による帝国主義政策にさいなまれたが、東南アジアで唯一「植民地化」を免れ、日本とともに近代化に乗り出した国でもあった。

こうした改革は「チュラロンコーン大王」として国民から崇敬されたラーマ五世（在位一八六八〜一九一〇年）自らが主導した。彼の前年に即位し、ひとつ年上の明治天皇（在位一八六七〜一九一二年）が自ら政治的に動くことができなかったのとは対照的に、ラーマ五世は「上からの改革」を押し進める一方、日本と同様に列強から押しつけられた「不平等条約」を撤廃しようと自身でヨーロッパ諸国を歴訪し、積極的な外交も展開した(8)。

しかしタイ政治においては、こうした行動は国王自身に強大な権力があってこそ実現できる。ラッタナコーシン王朝は、明治日本とは異なり、「絶対君主制」の国家としてまずは始動したのである。とはいえ、工業化が進み、都市中産階級が教育を充分に受けられるようになると、彼ら市民階級にとって「絶対君主制」は不満の対象となっていく。二〇世紀にはいると新聞や世論の成長で、次第に王政に対する目は厳しくなった。このような背景から、一九三二年六月には人民党によるクーデター（立憲革命）で「絶対君主制」は幕を閉じた。

ところがこれですぐに「立憲君主制」がタイに築かれたわけではない。その後の人民党の分裂や第二次世界大戦への関与などもあり、こののちの約半世紀は陸軍を中心とした軍部による支配が続くのである。プレーク・ピブーンソンクラーム（一八九七〜一九六四）やサリット・タナラット（一九〇八〜一九六三）など陸軍司令官出身の政治家たちが政権を担い、彼らの主導権で第二次大戦後のタイでは各地で経済開発が進められた。こうしたなかで終戦の翌年に弱冠一八歳で王位に即《つ》いたのが、チュラロンコーン大王の孫プーミポン・アドゥンヤデート（ラーマ九世：在位一九四六〜二〇一六年）であった。

即位当初は政治の実権を軍部に握られていたが、一九五〇年代から始まった「開発経済」の波に乗り、プーミポン国王は自ら地方を視察し、農村部や山間部で暮らす人々の生活を豊かにしようと、作物の品種改良や水利事業の導入などに積極的に取り組んだ。埃にまみれた道なき道であろうが、水たまりであろうが、地図にペン、ノートを片手に、双眼鏡を首にかけて国中を回った国王は人々に気さくに語りかけた。それまでは「仏の化身」のような存在であった王が、自らの傍らに降りてきてくれたのである。この「王室プロジェクト」は国民から絶大な支持を得た(9)。

こうしたさなかに生じたのが、「一九七三年一〇月一四日事件」である。六〇年代末に、世界の潮流に乗るかたちでタイでも学生運動が盛んになった。これを押さえにかかった軍事政権と、四〇万人以上の学生を中心とするデモ隊とが衝突し、死者七七人、負傷者四四四四人を出す大惨事に発展したのである。ここに登場したのが国王だった。その日の夕刻、テレビにいかめしい顔で映し出されたプーミポン国王は演説を行い、首相の更迭を発表した(10)。

地方を視察するプーミポン国王

タイの現代政治を研究する玉田芳史も指摘するとおり、それまで「長期軍事政権下では軍隊のジュニア・パートナー」であった国王が「シニア・パートナーへと変化し」、「軍隊は国王の意向を無視して政治に介入することがもはや困難になった」瞬間であった。玉田が名づけるとおり、一九七三年以降は、立憲主義や代議制民主主義を尊重しつつも、国王自身がヘゲモニーを握り、最高の権威として国民が待望するときに超法規的に打開策を示し、国王がほかの政治主体《アクター》の上に立つような「プーミポン体制」がここに確立されたのである。[11]

軍事政権がなりを潜めた後のタイでは、中央・地方のいずれでも議会政治が発展を見せたが、政治家たちの金権体質や汚職、票の売買などが取り沙汰され、特に都市部の中産階級や知識人らが政治腐敗に怒りを感じるようになっていた。一九九二年五月には王宮前広場に集まったデモ隊が軍や警官隊と衝突し、またもや多くの死傷者を出す惨事となった。国王はすぐさま首相と反対派の指導者を御前に呼び出し、事態の収拾（首相の辞任）を図ったのである。[12] その場面はテレビで放映され（右写真参照）、国王の権威はいや増した。

首相を呼び出したプーミポン国王（1992年）

プーミポン大王の遺訓——タイ君主制の未来

このようにヨーロッパの立憲君主制とは異なるかたちで、タイ政治の安定化に不可欠な存在となったプーミポン国王は、一九九一年の憲法で「国王を元首とする民主主義」の中核に位置づけられ、議会政治や政党政治を「超越した」存在として認識されるようになった。それは軍事政権時代のように、政治の「蚊帳《かや》の外」に置かれるのではなく、タイ政治で実権を握る総覧者の位置に置かれたといってもよい。一九八七年には国民は彼に「大王」の称号も贈っている[13]。

そのプーミポン大王の君主制の基盤は、チャウリアが示した五つの条件にあてはめれば、揺るぎないものになっていた。まず、①軍隊との関係である。タイでは二〇世紀以降に軍（特に陸軍）が政治への介入を強め、前述のように、一九三二〜七三年の大半は軍事政権であった。それが、七三年の事件以来、軍はプーミポン国王の「ジュニア・パートナー」となっている。
②宗教を基盤としたカリスマ性という点では、プーミポンは現代世界にも比類なき権威を打ち立てたといえよう。仏教徒が国民の大半を占めるタイにおいては、君主は仏陀と同じような寛容さと度量の大きさを示すことができなければ、民衆からの信頼を失ってしまう。その点で、プーミポン国王は「王室プロジェクト」で国民全体の心をつかんだばかりか、その誠実で勤勉な生活態度は国民全体にとっての「道徳的な指導者」にも押し上げた。それはバジョットが『イギリス憲政論』で述べた立憲君主にとって大切な資質のひとつでもある（三五頁）。
③左派（共和派）を押さえ込める強力な中道派の存在という点でも、タイ政治では保証されてきた。また④国内経済の発展も一九五〇年代から始まり、「富の再分配」もある程度は進められている。そして⑤の海外の強力な同盟者も、戦後の「米ソ冷戦」構造のなかで、旧フランス領インドシナ（ヴェトナム、カンボジア、ラオス）に入り込んだ共産主義勢力に対する防波堤として、タイもその王政もアメリカにとってなくてはならない存在であった[14]。
レーヴェンシュタインがあげた五つの条件に照らし合わせてみても、プーミポン国王は理想的な君主であるといえよう。①と③はチャウリアの②にも符合するが、レーヴェンシュタインが唱

える②「国父説」は、まさにプーミポンのためにあるような条件である。たびたび言及している「王室プロジェクト」での活動はもちろんだが、一九七三年の事件以来、国王は「国父」として国民の崇敬の対象になっている。

タイでは、プーミポン国王の誕生日（一二月五日）を「父の日」、シリキット王妃の誕生日（八月一二日）を「母の日」として祝う習慣も生まれた。さらに一九九〇年代からその国王誕生日には、国王の演説がテレビ中継されるようになった。あとで詳述するタックシン首相が強権政治を進めていたとき、二〇〇三年の誕生日演説で国王は「王といえども過ちを犯すことはあり、それに対する批判には耳を傾ける必要がある」と述べ、タックシンに対して国民の声に耳を傾けよと暗に示唆したとされている。このように国王は誕生日演説のなかで明確な意思表示はしないが、政治家たちへの批判とも読み取れる言葉をちりばめ、国民はその行間から解釈できる王の言葉を毎年楽しみにしていたとも言われている⑮。

ただし、レーヴェンシュタインが君主制の理性的な理由づけと定義した二つの条件（④中立的権力としての君主制、⑤国家の象徴的具現化としての君主制）については、「プーミポン体制」末期ともいうべき、二一世紀に入ってからのタイでは危うさが感じられるのである。

一九九七年の憲法以来、タイでは閣僚を務める有力者は拘束名簿式比例代表制で議員に選ばれるようになった。これを利用して全国民的な人気を背景に安定した政権を獲得したのが、タックシン・チナワット（一九四九〜　）である。もともと実業家出身だった彼は、自身が進めたい政治・政策を庶民にもわかりやすく説明し、タイ愛国党を結成して二〇〇一年の総選挙で圧勝した。しかも四年の任期中に多くの政策を実現し、二〇〇五年の総選挙では下院議席（定数五〇〇）の実に四分の三（三七七議席）を獲得する、史上空前の大勝利をつかんだのである。

確かにタックシンの進めた経済成長促進策と貧困解消策は、時代の要望に添った画期的なものだった。しかしその手法は当然、「上からの」強引な政策にならざるを得ず、国民の人気取りに終始するいわゆる「ポピュリズム」路線も非難を集めた。総選挙で大勝利した翌二〇〇六年には、自社株で巨額の売却益（当時の為替レートで約二二〇〇億円）を得たことが明らかになり、国民の怒りは爆発した。タイでは、いまだに仏教的倫理観に基づく「徳治（moral rule）」の考え方が強く、タックシンの首相としての資質も問われた。二月にタックシンは下院を解散し、総選挙で応じたが議会内の反タックシン派は首相の辞任を要求し、選挙へのボイコットを行った。当然のことながらタイ愛国党が圧勝したが、国王は一党しか出馬しない選挙は民主的ではないと批判。憲法裁判所もこの総選挙が無効との判断を下した[16]。

プーミポン国王（2010年）

二〇〇六年六月はプーミポン大王の「在位六〇周年記念式典《ダイヤモンド・ジュビリー》」の年であった。日本の天皇皇后をはじめ、世界中から王侯が集まり、チャオプラヤー川では二〇八二人もの漕ぎ手が五二艘もの船でパレードを行い、大王の慶賀を飾った。この間に政争も一時休止となったが、反タックシン派が結成した「民主主義のための国民連合（PAD：黄シャツ）」の運動などを背景に、九月のクーデターでタックシンは失脚させられた。

翌〇七年にはタックシンを支持する「反独裁民主主義統一戦線（UDD：赤シャツ）」も結成され、これ以後タイは黄シャツと赤シャツとの抗争が激化していくのである。それはまたプーミポン国王の健康が急速に悪化した時期とも重なった。

チャウリアが上記の論稿を発表した四ヵ月後の二〇〇八年一〇月に、黄シャツのデモ隊が軍・警察と衝突し死者を出す結果になった。ところがその犠牲者の葬儀に「国母」シリキット王妃が直々に出席したのである。このような事態は前代未聞のことだった。しかも二〇一〇年五月には、今度は赤シャツのデモ隊が政府軍に鎮圧され、犠牲者が出たにもかかわらず、王妃はもちろん、王族の誰一人として葬儀に参列することはなかった。レーヴェンシュタインが強調する「中立的権力としての君主制」という姿勢にもとる行為であろう。さらにタックシン派からしてみれば、二〇〇六年のクーデターも王室が軍部と共謀して裏で糸を引いたと解釈できる態度だった[17]。

さらにタイの君主制は、確かに「国家の象徴的具現化」になっているかに見える。しかしそれは君主制そのものではなく、「プーミポン大王」自身に限られている。彼のこれまでの道徳的な姿勢、そして何より二〇一六年六月には現代史上空前の「在位七〇周年記念《プラチナ・ジュビリー》」まで迎えた最長の在位も、大王の神格化につながり、タイ政治の安定の象徴となった。ところが晩年の一〇年間は闘病生活を送り、二〇〇六年のクーデター以来、国王が政治の表舞台に登場することはなくなった。それがまた、シリキット王妃の黄シャツ葬儀参列にもつながってしまったのかもしれない。

かつて「私には死んでいる暇などないのだ」と冗談半分で周囲に漏らしていたプーミポン大王も、ついに二〇一六年一〇月一三日に八八歳で大往生を遂げた。後継はワチラーロンコーン皇太子がラーマ一〇世（在位二〇一六年〜　）として収まった。父とは異なり、六四歳にして王に即いただけではなく、離婚歴を三度も有し、皇太子時代にスキャンダルに見舞われることもたびたびあった彼が、父王のような「象徴的具現化」あるいは「国民の道徳的指導者」になれるかは、はなはだ心許ない。しかも晩年（二〇一一年）にプーミポン大王は、『フォーブス誌』で「世界最大の資産家の君主」として取り上げられ、その額は三〇〇億米ドル（約三兆三九〇〇億円）と見積もられた[18]。これでは、二〇〇六年に自社株を売却して国民から不興を買ったタックシンの行為を他人事と言うわけにもいくまい。

ワチラーロンコーン国王

タイ版の「文明開化」「富国強兵」を自ら押し進めた、タイ近代化の父でもあるチュラロンコーン大王は、かつてこう述べたことがある。「ヨーロッパで小麦が栽培されているのと同じやり方で、タイの土壌で米を育てることなどできない[19]」。確かに、ヨーロッパで何百年もかけて醸成された「立憲君主制」を、そのままアジアに持ち込むことには無理がある。しかし、タイの立憲君主制が今後も安定して存続していくためには、「個人のカリスマ性」に基づくのではなく、制度としてより象徴的な君主制へと移行していくことが大切なのかもしれない。

東南アジア最後の絶対君主？――ブルネイ君主制のゆくえ

チャウリアが、五つの条件から検討を加えるもうひとつの国家が、ブルネイ・ダルサラーム（平和の家の意味）国である。ボルネオ島北部に位置するブルネイは大航海時代からヨーロッパ各国により攻撃・支配を受け、一九世紀末からはイギリスの保護領とされた。一九五九年に自治領となり、八四年に正式にイギリスから独立した。この間の六〇〇年間にわたり、イスラームのスルタンによる支配が続き、現在のハサナル・ボルキア（在位一九六七年〜　）国王は二九代目のスルタンとされている。ブルネイ国民の八〇％近くがイスラーム教徒である。

ブルネイは、一九五九年の憲法によって国王大権が明確に維持された。その三年後に立法評議会（国会に相当）の選挙も行われたが、政治の実権は国王が議長も務める枢密院や行政評議会に握られ、ブルネイ人民党（一九五六年結成）が立法評議会内で勢力を伸ばしたにもかかわらず、彼らに政権が託されるようなことはなかった。ときあたかも、ブルネイをはさんでマレーシアとインドネシアの間に抗争が見られていた。人民党内の急進派はマレーシアへの統合を訴えたが、当時の国王オマール・アリ・サイフディーン（在位一九五〇〜六七年）は頑なにこれを拒んだ。ついに一九六二年一二月八日、人民党による反乱が生じたが、イギリス軍が救援に駆けつけ反乱は鎮圧された。人民党も翌年には解散させられた。

イギリスはこうした事態が二度と生じないよう、オマールにより民主的な憲法への改正を要請したが、国王は巧みにかわした。さらに一九六七年一〇月四日には王位を長男ハサナルに譲り、七一年にはこの新国王とイギリスとで協定が結ばれ、イギリスはブルネイの内政に干渉できなくなった。こうして国王の権限がさらに強化されるなかで、一九八四年一月一日にブルネイは完全に独立国となった。ボルキア国王は、「マレー主義に基づくイスラーム的王政（Melayu Islam Be-

raja: MIB)」を建国のイデオロギーとして掲げ、強大な王権に基づく君主制が登場する。
国王の諮問機関としては内閣があったものの、国王自身が首相、財務相、内相を兼任し、外相には王弟のモハメド（一九四八～　）が就くなど、王族でほぼ閣僚職を独占していた。また新興階級にも気を遣った国王は、副大臣や事務次官クラスには新興のエリート層を積極的に登用した。後述する、中東の湾岸産油国に見られる「王朝君主制」に近い体制で実権を握った。[20]
さらに建国から二〇周年を迎えた二〇〇四年七月一五日、ボルキアは国王誕生日の演説で長らく停止していた立法評議会を再開すると宣言した。しかしそれは同年に改正された新しい憲法を通すためだけに召集されたに過ぎない。人民党が事実上解党された後、ブルネイには国民連帯党、人民意識党、国民民主党が結成された。特に一九八五年に創設された国民民主党は、議会制民主主義の確立や有事法（非常事態対処での国王大権）の廃止を訴えていたが、公務員（当時の労働人口の四八％を占めた）に政党活動を禁じていた国王の政策が奏功し、国民民主党の動きも意気消沈していった。この二〇〇四年の憲法は、立法評議会を国王の政策を「追認するだけの無意味な議会」へと変え、国王に最高権力を与え、国王は法に縛られることはなくなったのである。

ハサナル・ボルキア国王

シンガポールの法学者ツンの言葉を借りれば、この憲法で国王はすべての法の上位にある原理「根本規範（Grund-norm）」となり、ブルネイは「絶対君主制」に逆戻りしてしまった。[21]

それでは、事実上の「絶対君主」ともいうべきブルネイの国王が、二一世紀の今日においても君主制を維持できるのはなぜなのか。チャウリアの五つの条件に基づくと、まずは①軍との関係である。ボルキア国王は国軍の最高司令官であるだけではなく、一九九七年からは国防相も兼任し、ブルネイ軍を完全に掌握している。②宗教に基づくカリスマ性という点でも、「ＭＩＢ」を説く国王は自身も熱心なイスラーム教徒であり、毎週金曜日に行われる礼拝にしても、輪番制で国中のすべてのモスクを訪れ、全国の信者たちと密接な関係を保っている。[22]

③左派の存在については、オマール国王の治世で生じた一九六二年の反乱時に、イギリス軍の力も借りて左派勢力を一掃してしまった。現在でも国内には絶対主義的な王政に否定的な人々はいるが、それは一部に限られている。そして④国内の経済発展である。ブルネイは豊かな石油・天然ガス資源のおかげで建国時から経済発展を続けてきた。ボルキア国王自身も、二〇一一年度の『フォーブス』によれば、タイのプーミポン国王に続き世界で二番目に裕福な君主とされる。その総資産は二〇〇億米ドル（約二兆二六〇〇億円）である。しかも二〇一六年一〇月にプーミポン国王が崩御した現在では、世界最大の富を有する君主ということになる。[23]

こうした富をボルキア国王は決して独占はしていない。ブルネイには所得税も住民税もない。教育も小学校から大学まですべて無償である。健康保険制度も充実しており、退職後の年金も保障されている。面積（五七七〇平方キロ）は日本の三重県（五七七四平方キロ）と同じぐらいだが、人口は四一万人（二〇一五年）と少なく、国民一人一人に手厚い社会保障が約束できるわけである（ちなみに三重県には二〇一七年現在、一八〇万人ほどが暮らす）。国民一人あたりの国内総生産（GDP）も二万八二三七米ドル（二〇一五年）と、東南アジア諸国でもきわめて高い。

そして⑤いざというときに君主制を助けてくれる存在は、先にあげたイギリスの事例があり、また近年ではASEAN諸国がボルキアの強力な同盟者となっている[24]。

とはいえ、ボルキア国王にも不安材料は残されていよう。石油と天然ガスだけで輸出の九〇％を占める経済体制では、いずれ破綻することは目に見えている。鋭敏な国王がその点に気が付かないはずはない。建国以来、こうした豊富な財源に基づいて、ブルネイでは運輸・通信・金融・証券・建設といった各種の産業が発展を見せているが、東南アジア地域での金融センターとしての役割はいまだマレーシア、シンガポール、香港には及ばない。ただしブルネイには絶対主義的ながらも安定した政府と国民全体に行き届いた高度な教育制度とが保障されており、今後の経済発展も大いに望めよう[25]。

しかし国王自身が建国時から唱えてきた「マレー文化」と「イスラーム」を公式の言語・文化・宗教の拠り所としているあたりには、一抹の不安も残る。国民の実に九五％が仏教徒のタイとは異なり、ブルネイではイスラーム教徒が最大の割合（七八％）を占めているとはいえ、仏教徒（七・八％）やキリスト教徒（八・七％）も少なからずいる。またマレー系国民は全体の六六％であり、人口の三分の一は非マレー系なのである。こうした「文化的少数派」への気配りもできなければ、国王に「国民統合の象徴」という役割は果たせまい[26]。

また、イスラームを国家統合の前面に打ち出すことは、国王自身が「道徳的に高潔で模範的な人物」と国民の間でみなされていなければなるまい。ボルキア国王自身は、現在のところその点で問題はないが、かつてブルネイ財政を国王から一身に託されていた末弟で長らく財務相（一九八六〜九七年）を務めたジェフリ王子（一九五四〜　）が、「アジア通貨危機（一九九七年）」のあおりも受けて、自ら経営する開発会社を二八億米ドルの負債で破綻させ、その穴埋めもあり、国費から一五〇億米ドルを横領していた事件は、国内外に衝撃を与えた。[27]

かつてバジョットが述べた「道徳的な指導者」という資質は、国王の権能が絶対であろうが、立憲君主制を採る国と同様に、君主制の維持にとってはきわめて大切となってくる。ブルネイの隣国マレーシアは、それぞれの王《スルタン》を戴く九つの州（ヌグリ）から五年に一度ずつ選挙を行って輪番制で「国王《キング》」を決めている。また実質的な権能は政府にあり、国王は立憲君主である。近年ではネット社会の出現で各州の王族のスキャンダルもすぐに明るみに出て、国民から非難を浴びることもある。[28]ブルネイの「絶対君主制」のゆくえは今後も注目されることになろう。

湾岸産油国の「王朝君主制」

ブルネイの国王と同様に、二一世紀の現在においても絶大な権能を有しているのが、アラブの湾岸産油国に君臨する王たちである。

本章の冒頭で示したとおり、かつてハンチントンは近代化が進めば君主制も危うくなると指摘したが、このような見解を示したのは何も彼ひとりに限ったことではない。国際政治学者のカール・ドイッチュや近代化理論を構築したダニエル・ラーナーといった研究者たちも、異口同音に君主制の命運を「予見」した[29]。確かに彼らの「予見」通り、エジプト、チュニジア、イラク、リビア、アフガニスタン、イランといった国々では、一九五〇年代から七〇年代にかけて近代化や民主化が進むとともに、次々と君主制が倒されていった。

ところが同じく近代化や民主化の道をたどったはずなのに、サウジアラビアをはじめ、クウェート、バーレーン、カタール、アラブ首長国連邦、オマーンという湾岸産油国六ヵ国ではいまも君主たちが健在なのである。この違いはいったいどこからうまれたのか。

アメリカの政治社会学者マイケル・ハーブ（一九六六〜　）は、これら湾岸産油国を「王朝君主制（Dynastic Monarchy）」と定義づけ、その強靱《きょうじん》さを鋭く指摘している[30]。

王朝君主制とは、単独の君主を頂点とする統治形態ではなく、君主の親族、すなわち支配家系が君主と一体となって統治する形態を意味する。首相や副首相、外相、内相、財務相、国防相といった主要閣僚や、軍の上級士官、警察や諜報組織の幹部層、さらに官界や財界の主要ポストもすべて支配家系に握られているわけである。ハーブによれば、君主が単独で支配を行う場合には、支配体制が内部から崩れやすく、クーデターや革命で王朝が転覆されやすい。弱冠二三歳でクーデターの末に惨殺されたイラクのハーシム王朝最後の王ファイサル二世（在位一九三九〜五八年）や、イラン革命で国を追われた皇帝モハンマド・レザー・パフラヴィー（在位一九四一〜七九年）の末路を見れば、それも一目瞭然であろう。

しかし王朝君主制を採っていれば、支配家系のすべてを打倒しない限り、王朝の交替など起こりようがないのである。しかも軍や警察、秘密警察などもすべて支配家系が押さえているので、そもそも革命やクーデターも起こりにくい。

　こうした王朝君主制は、これら湾岸産油国が昔から採っている体制ではなく、比較的近年になって編み出されたものである。そもそもこれら中東の国々は、君主制も国家の確立も二〇世紀になってから始まった。現在のアラビア半島やペルシャ湾岸は、一六世紀初頭から強大な勢力を誇ったオスマン帝国の支配下に組み込まれていた。それが「インドへの道」の中継地点としてここに触手を伸ばした大英帝国によって、一九世紀末頃から独自に外国との交流を始めるようになった。イギリスの帝国主義が世界に拡大できたのは「まず首長《チーフ》を見つけろ！」を合い言葉に、各地の有力な部族の首長たちと話をつけて、交易や外交関係を樹立したことにあった。これら湾岸諸国の首長たちとも、最初はイギリス帝国主義の手段《ツール》として重用するところから関係が始まったのである[31]。

　ひとつの転機となったのは、第一次世界大戦（一九一四〜一八年）であった。オスマン帝国がドイツ側について参戦したため、ドイツが建設したバグダード鉄道で湾岸諸国にまでその影響が及ぶのを恐れ、イギリス側はもともと年金で「手なずけていた」クウェートやオマーンの首長にさらに接近した[32]。また、「アラビアのロレンス」や「三枚舌外交」でも有名であるが、オスマンに対するアラブの反乱を煽り、大戦後の独立などをちらつかせたのもイギリスとフランスだった。それが今日にまで続く「パレスチナ紛争」の遠因でもあるが、最終的には大戦後に各国は独立を果たしたり、イギリスの保護領に組み込まれていったのである[33]。

　しかし第二次世界大戦後のイギリスは、もはやかつての大英帝国とはほど遠い存在となった。

一九六八年には「スエズ以東からの撤退」を公式に表明し、湾岸諸国にも駐屯させていた英軍を三年以内に撤退させることにした。一九三二年に力ずくで建国したサウジアラビアと、一足早くにイギリスの自治国から独立していたクウェート（一九六一年建国）を除けば、他の湾岸産油国はすべて一九七一年に「イギリスの撤退」に合わせるかたちで独立国となっている。[34]

中東史家の松尾昌樹によれば、これら新興の湾岸産油国には四つの共通点が見られる。①アラブ民族を主体とする国家で民族的な特徴が共通している、②政府が財政的に石油輸出収入に依存している、③（サウジアラビアを除き）人口も比較的少ない、④経済的に豊かで、所得税・消費税等の免除、教育・医療の無償、社会福祉の充実などである。[35]

周知のとおり、湾岸産油国は一九七〇年代以降にとりわけ「オイルマネー」「オイルダラー」で潤っている国々である。先に紹介した東南アジアのブルネイと同様、その潤沢な資金をもとに世界中の企業や不動産に投資し、俗に「レンティア（不労所得）国家」などとも呼ばれる。その莫大な富は、主に王朝君主制を維持する支配家系（王族たち）に恩恵を与えているが、松尾も指摘するとおり、比較的人口が少ないため、「富の再分配」もしやすくなる。

三三〇〇万人の人口（二〇一七年）を擁し、日本の面積の五・七倍もの国土を有するサウジアラビアを別格とすれば、東京二三区（六二六・七平方キロ）より少し大きめの七五八平方キロという面積のバーレーン（一四二万人）をはじめ、カタール（二六七万人）、クウェート（四三五万人）など、いずれも人口・面積ともにコンパクトで統治もしやすい。

「王朝君主制」のあやうさ

このように潤沢な国家資産を国民に対する手厚い教育・医療・福利厚生に充て、公務員の給与増額などで「富の再分配」を行うことで、湾岸産油国の君主制国家にはいまのところ深刻な国内対立は見られていないように思われる。しかもこれらの国々では、女性への王位継承権はないが、男性王族のすべてに基本的に継承権がある。王朝君主制では、君主の地位は支配家系内部での「交渉」に基づいて継承されている。この「交渉」の際に政官財軍の主要ポストの配分をめぐっても駆け引きが展開されるため、支配家系全体の権力の均衡が保たれるのである。

また、チャウリアがあげた君主制維持のための五つの条件は、いずれも湾岸産油国の君主たちにも適用できるとともに、プーミポン大王やボルキア国王と同様に、彼らの体制は条件のすべてを満たしていると言えよう。もうひとつのレーヴェンシュタインがあげた五つの条件のほうでは、湾岸産油国にはヨーロッパでいう「議会（国会）」に相当するものもあるし、男女普通選挙権が保証されている国もある。ただし「政党活動」は公式には認められておらず、君主の政治的中立という条件はこれらの国々には容易に当てはめることもできないであろう。

とはいえ、二〇一〇～一二年の「アラブの春」を乗り切った王朝君主制諸国家でさえ、決して盤石の体制とまでは言い切れまい。

上記の教育や社会福祉の充実、各種課税の免除や低所得層向けの住宅建設なども進み、近年では湾岸産油国にも「中産階級《ミドルクラス》」が登場しつつある。二一世紀に入ってから、男女普通選挙制度や議会の権能の拡充などで民主政治が進んだクウェートやバーレーンに続き、他の国々でも民主化

サルマン国王

がさらに進められる可能性も高い[36]。そうなると支配家系内部のみで政官財や軍の要職を独占し続けるのも難しくなってこよう。

　また、支配家系内部で要職を独占し続けるとしても、その交渉過程で必ず話し合われる「次代の君主」の継承問題も、近年では問題が生じつつある。たとえば二〇一七年六月にサウジアラビアでは、それまで皇太子だったナーイフ王子がすべての役職から解任され、サルマン国王（在位二〇一五年～　）は自身の長男であるムハンマド王子を、皇太子兼第一副首相・国防相に任じている。二〇一七年暮れに八二歳を迎えたサルマン国王がもし近いうちに崩御し、これまでの慣例どおり皇太子ムハンマドが国王に即くとしたらどうなるのだろうか。

　サウジアラビアでは、「建国の父」アブドゥルアズィーズ・イブン・サウード（在位一九三二～五三年）が亡くなって以来、歴代の国王にはすべて彼の息子たちが順次即いてきた。一夫多妻制を採った彼には二二人の妃との間に四〇人前後の王子が誕生したとされる。彼の孫にあたるムハンマド皇太子が国王に選ばれるということはこれまでの慣例を覆すことを意味し、支配家系内部での充分な検討や慎重な交渉も必要となってくるだろう。

　この王位継承問題と並んでサウジアラビアの王家にとって難問となっているのが、増え続けている「王族の数」である。二〇一七年現在でも、その数は実に七〇〇〇人以上とも言われている。このなかでも実際に王位継承に関わり、政官財軍の主要ポストに就けるのは二〇〇人程度とされるが、それでも一夫多妻制が続く限り王族は増え、それだけ王家の支出も増えていく。特に、ファハド国王（在位一九八二〜二〇〇五年）の時代には、国内で禁じられているはずの「飲酒」をはじめ、麻薬におぼれた王族や、国内外にいくつもの豪奢な宮殿を建てる王族が登場し、王家に対する批判的な声が次々と噴出した。(37)

イスラームを信奉する国でも、キリスト教の国と同様に（あるいはそれ以上に）、君主とその一族は「道徳的な指導者」として国民の模範にならなければならない。次代のアブドラ国王（在位二〇〇五〜一五年）の治世に綱紀粛正が図られたものの、そのアブドラも『フォーブス』が試算した世界の富豪君主のなかでは、プーミポン、ボルキアに次いで、第三位（一八〇億米ドル：約二兆円強）に位置づけられている資産家である。その点では、湾岸産油国の六人すべて（さらにはアラブ首長国連邦ではアブダビとドバイの首長）が一五位以内に入っている。(38)

さらに「男尊女卑」の風潮がいまだに強く残るイスラームの国々に深刻なのが、女性の政治・社会進出という問題であろう。サウジアラビアでも、二〇一三年に立法府にあたる「諮問評議会（定員一五〇名）」に初めて三〇名の女性議員が選ばれることになった。とはいえそれは国王による任命であるし、議院内閣制を採っているわけではないので、ヨーロッパや日本の国会議員と安易に比較するわけにはいかない。

女性がいまだに「進出」できていない分野は、政治や経済・社会にとどまらない。王室においても実はそうなのだ。一九九九年に新たに若き国王が即位したヨルダンとモロッコでは、妃たちが夫とともに国賓を接遇し、自ら海外に国を代表して赴くこともできるようになった。モロッコでは現国王の生母でさえ、王子誕生までは公共の場に姿を現すことはなかったし、結婚式も非公表であった。それが現国王の代になって結婚式も国民全体の祝福のなかで行われるようになった。

現在でも、湾岸産油国では、カタールの前首長妃やドバイの首長妃などを除けば、いまだ王妃や首長妃（一夫多妻の場合には第一夫人）が政治や外交の表舞台に立つことは少ない。たとえば、一九八一年に明仁皇太子（現天皇）と美智子妃（現皇后）がサウジアラビアを公式訪問したときにも、お二人はそれぞれ分かれて行動され、皇太子を接遇するのは国王を筆頭とする男性王族で、皇太子妃は王妃など女性王族にもてなされた。晩餐会や午餐会もそれぞれ別々だった。民主化の進んでいるクウェートやバーレーンでも事情は同じである。

二一世紀のアジアの君主制

このように政治の民主化や、女性への各種差別の撤廃といった、二一世紀の世界に広く見られるようになった風潮は、欧米とは異なる独特の文化を築いている湾岸産油国にも少なからぬ影響を与えている。現にヨルダンやモロッコでは、その王妃自身が自国での女性の社会進出支援や児童虐待防止の旗振り役を務めている。もちろんこうした動きに国内の保守派勢力（男性）は眉をひそめていることだろうが、遅かれ早かれ他のアラブ世界にも影響は見られるはずである。

こうした問題と並んで、湾岸産油国はもとより、タイやマレーシア、ブルネイでも問題視されるのが、政府（王室）による「言論統制」であろう。世界で最も厳しい「不敬罪」をしいているのはタイである。国王や王室に対する誹謗中傷と判断された場合には、最高で一五年の禁固刑が待っている。しかも「何をもって不敬なのか」という基準が曖昧である。深刻なのは、タイでは近年不敬罪が急増し、一九九二年から二〇〇四年までの年平均の立件数が五件程度であったものが、二〇一〇年だけで四七八件を数えたということである。さらに次代のラーマ一〇世の治世に入るや、王室や新王に対する不敬罪での取締りはますます強化されている[39]。

また、マレーシアでも王族たちの贅沢な生活や思慮に欠けた行動を非難するインターネットでの投稿に対し、やはり不敬罪が適用されている[40]。

同様の厳しい処罰はサウジアラビア（こちらも最高は禁固一〇年）にも見られ、アラブ首長国連邦でもすでに建国直後の一九七〇年代から新聞・雑誌の検閲制度が設けられ、九〇年代末からはインターネットでも言論・情報統制を行っている。

「民主主義はサウジ国民にふさわしくない[41]」。サウジアラビア五代目の国王ファハドは、かつて一九九三年にインタビューでこう答えたことがある。それから四半世紀の月日が流れた。サウジアラビアをはじめ、アジアの君主制国家にも民主主義の波は確実に訪れている。これからも君主たちが安定した体制を維持していくためには、国民からの支持は不可欠のものとなろうし、それと同時に時代に即した柔軟な姿勢が望まれることになるだろう。

終章　日本人は象徴天皇制を維持できるか

「おことば」の衝撃

私が天皇の位についてから、ほぼ二八年、この間《かん》私は、わが国における多くの喜びの時、また悲しみの時を、人々と共に過ごして来ました。私はこれまで天皇の務めとして、何よりもまず国民の安寧と幸せを祈ることを大切に考えて来ましたが、同時に事にあたっては、時として人々の傍らに立ち、その声に耳を傾け、思いに寄り添うことも大切なことと考えて来ました。天皇が象徴であると共に、国民統合の象徴としての役割を果たすためには、天皇が国民に、天皇という象徴の立場への理解を求めると共に、天皇もまた、自らのありように深く心し、国民に対する理解を深め、常に国民と共にある自覚を自らの内に育てる必要を感じて来ました。(1)

二〇一六年八月八日の午後三時から、地上波のほとんどすべてのテレビ放送局で、約一一分にわたる「象徴としてのお務めについての天皇陛下のおことば」が、ビデオ録画で映し出された。天皇がテレビで直接国民に「おことば」を伝えたのは、東日本大震災直後の二〇一一年三月以来のことであるが、自らの「退位」についてその意思を伝えたのは、前代未聞のことであった。

その後、九月には内閣官房を事務局とする「天皇の公務の負担軽減等に関する有識者会議」が立ち上げられ、専門家からのヒアリング等も行われた後に、二〇一七年四月二一日に最終報告が出され、それが六月に国会を通過した「天皇の退位等に関する皇室典範特例法」へと結実した。これにより二〇一九年四月末には明仁天皇は退位し、徳仁皇太子に天皇位を譲られる。さらに現天皇は「上皇」に、現皇后は「上皇后」とそれぞれ称号も変えられることに決まった。

先の「おことば」では、天皇の高齢化に伴う対処の仕方として、国事行為や公的行為を縮小していくことと並んで、かつて天皇が未成年であったり重病に陥った際に執務を代行した「摂政《せっしょう》」を置くことにも、明仁天皇は納得されていないようであった。「天皇が十分にその立場に求められる務めを果たせぬまま、生涯の終わりに至るまで天皇であり続ける」のは自らの意思に反することであると考えておられるようでもあった。

そして自らの後は皇太子に任せ、「これからも皇室がどのような時にも国民と共にあり、相たずさえてこの国の未来を築いていけるよう」望み、最後に次のような言葉で締めくくった。

「国民の理解を得られることを、切に願っています」

この「おことば」が放映された当時、明仁天皇は八二歳で在位も満二七年であった。二〇一二年には心臓の手術も受けられ、もう少し早い時期に「生前退位」の意思を国民に伝えたかったとも言われているが、この一一分ほどの放送に国民の多くが驚愕《きょうがく》したはずである。

この三年前の二〇一三年一月には、明仁天皇と同じく、「人々に寄り添い、悲しみとともに、喜びや国の誇りをわかちあえたこと」を貴重な体験であったと伝えて、オランダのベアトリクス女王（当時七四歳）が三三年にわたる在位を終え、皇太子への譲位をビデオメッセージのかたちで国民に送り届けていた。[2] 同年七月にはベルギーのアルベール二世（同七九歳）が、翌一四年六月にはスペインのフアン・カルロス一世（同七六歳）がそれぞれ同様の道をたどった。

おことばを述べられる天皇陛下

いずれの君主たちも明仁天皇と同世代なだけでなく、一九五三（昭和二八）年に皇太子時代の天皇がヨーロッパ諸国を歴訪して以来の、六〇年以上に及ぶ長年の友人たちであった。こうした友人たちの近年の動向に天皇は、あるいは影響を受けていたのかもしれない。ベアトリクス女王とアルベール国王については、本書第六章でもすでに「立憲君主」としての責務の重さを中心に述べてきたが、ここであらためて現在の日本の天皇の公務についても考えてみよう。

象徴天皇の責務

一九四七（昭和二二）年から施行されている日本国憲法によれば、天皇の「国事行為」は次の一二項目に及ぶ。

①内閣総理大臣の任命（第六条第一項）
②最高裁判所長官の任命（第六条第二項）
③憲法改正、法律、政令、及び条約の公布（第七条第一項）
④国会の召集（第七条第二項）
⑤衆議院の解散（第七条第三項）
⑥総選挙の施行の公示（第七条第四項）
⑦国務大臣及び法律の定めるその他の官吏の任免、全権委任状及び大使・公使の信任状の認証（第七条第五項）
⑧大赦、特赦、減刑、刑の執行の免除及び復権（恩赦）の認証（第七条第六項）
⑨栄典の授与（第七条第七項）
⑩批准書および法律の定めるその他の外交文書の認証（第七条第八項）
⑪外国の大使・公使の接受（第七条第九項）
⑫儀式（即位の大礼・大喪の礼・新年祝賀の儀など）を行うこと(3)（第七条第一〇項）

ここにあげられたものは、第四〜六章で西欧や北欧の君主たちが現在も有する「国王大権」の責務にもほぼ重なっていよう。もちろんこれらはすべて「内閣の助言と承認」が必要となる。

現在の日本の天皇にはこれ以外に、外国からの国賓の接受や自らが国賓として海外を訪問すること、国会開会式への臨席、認証官任命式への臨席、園遊会の主催、全国への行幸など、「公的行為」とされる責務も託されている。また皇霊祭（歴代天皇・皇后・皇親の霊を祭る儀式）などに代表される宮中祭祀は、「私的行為」として扱われている。

また、戦後も天皇には、内閣総理大臣や各省の大臣から国政事項について報告・説明を受ける「内奏」という行為が慣例化している。これ以外にも、国会終了後に衆参両院議長から報告を受けたり、海外出張・帰国時における首相や外相からの報告、年末には都知事や警視総監から報告を受けるといった「拝謁」と呼ばれる行為も、広義の「内奏」ととらえられる(4)。

本書にもたびたび登場する憲法学者のレーヴェンシュタインが、現代のイギリス君主を評して「報告を受ける権利もしくは説明を求める権利」を有するのみと指摘したが(三七頁)、憲法学者の下條芳明の言葉を借りれば、それは現在のスウェーデンに見られる「情報権的君主制」ということになろう(5)。戦後の象徴天皇制もこれに近い形態をとっていると言えようか。

象徴天皇制の定着

このように戦後七〇年以上に及ぶ象徴天皇制は、「国事行為」「公的行為」「私的行為」を三本の柱に、政治・経済・社会・文化のあらゆる分野において国民生活に安定をもたらしてきた。

レーヴェンシュタインが定義づけた「君主制の理由づけ」の五つの条件にあてはめてみても、二一世紀の今日の天皇制には大きな意義があるものと思われる。①宗教的要素については、レーヴェンシュタイン自身も次のように述べている。「日本の天皇は、最近まで『天の子』とみなされ、また国民も実際に、これを信じていたせいかもしれない。そこでは『神道』という国家宗教は、まったく神的なものと、世俗的なものと織りまぜられたものであった(6)」。それが新しい日本国憲法の下で、天皇は確かに「日本国の象徴であり日本国民の統合の象徴」となりこの地位は「主権の存する日本国民の総意に基づく」と定められるようにはなった。しかしいまだに天皇には、この宗教的要素が残っていよう。

次に②国父説である。これについては政治学者の原武史が日本ではむしろ女帝や皇后、皇太后に「国母」の役割を求める傾向が強いのではないかと指摘している。(7) この点もきわめて重要であるが、その一方で、自然災害の被災地を訪れたり、全国戦没者追悼式で「おことば」を述べる明仁天皇には「国父」の姿を見いだすことも可能ではなかろうか。

③正統性については、レーヴェンシュタインがドイツの歴史家ハインリヒ・フォン・トライチュケ（一八三四〜一八九六）の言葉を引いているように、「一定の家族が、他のすべての家族よりも、国内において擢《ぬき》んでているとき、究めがたい神の摂理がある」(8)。その点で、二〇〇〇年以上にわたって日本で「擢んでて」きた天皇家の正統性は戦後にも変わりがない。

君主制の理性的理由づけとされている、④中立的権力、⑤国家の象徴的具現化、という点でも、戦後の象徴天皇制は節度を守り、憲法に記されている「象徴」としての役割をしっかりと果たしてきている。

もちろん戦後の日本でも「天皇制廃止」を訴える声は上がっている。(9) しかし、戦後七〇年のこれまでの歴史を振り返ってみると、本書「はじめに」で紹介した（七頁）、一九四五年七月のポツダム会談時にベヴィン英外相が鋭くも予見したとおり、第二次大戦後の日本に「立憲君主制」としての天皇制を残したことは、その後の国内外での安定に大きく寄与したのではないだろうか。

その七〇年の歴史のなかで象徴天皇制の定着に邁進したのが、裕仁と明仁の父子であった。

「平成流」の公務——被災者訪問と慰霊の旅

その象徴天皇の各種公務を毎日果たさなければならないのは、確かに「激務」といっても過言ではない。しかもそれを八〇歳を過ぎて務めるというのは容易なことではあるまい。明仁天皇が二〇一六年八月八日に「おことば」を発したのも、至極当然のことと言えよう。

しかし、明仁天皇の父で先代の昭和天皇（在位一九二六～八九年）にしても、第二次大戦後は同じく日本国憲法に基づき、上記の「国事行為」や「公的行為」「私的行為」もこなし、日本史上最長の六二年以上に及ぶ在位を終えて一九八九年一月七日に崩御したときには、八七歳を超える高齢に達していた。その当時としても世界最高齢の君主であった。

全国を巡幸する昭和天皇

戦前からイギリス流の立憲君主制の形成をめざしながらも挫折し、戦後のいわゆる「人間宣言」を経て、日本全国を行幸しながら人々とふれあい、「象徴天皇制」の基礎を築いたのが昭和天皇である。[10] その昭和天皇は、敗戦前後に戦争責任問題などで「退位論」が出たり、明仁皇太子が一八歳（皇太子の成人年齢）に達した一九五一年に再び「退位論」が噂されたことはある。[11] しかし、その昭和天皇が「自らの高齢・健康」を理由に「生前退位」の意思を伝えるようなことは一度としてなかった。

もちろん体力や健康状態は、たとえ父子であっても千差万別である。とはいえ、昭和天皇のほうが、明仁天皇より体力や気力の面で優れていたということは聞いたことがない。

むしろ明仁天皇が、亡き父とは違った新たな公務を「象徴天皇」としての責務に加えていったことなども、高齢化にともなって責務を果たすことが難しくなったと自ら考えるに至った要因のひとつになっているのではないだろうか。

その「新たな公務」とは主に次の二つと考えられる。

まずは、平成の時代になってから頻発するようになった、大災害の被災者たちの慰問である。明仁天皇の即位の大礼が行われた一九九〇（平成二）年一一月、長崎県の雲仙普賢岳《うんぜんふげんだけ》が噴火した。翌九一年五～六月には土石流・火砕流の被害が出て、多くの住民が避難を余儀なくされる。特に火砕流では死傷者も出ていた。天皇はすぐさま県知事におくやみとお見舞いの電話をかけたが、その翌月の七月には日帰りでの被災地訪問を行った。

天皇の専用車ではなく県の車を使い、現地での奉迎行事もいっさいなく、警備も最小限にしてまっすぐに被災者たちが暮らす仮設住宅や避難所を訪れた。しかも、日頃はテレビや写真などを通じて、燕尾服やスーツなどの正式な姿しか見ていない被災者の中には、ネクタイもせずに、ワイシャツ姿で腕をまくり上げながら、避難所で膝をついて一人一人に語りかけていく明仁天皇の姿勢に胸を打たれる人が多かった。(12)

昭和天皇も伊豆大島の三原山噴火（一九八六年）の際に、現地を視察していたが、それは噴火が収まった後（八七年）のことであり、しかも膝を屈して被災者と同じ目線に立ってのお見舞いなどは、これまでの天皇の慣例としても前代未聞のことである。二〇一六年八月の「おことば」にもある「国民と共にある」というのは、精神的な意味だけではなく、実際に国民と同じ目線に立って触れあってみての偽らざる感慨でもあったのだ。それは第六章でも紹介した、一九五三年のオランダ南部を襲った大洪水時のユリアナ女王の姿（一九〇頁）をも彷彿《ほうふつ》とさせよう。

これ以後も、阪神淡路大震災（一九九五年）、東日本大震災（二〇一一年）、熊本地震（二〇一六年）でも、明仁天皇は美智子皇后とともに同じように被災者たちを見舞った。

明仁天皇のもうひとつの新たな責務、それが太平洋戦争での犠牲者への慰霊の旅路であった。自らの戦争体験と平和の存続を切望する戦後の国民意識に支えられながら、毎年の戦没者追悼式への出席はもとより、海外の激戦地への慰霊の旅も実現していった。

二〇〇五年六月には皇后とともにサイパン島を訪れ、多くの人々が身を投げたとされる、通称「バンザイクリフ」の見える崖の先端まで進み、二人はゆっくりと黙礼した。そして一〇年後の二〇一五年四月。戦後七〇年を迎えたのを機に、今度は二人は戦没者の慰霊と平和を祈念するため、太平洋のパラオへと旅立った。ここでは一万人の日本兵と一七〇〇〇人の米兵が戦死していた。

サイパンを訪れた両陛下

天皇と皇后による慰霊と平和祈念の旅はアジア太平洋にとどまらない。戦時中に日本軍が占領した東南アジア各地で捕虜となった人々とのしこりが今も色濃く残る、ヨーロッパでも真摯な姿勢を示している。特に、昭和天皇が一九七一年に訪問した（公式訪問ではなく「お立ち寄り」）折には、オランダでは乗用車に魔法瓶が投げつけられ、フロントガラスにひびが入るという事件も生じていた。それからおよそ三〇年後の二〇〇〇（平成一二）年、日本の天皇はようやくオランダを「公式訪問」できるようになった。天皇と皇后は、王宮の目の前にある戦没者追悼記念碑に献花されただけではなく、一分にも及び黙禱した。その模様はオランダ全土にテレビで生中継され、人々に様々な思いを抱かせたことであろう。

もちろんこうした「慰霊の旅」にも、時の政府の判断など、様々な意味で制約を受けるのは事実である。歴史家の吉田裕は、二〇一五年四月の天皇皇后によるパラオ訪問の際にも、当時の日本における反韓感情の高まりや「私たちの子や孫、そしてその先の世代の子どもたちに、謝罪を続ける宿命を背負わせてはなりません」と明言した「安倍首相談話（二〇一五年八月発表）」の草稿原案を作成していた動き（同年二月より開始）、さらにこの「慰霊の旅」がもともと日本人戦没者の追悼や日系人激励を主な目的としていることから、戦場で亡くなった朝鮮人犠牲者についいては明仁天皇は何らの言及もできなかったと指摘している。[13]

しかし、平成の代に一八代もの内閣総理大臣が入れ替わり立ち替わり登場してこようとも、明仁天皇の慰霊の気持ちに変わりがないのもまた事実ではなかろうか。

「皇室外交」の意味

このように、首相や外相、外交官、さらには共和国の大統領たちとは異なり、基本的には任期や辞任などによる「中断」が見られず、首尾一貫して自らの姿勢を示し続けていけることこそが、二一世紀の「立憲君主」たちにとっての強みとなることは、本書でもたびたび指摘したところである（たとえば一一三頁など）。それは首相や外相が短期間で交替する状況が頻繁に見られるようになった、平成時代の「象徴君主」である明仁天皇の存在を一層際だたせている。

明仁天皇の「外交歴」は、わが国ではいかなる政治家、外交官に比べても長く深いものである。その端緒《たんしょ》は一九五三（昭和二八）年のイギリスのエリザベス二世戴冠式への出席となる。当時は皇太子でまだ一九歳だった。一九五九（昭和三四）年に美智子妃と結婚し、翌年には揃ってアメリカを訪問された。それからのおよそ三〇年近くの間に、皇太子夫妻は二二回も外遊を重ねた。訪れた国はのべで六六ヵ国にも及ぶ。チャーチルやアイゼンハワー、チトーやネルーといった、今や歴史上の偉人となっている人物たちからも親しく接遇を受けてきたのである。

エリザベス女王と明仁皇太子

天皇に即いてからの二九年もの間にも、二〇一七年二～三月のヴェトナム、タイへの訪問まで、二〇回の外遊でのべ四七ヵ国も訪問しているのだ。先代の昭和天皇がヨーロッパ（一九七一年）とアメリカ合衆国（七五年）しか回られなかったのに比べると、まさに「世界を駆けめぐる天皇」とも言えよう。

こうした皇室による海外訪問や外国からの賓客の接遇は、「外交」とは呼ばずに、「国際親善」と言われる。明仁天皇の場合にはそれは、訪れた先々の国家元首から一般の国民に至るまで多くの人々と接し、政府間の交渉や条約締結などにつながる「ハードの外交」とは次元の異なった、より長いスパンで二国間の関係を維持できる「ソフトの外交」として展開される。もちろん、戦後の「象徴天皇」制度が定着してからは、政府による「天皇の政治利用」が批判されるようになっており、天皇が直接的に「ハードの外交」に関わることはできまい。

その明仁天皇の長い「外交歴」をかいま見させてくれるような出来事が、美智子皇后とともにサイパンを訪れる前の月、二〇〇五年五月のノルウェー訪問の際に起こった。この年は、第五章でも見たとおり（一五八頁）、ノルウェーがスウェーデンとの同君連合を解消して「独立」を果たして一〇〇周年にあたり、それと同時に日本とノルウェーの国交樹立一〇〇周年を迎えたことをも意味していた。明仁天皇は皇后を伴い、旧友ハーラル五世が待つオスロへと旅立っていった。折悪しく、ハーラル国王は心臓病のため入院中であり、摂政皇太子ホーコンとソニア王妃が天皇皇后の接待役を務めた。

五月一〇日にオスロの宮殿で行われた晩餐会で、明仁天皇は次のような「おことば」を述べた。

五〇年以上にわたる貴王室との交流を振り返る時、三度の貴国訪問に当たり、三代の国王にそれぞれお目にかかっていることに時の流れを感じます。本年は一九〇五年、貴国がスウェーデンとの同君連合を解消して独立し、ホーコン七世を国王に迎えて百周年になります。私の最初の貴国訪問の時、在位五〇年に近いホーコン七世に親しくお目にかかったことは、この百周年を一層感慨深いものとしております。ホーコン七世のご在位中には二度の世界大戦があり、第二次世界大戦では国土を占領され、抵抗運動により多くの犠牲者が生じました。六〇年前の六月、抵抗運動の象徴として過ごされた国王が、亡命生活から戻られた時の国王と国民との感慨はいかばかりであったかと思いをいたすのであります。(14)

すでに本書第五章(一五九〜一六一頁)でも詳述した、ホーコン七世の大戦中の勇姿はノルウェー国民なら知らぬ者などいない「伝説」となっている。しかしその伝説の英雄は、この晩餐会の四八年前に崩御しており、この日の主催者であるホーコン皇太子(当時満三一歳)やソニア王妃(ホーコン七世崩御の一一年後に当時のハーラル皇太子と結婚)でさえも、実際には会ったことなどないのである。ましてや会場を埋め尽くしたノルウェーの貴顕たちの多くも、まさに「伝説の人物」としてしか知らない偉人である。この明仁天皇の「おことば」に、晩餐会場が驚きに包まれたのも想像に難くない。ホーコン国王と会見した当時は、まだ一九歳の皇太子であったが、その後、自らも天皇として様々な経験を積み、「国王と国民との結びつき」について感慨を新たにしての「おことば」でもあったのではなかろうか。(15)

「開かれた皇室」?——さらなる広報の必要性

このように戦後の日本、とりわけ平成になってからの「象徴天皇」の責務とは実に多様なものであり、二〇一七年一二月に八四歳を迎えた明仁天皇には確実に負担も重いものになってきている。また、第六章で紹介したベネルクス諸国の場合と同様に(二一四頁)、日本にも次代を託すことのできる徳仁皇太子（一九六〇～　）の存在がある。シャルロット、ジャン、アンリという三代の大公が続いたルクセンブルクでは、皇太子時代に様々な経験を積ませ、大公が適切な時期に譲位するという慣例が根づいている。徳仁皇太子も、「国際親善」や「海外王室の冠婚葬祭への出席」など、一九八二（昭和五七）年のブラジル訪問を皮切りに、これまでの三五年間の積み重ねがある。それは「お立ち寄り」も含めれば、四六回の外遊でのべ九四ヵ国も訪れている。

こうした次世代の成長も、明仁天皇が「生前退位」を発表するに至った要因のひとつとなっていよう。しかしそれでも、二〇一六年七月一三日にその天皇が「生前退位を考えておられる」との第一報が日本列島を駆けめぐったときも、さらには八月八日の「おことば」でそれが現実のものとして国民に伝えられたときも、日本国民の大半にとってそれは「唐突《とうとつ》な」出来事であり、多くの人たちは「なぜいま陛下はこのような発言をされているのか」と戸惑ったのかもしれない。

もし「高齢」で負担が重いということであれば、明仁天皇が満八〇歳の「傘寿《さんじゅ》」を迎え、その二週間ほど後にヨーロッパ流でいう「在位二五周年記念《シルヴァー・ジュビリー》」を控えていた、二〇一三年一二月二三日の誕生日の記者会見で「生前退位をしたい」との意思を伝えたほうが、ある意味では「くぎりの年」でもあると、国民の多くも納得したことだろう。

明仁天皇の治世に入ると、「開かれた皇室」の時代も始まり、その推進役が天皇自身と美智子皇后であったとされる。当初は、宮内庁内部からも批判が上がるなどして「騒動」にもなったが、その後は落ち着きを取り戻し、「開かれた皇室」はいまや定着しているともいえよう[16]。

明仁天皇の治世当初に宮内庁の一部が、皇室があまりに国民に近づきすぎることに懸念を抱いたのは、本書第三章で紹介した（九六頁）、イギリス歴代国王に秘書官補として半世紀以上も仕えたポンソンビの言葉とも共通点があるだろう。すなわち、君主制は「常にある種の神秘に包まれていなければ」ならず、もし民衆のところに降りていくと「神秘も影響力も失う」ことになる。とはいえ、二一世紀の君主たちは、「高みに留まって」いるだけではとても国民の信頼を得ることはできない。すでに一九世紀半ばの段階で、アルバートの死でバルモラル（スコットランド）に閉じこもっていたヴィクトリア女王が「共和制危機」に遭遇したことに始まり（三一一〜三一二頁）、同じく「ダイアナ事件」の直後にバルモラルに閉じこもって国民からの非難を集めたエリザベス二世に至るまで（一〇五頁）、君主は時として「民衆のところに降りて」いかなければならないのである。

しかし、本当に皇室は「開かれた」のであろうか。

明仁皇太子と美智子妃のご成婚

確かに皇太子時代から、明仁天皇はたびたびメディアでも取り上げられ、正田美智子嬢（皇后）との「世紀の恋愛」なども人々を魅了した。とはいえ、実際に「象徴天皇の責務」について詳細に報じられることなどほとんどなく、国民の多くは上記のような天皇の日常の公務について熟知しているわけではなかった。二〇一六年八月の「おことば」以来、いくつかのテレビや新聞などが「天皇の激務」について報じるようにはなったが、それも一時的なものにすぎない。

また、国民のどれくらいの割合の人々が、現在の皇族それぞれの経歴や活動、趣味などについて理解しているのであろうか。まずは、宮内庁や政府が、自ら率先して天皇や皇室全体の「仕事」とはどのようなものなのかを、毎日の公務の写真も最新版のものをアップしながら、国民にわかりやすく見せていくことが必要ではないか。

明仁天皇とは長年の友人であり、お互いに尊敬もしあっていたタイのプーミポン国王は、第七章（二二二頁）でも詳述したとおり、全国への行幸や「王室プロジェクト」などでタイ国民から崇敬の対象となっていた。しかし国王による全国行幸が始められた当初は、特にタイ東北部などでは、人々の多くが国王の顔も知らず、「小ぎれいな格好をしている」政府高官や宮廷職員を「国王と間違えて」平伏してしまうようなことも見られたとされる。やがて国王自身による地道な活動や国内外のマスメディアからの取材に積極的に応じたり、一九五〇～七〇年代には、国王を被写体とするだけではなく国王自身が制作を陣頭指揮した「陛下の映画」が全国で上映されるなどして、プーミポン国王は国民からの絶大な支持を集めることになったのである(17)。

また、第三章（一〇六頁）で述べたとおり、いまやメディアを通じて国内はもとより、世界中でも注目を集めるイギリス王室でさえ、現在のような「安定した立場」をつかんだのは、一九九七年夏の「ダイアナ事件」で教訓を得た後のことである。エリザベス女王をはじめ、王族たちが年間三〇〇〇件を超す公務をこなし、カナダなど英連邦王国も含めて三〇〇〇以上もの団体の会長や総裁（パトロン）を務めていることなど、イギリス国民の大半が知らなかった。ましてや彼らの多くは「王室は自分たちの税金でのうのうと暮らしている」などという「誤解」まで持ち続けていたほどであった。それがホームページを立ち上げ、ユーチューブやツイッター、フェイスブックやインスタグラムなど最新の通信媒体を活用して、日々の王室の活動を多彩な最新の写真までアップして紹介することで、国民はようやく「王室の激務」を理解したのである。

ひるがえって日本の皇室はどうだろうか。タイやイギリスと同様に、皇族たちは毎日を多忙な公務に囲まれて過ごしているはずである。しかし宮内庁のホームページでは最新の写真など滅多にアップもされず、皇族の日々の公務を事前に紹介することさえない。ヨーロッパでは、上記のイギリスを嚆矢《こうし》に、各国の王室が次々と通信機器を通じて自らの活動や公務の意味、王族の紹介、王室の歴史などについて、最新の情報を毎日アップしている。二〇一七年四月にスペインのフェリーペ六世国王夫妻が来日されたときなど、迎賓館での歓迎行事や宮中晩餐会の様子については、日本の宮内庁のサイトではなく、スペイン王室のサイトのほうが「先に」その折の数々の写真をアップしていたばかりか、ユーチューブで映像まで見ることができた。

明仁天皇がこれまでに強調されてきた「国民と共にある皇室」をめざすためには、時代の変化に即した様々な機器を使い、時代とともに変化する国民のニーズにあった情報を、「可能な範囲内」でもよいから、国民へと伝えていくことがより望まれるのではないだろうか。

女性皇族のゆくえ——臣籍降下は妥当か？

二一世紀の日本の皇室にとって「広報」とともに大切なことが、「公務を担う人材の確保」であろう。上記のとおり、明仁天皇をはじめ、皇族の公務も年々増えてきている。現在の皇室は、明仁天皇を別として、一八人の皇族から成り立っている。このうち未成年の愛子内親王と悠仁《ひさひと》親王を除く一六人のなかで、女性皇族は一三人にも及ぶ。その半分にあたる六人が未婚であるが、すでにそのうちのひとり、秋篠宮家の眞子内親王（一九九一〜　）が二〇一七年九月に婚約を発表され、一八年には結婚される予定である。

現在のイギリス王室で成人に達した王族は二〇人であり、数の上では日本の皇室と大差ないのだが、決定的な違いは日本のような「臣籍降下《しんせきこうか》」という慣習がないことである。

日本では、一九四七（昭和二二）年に憲法と同時期に施行された「皇室典範」があるが、その第一二条には「皇族女子は、天皇及び皇族以外の者と婚姻したときは、皇族の身分を離れる」と記されている。これが「臣籍降下」である。上記の六人の未婚女性皇族を例にとると、眞子内親王より年下なのは妹の佳子内親王だけで、あとの四人はすべて近々結婚される可能性が高くなる。それにともない少なくともここ数年内、佳子内親王も含めれば一〇年以内には、六人もの皇族がその立場を離れることになるのだ。その間に、愛子内親王と悠仁親王が成人に達することになるが、それでも皇族の数の減少は免れない。

そもそもなぜこのような状況になったのか。現在の「皇室典範」の基盤となった、明治（一八八九年制定）の「皇室典範」からしてすでに皇位は「男系・男子」のみが継承でき、「女性天皇」や「女系・女子」は排除されてきた。その背景には、富国強兵を進め、欧米列強による植民地化を免れて強力な近代国家を形成していくうえで、天皇は国民統合の象徴でありまた帝国陸海軍の大元帥にもなる必要があった。このため、「万世一系」の男系男子による皇統の存続が強調され、

皇室の構成（2018年1月1日時点）

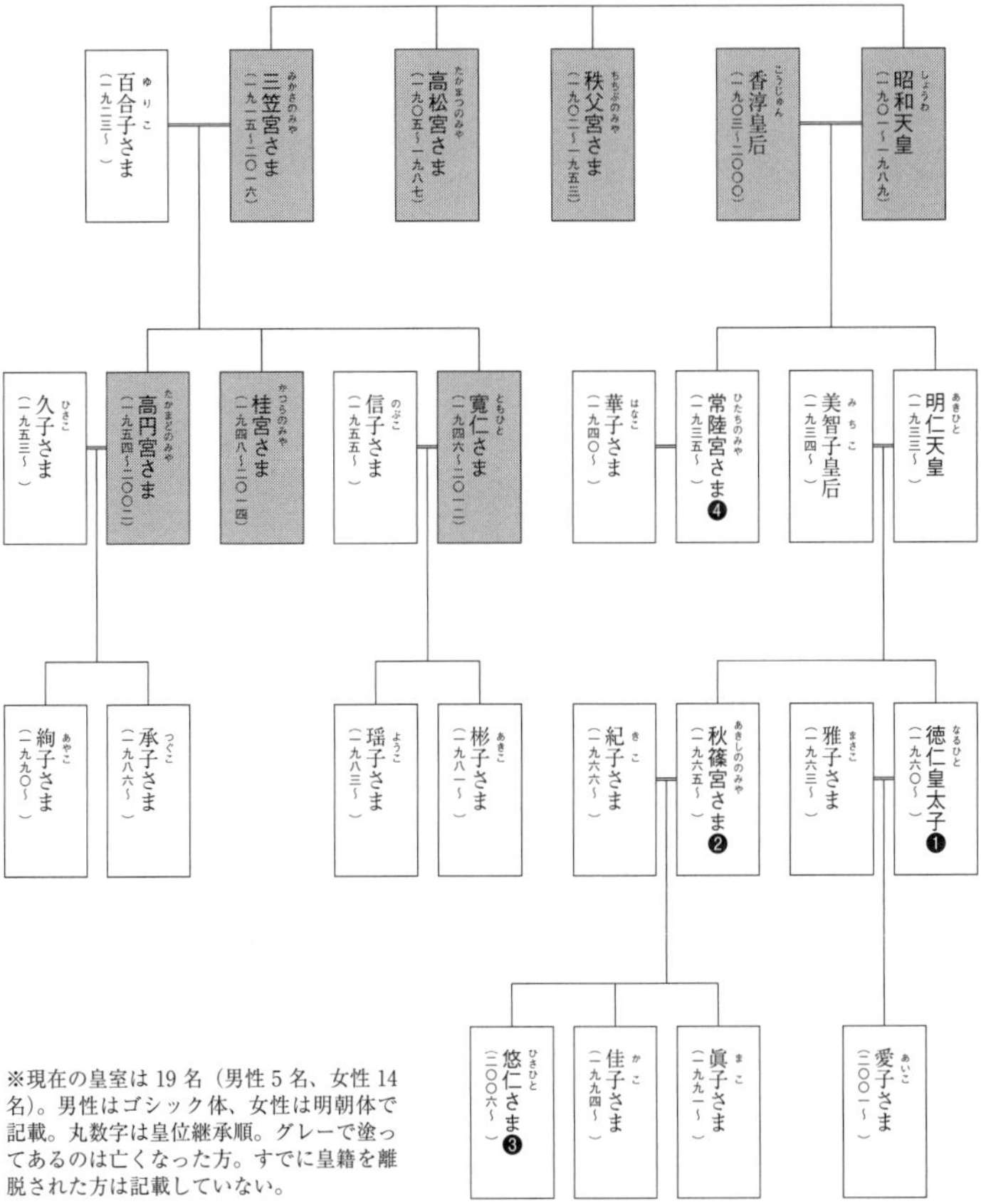

※現在の皇室は19名（男性5名、女性14名）。男性はゴシック体、女性は明朝体で記載。丸数字は皇位継承順。グレーで塗ってあるのは亡くなった方。すでに皇籍を離脱された方は記載していない。

皇室史上八人、一〇代の先例が見られた「女帝」は廃止されてしまった。さらに女帝が即位する場合には、「皇婿《こうせい》（女帝の夫）」という新たな存在も登場し、それが支配階級内部の権力争いや意思決定の混乱につながることを防ごうとしたという理由も考えられる[18]。

しかし、こうした制度の変更は、「側室制」がまだ見られた明治の代であったからこそ可能だったのだ。現に大正天皇の生母は、明治天皇の正室である美子《はるこ》皇后（のちの昭憲皇太后）ではなく、典侍（女官）の柳原愛子《なるこ》だった。ところが、その大正天皇以降に、皇室も「一夫一婦制」を採るようになり、大正天皇には四人の男子が生まれ、昭和天皇にも男子が二人生まれたために、皇位継承も滞りはなかった。それが「敗戦」とともに一変する。大正天皇の四人の皇子の家系を残して、伏見宮家や梨本宮家などはすべて皇族から離脱せざるを得なくなったのである。

それにもかかわらず「皇族以外の者と結婚した」場合には、女性皇族は「皇族の身分を離れる」という「皇室典範」の条項が設けられたのだ。大正天皇の次男（秩父宮）と三男（高松宮）の家には子供が生まれず、昭和天皇（長男）と三笠宮（四男）の家にそれぞれ男子は生まれたものの、その孫の世代は皇太子と秋篠宮を除いて女性ばかりという状況で、日本は二一世紀を迎えたのであった。二〇〇六年には悠仁親王が誕生したとはいえ、それは父の秋篠宮以来、実に四一年ぶりに皇室で生まれた男子であった。この間に、皇族の女性たちは次々と「一般人」と結婚して臣籍降下していった。

本書でこれまで考察してきた北欧や西欧の事例を見てもおわかりのとおり、日本の皇室の場合ももはや「男系・男子」にのみ皇位継承権をこだわれなくなっているように思われる。ひとつにはこのまま「男系・男子」の継承者を確保できるのか、という問題もあるだろう。それと同時に、問題は「天皇の確保」だけでなく、「皇族の確保」にもあるからだ。美智子皇后や高円宮《たかまどのみや》久子妃のように、皇室の外から嫁いできた女性皇族たちが日々の公務で果たしている役割は、いまやきわめて大切である。しかし、こうした女性皇族の「高齢化」とともに、皇族自体の減少という深刻な問題は、ひとりの皇族にかかる公務負担の激増へとつながり、ひいては二〇一六年八月に明仁天皇が「おことば」で述べたのと同じことが、天皇だけではなく、すべての皇族にも起こりうることを予兆しているのである。

たとえば、現在の「皇室典範」第一二条を改正して、女性皇族の「臣籍降下」を廃止してもよいかもしれない。その場合には、皇室に生まれた女性は（相手の身分に関わらず）結婚後も「一代に限って」皇族としてとどまり、引き続き公務を担ってもらうことになる。ヨーロッパの王室では、現在はこれが一般的である。

高円宮久子妃とスウェーデン皇太子

一例をあげると、イギリスのエリザベス二世女王の長女であるアン王女（一九五〇〜　）は、二度の結婚歴を有するが、結婚後も彼女ひとりに限っては王族としてとどまり、公務を続けている。一九八七年には「第一王女（Princess Royal）」の称号も女王から授与され、女性王族のみが集まる行事などでは、兄チャールズ皇太子の夫人カミラ妃や甥ウィリアム王子（ケンブリッジ公爵）の夫人キャサリン妃より上位の、女王の次席に着くことも許されている。これが夫妻揃っての儀式ともなると、アンは兄や甥はもちろん、弟たちやその子どもより下位に位置している。

女王がアンを優遇するのは愛する一人娘だからではない。その働きぶりもしっかり見ているからである。アン王女は現在、イギリス王室ではチャールズ皇太子に次いで二番目に多くの公務をこなしている。それは年間に五〇〇件は超え、国内外に及んでいる。会長や総裁などを務めている団体も三二〇を超えている。二〇一七年の一年間（一～一二月）だけ見れば、なんと兄チャールズを抜いて王室で最も忙しく「五四〇件」も公務に勤しんでいる（チャールズは同時期に五一九件、女王は二九六件、エディンバラ公は一三一件）。ウィリアム王子やヘンリ王子など若い世代が公務を担うようになってきたとはいえ、イギリス王室はアン王女なくしてはとても「賄いきれない」ぐらいに、結婚後も王女の活躍は目を見張るものがある。

「女帝」ではいけないのか？

それでも日本の場合には、「皇室典範」の第一二条を変えただけでは、皇族数はおろか皇統の確保も難しいものと思われる。やはり第一条「皇位は、皇統に属する男系の男子が、これを継承する」という内容自体を変えなければ、いずれ皇室は先細りしていくのではないか。

現況では、明仁天皇のあとに皇位を継承できるのは、徳仁皇太子、秋篠宮文仁親王、悠仁親王、常陸宮正仁親王（皇弟）の四人しかいない。二〇一七年一一月に八二歳を迎えた常陸宮は別として、皇太子が天皇位を継がれれば、次位は彼より五歳年下の秋篠宮、その次が悠仁親王となる。

天皇ご一家

さらに将来、悠仁親王に男子が誕生するという保証もないのである。

先に挙げたイギリスの事例では、公務を担う王族の数が充分確保されているばかりではなく、王室に生まれた（婿や妃として王室に入る以外の）場合には、自ら継承権を放棄しない限りは、男女を問わずすべての王族に王位継承権が備わっているのだ。

日本の識者や政治家のなかには、終戦直後に離脱した「旧宮家（皇族）」を復活させて、その男子に継承権を与えてはどうかとの声も聞かれる。しかし上記の広報の件とも関係して、「現在の女性皇族」についてでさえ、国民には充分な知識や関心が見られないなかで、さらに国民からある意味では遠ざけられてきた旧宮家の男性を呼び戻したところで、果たして国民から支持を得られるだろうか。さらにこれまでの七〇年以上にわたって、代々「公務」から離れてきた人々が、急に慣れない日々の仕事に忙殺されることに、果たして耐えられるであろうか。

本書の第四章から六章までで、伝統あるヨーロッパ諸国の王室も二一世紀までの間に女性への王位継承権や、男女を問わずに第一子の継承が優先される「絶対的長子相続制」を導入してきたことはすでに述べたとおりである。これらの国々でも、中世にはキリスト教の教えに基づき女性への継承権が認められないことのほうが多かった。聖書の『創世記』には「男は神の似姿として」創造され、女はその男から創造されたとある。このため、神の代理人としてこの世を支配することは女性にはできないとの考えが広まったのである。[19]

しかし、これに基づいて「男系男子」の継承者にこだわった結果、中世以来のヨーロッパで最高の格付けを誇ったハプスブルク家がオーストリア王位継承戦争（一七四〇～四八年）に巻き込まれた一方、その好敵手ともいうべきフランスのブルボン家もスペイン王位継承戦争（一七〇一～一四年）を引き起こすこととなった。しかもハプスブルク家にいたっては、最終的に「女系男子」をその後の継承者にせざるを得なくなったのである。

さらに、一八世紀までは「女帝」もたびたび即位していたロシアが、一九世紀初頭からは男子継承に限定するようになったため、その一〇〇年後には「怪僧ラスプーチン」の登場につながり、それが一九一七年のロシア革命勃発の遠因のひとつとなったことはよく知られている。

こうした歴史的経緯とともに、二一世紀の現代世界に広く行き渡るようになった観念が「男女平等」という考え方であり、一九七九年のスウェーデンを筆頭に、オランダ（八三年）、ノルウェー（九〇年）、ベルギー（九一年）、デンマーク（二〇〇九年）、ルクセンブルク（一一年）、そしてイギリス（一三年）と、ヨーロッパの王室は次々と「絶対的長子相続制」を採用した。

あと三〇年ほど経過すれば、ベルギーのエリザベート（二〇〇一〜　）、オランダのカタリナ＝アマリア（二〇〇三〜　）、ノルウェーのイングリッド・アレクサンドラ（二〇〇四〜　）、スペインのレオノール（二〇〇五〜　）といった具合に、愛子内親王（二〇〇一〜　）と同世代の王女たちが次々と各国で「女王」に即《つ》くことになる。その前に、二〇一七年七月に四〇歳の誕生日を迎えたスウェーデンのヴィクトリア皇太子（一九七七〜　）が、まずは同国でおよそ三〇〇年ぶりの女王となることだろう。

アジアの王室でも女性への継承権が認められつつある。いまだに男尊女卑の傾向が強いイスラームを信奉する国々では難しいが、タイでは一九七四年の憲法改正により王女へも王位継承権を与えると書き換えられたため、現在では女性への継承も可能となっている[20]。

たしかに、「女帝」が即位することにともなう「皇婿（王配）」という、近現代の日本の君主制にとってなじみの薄い存在については、一抹の不安は残るかもしれない。とはいえ、天皇に一定の権限が付与され、皇室が政治の中枢とも深く関わりのあった明治初期であればいざ知らず、二一世紀の現在の世に、皇婿が政府の政策決定に関与してくるというのは考えにくい。

こうした「王配（Queen's Consort）」の歴史や実践については、実際に一九世紀末から「女王の時代」が続いたオランダや、近年のデンマーク、イギリスの事例などが役に立つであろう。三代続いたオランダの王配たちにも、それぞれの時代でそれぞれの苦労があり、深刻な問題が生じたこともあった[21]。

さらにデンマークでは、現在のマルグレーテ二世女王の夫君ヘンリク殿下（二〇一六年一月にすべての公務から引退）が、自身の国内での位置づけについて不満を漏らし、一時期は女王との関係も険悪になったこともある。フランス貴族で外交官出身だったヘンリクは、デンマーク初の女王となったマルグレーテを半世紀にわたって支え続けてきた。しかし、女王が「公的行為」のいくつかをヘンリクではなく、長男フレゼリク皇太子に託そうとしたことで二人の仲はこじれてしまった。ヘンリク自身が雑誌のインタビューに答えているように、本来の「男女平等」の観念からすれば、彼は「王配殿下」ではなく「国王陛下」と呼ばれてもおかしくないのだ[22]。

しかし一方で、結婚以来実に七〇年にもわたって女王を支え、二〇一七年秋から単独での公務は退くと公表したイギリスのエディンバラ公爵フィリップ殿下のように、イギリスをはじめ英連邦王国のすべてで、学術・芸術の新興、青少年の育成、障害者・老人福祉、そして従軍者などとの戦争の追憶と平和の希求といった、ありとあらゆる分野にわたって尽力した「お手本」とするべき存在もいる。

明仁天皇の「生前退位」を契機に、日本でも「天皇制とは何か」を、もう一度国民全体で考え直す時期にさしかかっているように思えてならない。

象徴天皇制とはなにか

それと同時に、二〇一六年八月に明仁天皇が国民に伝えた「おことば」は、天皇自身が三〇年に近い在位のなかで、さらに言えば皇太子時代から数えて六〇年以上にわたって、試行錯誤を繰り返しながら考えてこられた「象徴天皇」の意味をもわれわれに教えてくれている。

日本国憲法下の天皇として、まずは憲法にも定められた「国事行為」を果たすことは、基本中の基本であろう。しかし明仁天皇の場合は、上述したように、「象徴と位置づけられた天皇の望ましい在り方」に「公的行為」を積極的に果たしていくことも組み込まれていたのだろう。

本章の冒頭に掲げた「おことば」は、次のような一文で続けられた。「こうした意味において、日本の各地、とりわけ遠隔の地や島々への旅も、私は天皇の象徴的行為として、大切なものと感じて来ました」。被災地への慰問に限らず、明仁天皇にとって様々な地で多くの国民と触れあうことは、「象徴天皇」としてきわめて大切な「責務」でもあったように思われる。

それは皇太子時代に、美智子妃と全国を回られた経験からも「会得」されたのかもしれないが、さらにその原点には、第一章（四二〜四三頁）でも紹介した、結婚前の若き日に養育係の小泉信三と精読した『ジョオジ五世伝』の「記憶」もあるのかもしれない。

一九八一（昭和五六）年に夫妻で臨んだ記者会見の席で、小泉信三との思い出を聞かれた際に、明仁皇太子は言下に次のように答えている。「一番記憶しているのは、ジョージ五世伝を一緒に読んだことと思います。そして、それによって近世の歴史に触れ、近代の世界を見る目が養われたという感じを受けます(23)」。

先にも記したとおり、小泉がこの評伝を皇太子と精読するテキストとして選んだのは、責務を誠実に忠実に果たし、国民から敬愛を受け、国民統合の紐帯《ちゅうたい》となったひとりの人物の生涯を追うことで、「立憲君主とは何か」を皇太子に学んで欲しかったからである。小泉の期待に違わず、明仁皇太子も読後感をレポートのかたちで提出し、次のように書いている。「第一皇子はとかく人目を引き、はでな存在となり弊害も起り易い。ジョオジ親王が第一皇子の影にかくれて地味な海軍軍人生活をつづけ、多くの社会的経験を得たことが、将来に利するところ多かったことと信ずる」。生まれながらの皇太子としてスポットライトを浴び続けてきた、明仁親王ならではの視点であり、小泉も「この人にしてこの言あり」とレポートを激賞した[24]。

戦後の新しい憲法体制の下で、「天皇とは道徳的な存在である」との観念が強められ、昭和天皇はもとより、明仁天皇もそれを基本に日々の公務を担ってきた。本書のこれまでの各章からもお気づきのとおり、かつてバジョットが『イギリス憲政論』でも述べたが、「人々が君主を道徳の指導者として考えるようになっている[25]」という状況は、一九世紀半ばのイギリスだけの現象ではなく、その後の世界各地で今日《こんにち》に至るまで共通して見られるようになった現象なのである。そして国民からそのように思われてこそ、君主は国民の「象徴」になれるのであり、また「象徴」の立場についても国民に理解してもらえるのである。

立憲君主制も制度と言うからには、本来、「個人の道徳的資質」などに依拠せずとも、ある程度安定的に機能することが期待されるものであろう。そして実際、現存する君主制の多くが、道徳的にいささか逸脱した君主が現れても大きな問題が起こらないように、細心の注意を払って設計されている。

しかし、それでも二一世紀の今日、世界にあるどのような君主制であれ、君主本人が国民からある一定の理解と支持を獲得しなくては存立などできない。それはこれまでの歴史のなかで、あるものはこれを獲得して君主制を存続させ、またあるものはこれを得ることを怠って玉座を追われたことからも明らかであろう。したがって、その国の立憲君主制が安定的に機能していくためには、やはり君主個人にある一定の道徳的規範が必要であると結論せざるをえない。

だが、そのことは一方で、国民の側にも寛容さや賢慮が求められることを意味していよう。特に世襲君主制においては、幼少時からどれほど慎重な帝王教育を施したとしても、ある程度の確率で「逸脱」が起こるのが避けられないのは、本書でも見てきた通りである。あるいは時代の避けがたい運命に翻弄され、不運にも「逸脱」の責を問われる立場に立たされる君主もいよう。そのような時に、国民の側がどれだけ成熟した態度を取り、一定の理解と支持を示すことができるかに、その国が立憲君主制を維持し、その優れた果実を享受し続けられるかがかかっているのである。

日本が、太平洋戦争の敗戦という未曽有の困難を乗り越えて、立憲君主制の下で安定した繁栄を遂げてこられたのは、昭和天皇の「カリスマ性」に依るところが大きかったが、その一方で国民の側もある程度成熟した態度を示すことができたとも言えるのではないか[26]。また、明仁天皇が即位される前は、昭和天皇が示したような「カリスマ性」を求めるのは難しいという声もあった。しかしそれゆえ、皇太子時代にはあまり「人望がなかった」とされる明仁天皇が、即位してからは常に国民に寄り添い、今日見られるような国民からの絶大な信頼を得られていったのは周知のとおりである[27]。

その明仁天皇が皇太子時代、小泉信三とともに評伝を精読したジョージ五世にしても、父エドワード七世のような社交性やカリスマ性に欠けていたものの、持ち前の謹厳実直な性格も幸いし、国民生活の範となることで、最後には「国父」としての地位を築いているのである[28]。また、そのあとを受けたエドワード八世が、「王冠をかけた恋」で立憲君主制の存立を危うくしかけたときにも（九七頁参照）、長年王室を支えてきた宮廷官僚や政府閣僚、そして何よりも事態を冷静に見守った国民からの理解があって、ジョージ六世への継承もスムースに進められたのである。

立憲君主制の存続は、君主自身の個性にも基づいているが、その君主を取り巻く側近や政府、さらには国民が、この制度の優れた特質を理解し維持しようとする「成熟した」環境にある限り、二一世紀の今日においても充分に保証されていると言えるのではないだろうか。

もちろん君主制のあり方は一様ではなく、国や地域、さらには時代によって異なってこよう。第七章でも紹介したが（二二九頁）、タイを近代化に導いたチュラロンコーン大王が「ヨーロッパで小麦が栽培されているのと同じやり方で、タイの土壌で米を育てることなどできない」と述べたように、日本の皇室にも独自の文化・伝統に根ざした君主制のありかたを模索する必要がある。それでも、そのような新しい時代の風を敏感に感じ取るのは、つねに「国民と共にある」ことによってのみ可能となろう。

その意味でも、二〇一六年八月八日に明仁天皇が国民に伝えた「おことば」の最後の一文は、二一世紀にあって「象徴天皇制とは何か」とともに、「立憲君主制とは何か」をも明確に示してくれるものなのかもしれない。

国民の理解を得られることを、切に願っています。

おわりに

絶対君主であれ、立憲君主であれ、王は王である。両者の唯一の違いは、前者が無限の力を持つのに対し、後者が憲法によって力を規定されていることだろう。しかし、王の役割というものが、大統領の職務と同様に、憲法に記されたことに限られていると考えるものがあったら、それは間違いだ。王の役割は、憲法による規定をはるかに超えたものなのである。(1)

これはペラ州の第三四代スルタンにして、マレーシア王国の第九代国王（在位一九八九〜九四年）も務めたアズラン・シャー（一九二八〜二〇一四）の言葉である。イギリスのノッティンガム大学で法律学の学位を取得した彼は、西欧流の立憲君主制も肌で知っていたし、自らもまた立憲君主であった。その彼でさえ、「王の役割」というものが、憲法の条文などを超えた「なにか」であることを痛切に感じていたのかもしれない。

おもえば君主というものは、古今東西を問わず、絶対君主であれ、立憲君主であれ、「名君」と呼ばれるだけの人物たちは、みな一様に粉骨砕身の思いで君臨し、統治にあたっていたのではないだろうか。

清王朝下の中華帝国に最盛期を築いたひとり雍正《ようせい》帝（在位一七二二〜三五年）は、その居室の入口に「爲君難（君主たるは難《かた》いかな）」の三字の額を掲げ、両側の柱には「原以一人治天下（天下が治まるか治まらぬかは、われ一人の責任である）」と「不以天下奉一人（われ一人のために天下を苦労させることはしたくない）」という対句を選んで飾らせていたという[2]。世界史上における絶対君主の代表格ともいうべき中華皇帝でさえ、いやそれだからこそ、私心を忘れ、民のため、天下のために、日夜努力を続けていたのかもしれない。

その点では、本書でこれまで紹介してきた、西欧や北欧の立憲君主たちとも変わりはないのだ。一九七九（昭和五四）年の記者会見の席で、当時皇太子だった明仁天皇は次のように述べている。「基本的には日本も外国の王室も国民の幸福を願うということにおいては変わりはないと思います[3]」。こうした信念を強く持っていたのは、皇太子時代に、養育係の小泉信三とともに『ジョオジ五世伝』を精読し、イギリスにおける立憲君主の先達ともいうべき「名君」の生涯に感動したためであり、それゆえ自らも「象徴天皇」としての務めに邁進したのではないだろうか。

「天皇の退位等に関する皇室典範特例法」が成立し、退位の日程も正式に決まったのちに初めて行われた天皇誕生日の記者会見（二〇一七年一二月二〇日）の席で、明仁天皇はこう語った。「残された日々、象徴としての務めを果たしながら、次の時代への継承に向けた準備を、関係する人々と共に行っていきたいと思います[4]」。この時点で、予定された退位の日程（二〇一九年四月三〇日）まで一年四ヵ月ほどを残していることになるが、その最後の日まで、象徴天皇としての明仁天皇の「務め」は終わらないのである。

第一章でも紹介したとおり（四四頁）、明仁天皇とともに『ジョオジ五世伝』を講読した小泉信三は「よく英国王は『君臨すれども統治せず』（The King reigns but does not govern.）といわれるが、もしもジョオジ五世もまたそうであったとすれば、君臨（reign）するということは、実に並み大抵のことでないことを知るのである」といみじくも述べている[5]。亡き小泉が、現在の明仁天皇の姿を見ることができたとしたら、これと同じ感慨を懐くのではないだろうか。

著者は、もともとは一九世紀を中心とするイギリス議会政治、とりわけ貴族政治のあり方などについて大学院時代に研究を開始した。ところが研究を進めていくうちに、いわゆる「君臨すれども統治せず」のはずのイギリス君主が、ヴィクトリア女王を筆頭に実に「統治」にも深く関わっている姿を史料から目の当たりにした。ここから君主制についての本格的な探究が始まった。

そしてこのたび、『立憲君主制の現在』と題する著作を執筆するにあたり、これまでの碩学たちによる数々の研究にあらためて触れる機会を得た。特に示唆を与えられたのは、本書でもたびたび登場した、カール・レーヴェンシュタインの『君主制』（一九五二年刊）である。この本が世に出てからの六五年以上のあいだに、現代世界も君主制も大きな変化を見せたかもしれないが、「君主制の本質」を論じたこの本の中核部分はいまだに不滅の光彩を放っているといっても過言ではないであろう。

なお、この『君主制』以後に刊行された、国内外の数々の研究にももちろん助けられた。詳細は巻末の註を参照していただきたい。

また、本書とほぼ時を同じくして刊行される予定となっている『現代世界の陛下たち――デモクラシーと王室・皇室（仮題）』（ミネルヴァ書房）でご一緒させていただいた、水島治郎、細田晴子、松尾秀哉、櫻田智恵、原武史、宇野重規の各先生方と、本書の原稿に関して種々のご教示を頂いた岡本隆司先生には特に感謝したい。

さらに、本書の企画・立案にあたり最もお世話になったのは、新潮選書編集部の三辺直太氏である。氏の構想力と温かい励ましがなければ本書は完成できなかった。記して謝辞を呈したい。

そして、いつも著者の執筆活動を見守ってくれている家族にも感謝したい。

本書で扱った「君主制」という制度は、レーヴェンシュタインが述べたとおり、人類の有する制度のなかで最も古く、恒久性があり、それゆえ最も光栄ある制度のひとつである。いまや王様や女王様など時代錯誤であるという意見もあるかもしれない。しかし二一世紀に入ってから混迷を深める国際情勢を見るにつけても、必ずしも君主国のほうが「古くさい」「不安定な」状況にあるとはいいがたい。むしろ君主制とは最も古くて最も新しい制度ではないだろうか。

本書が、戦後日本の象徴天皇制はもとより、ひろく立憲君主制全体を二一世紀の今日《こんにち》においてとらえなおす一助になってくれればと念じる次第である。

BBCでのテレビ初放映から六〇周年をむかえた
エリザベス女王のクリスマス・メッセージを視聴しながら

二〇一七年一二月二六日　　君塚直隆

註

はじめに

（1）H. G. Wells, *In the Fourth Year: Anticipations of a World Peace* (Chatto & Windus, 1918), pp. 95–97.
（2）H. G. Wells, *Experiment in Autobiography* (Macmillan, 1934), p. 28.
（3）Wells, *In the Fourth Year*, p. 90.
（4）Walter Millis, ed. *The Forrestal Diaries* (The Viking Press, 1951), p. 80: 29th July 1945.
（5）カール・レーヴェンシュタイン（秋元律郎・佐藤慶幸訳）『君主制』（みすず書房、一九五七年）、第二章。
（6）たとえば、高柳賢三『天皇・憲法第九條』（有紀書房、一九六三年）、第一章「象徴の元首・天皇」などを参照されたい。

第一章

（1）カール・レーヴェンシュタイン（秋元律郎・佐藤慶幸訳）『君主制』（みすず書房、一九五七年）、一九頁。
（2）神聖ローマ帝国のしくみについては、ピーター・H・ウィルスン（山本文彦訳）『神聖ローマ帝国1495-1806』（岩波書店、二〇〇五年）を参照されたい。
（3）レーヴェンシュタイン前掲訳書、二二～二四頁。
（4）同書、二七～四五頁。
（5）同書、四五～四八頁。
（6）同書、七八頁。
（7）下條芳明『象徴君主制憲法の20世紀的展開』（東信堂、二〇〇五年）。
（8）同書、一四～一五頁。
（9）宮沢俊義「王冠のゆくえ―君主制の運命」（同『神々の復活』読売新聞社、一九五五年）、七二頁。

(10) トーマス・ペイン（小松春雄訳）『コモン・センス（他三篇）』（岩波文庫、一九七六年）、二七～三五頁。
(11) Antony Taylor, *'Down with the Crown': British Anti-monarchism and Debates about Royalty since 1790* (Reaktion Books, 1999), pp. 52-78.
(12) アンドリュー・カーネギー（坂西志保訳）『カーネギー自伝』（中公文庫、二〇〇二年）、二一〇頁。
(13) 一八九〇年九月にスコットランド東部のダンディーで行った演説（Taylor, *op. cit.*, p. 120）。
(14) 君塚直隆『ヴィクトリア女王』（中公新書、二〇〇七年）、第Ⅲ章を参照されたい。
(15) Taylor, *op. cit.*, pp. 63-64.
(16) 佐藤功『君主制の研究―比較憲法的考察』（日本評論新社、一九五七年）、一八六～一九一頁。なお、コンスタンについては、堤林剣『コンスタンの思想世界』（創文社、二〇〇九年）が詳しい。
(17) ウォルター・バジョット（小松春雄訳）『イギリス憲政論』（中公クラシックス、二〇一一年）、四七～四八頁。なお、憲法（国制）における「威厳をもった部分」と「機能する部分」については、同書、七頁を参照されたい。
(18) 同書、四八～六六頁。
(19) 同書、九二～九三頁。
(20) レーヴェンシュタイン前掲訳書、五四頁。
(21) Ernest Barker, *Essays on Government* (Clarendon Press, 1951), p. 6（佐藤前掲書、一二四頁）.
(22) 福澤諭吉『帝室論』（小泉信三『ジョオジ五世伝と帝室論』文藝春秋、一九八九年、所収）、一四四頁。
(23) 同書、一一一～一一三頁。
(24) 同書、一一五頁。
(25) 同書、一一三頁。
(26) 同書、一三三頁。
(27) 同書、一三四～一三六頁。

(28) 高橋紘『人間 昭和天皇』（上巻、講談社、二〇一一年）、一九一頁。なお、昭和天皇の皇太子時代の訪欧については、波多野勝『裕仁皇太子ヨーロッパ外遊記』（草思社、一九九八年）が詳しい。

(29) 佐道明広「『皇室外交』に見る皇室と政治―日本外交における『象徴』の意味―」（『年報 近代日本研究20 宮中・皇室と政治』山川出版社、一九九八年）、二二四頁。

(30) 小泉前掲書、一六頁。

(31) 同書、一九～二〇頁。

(32) 同書、六八頁。

(33) 高柳賢三『天皇・憲法第九條』（有紀書房、一九六三年）、一八頁。

(34) 同書、二五頁。

(35) 同書、三一、二六頁。

(36) 同書、三五頁。

(37) 同書、三七頁。なお、同じく英米法の末延三次も、当時の西ドイツやイタリアの大統領について以下のように述べている。「大統領はもちろん超党派的であるとされている。しかし大統領に選ばれる人はたいてい政界の長老であり、従って多かれ少かれある政党色を帯びるのである」（末延三次「イギリスの国王」『比較法研究』第一一号、一九五七年、一三頁）。

(38) Barker, *op. cit.*, p. 1（佐藤前掲書、四頁）

第二章

(1) Bassil A. Mardelli, *A King Oppressed: The Story of Farouk of Egypt* (CreateSpace, 2015), p. 472.

(2) Harold Nicolson, *King George the Fifth: His Life and Reign* (Constable, 1952), p. 106.

(3) カール・レーヴェンシュタイン（秋元律郎・佐藤慶幸訳）『君主制』（みすず書房、一九五七年）、一三頁。

(4) 本章と次章のイギリス史に関わる概要は、君塚直隆『物語 イギリスの歴史』（上下巻、中公新書、二〇一五年）に主に基づいている。詳細はこちらを参照されたい。なお、本章と次章では、特に必要と思われる部分に註をつけ、出典を明らかにしてある。

（5）J. R. Maddicott, *The Origins of the English Parliament 924-1327* (Oxford University Press, 2012), pp. 49-51.

（6）Mark Hagger, *William: King and Conqueror* (I. B. Tauris, 2012), p. 86.

（7）Maddicott, *op. cit.*, p. 75.

（8）Daniel Power, "King John and the Norman Aristocracy," in S. D. Church ed., *King John: New Interpretations* (Boydell Press, 2003), p. 121.

（9）Maddicott, *op. cit.*, pp. 106-114; Nicholas Vincent, *Magna Carta* (Oxford University Press, 2012).

（10）Maddicott, *op. cit.*, pp. 160-161.

（11）Christopher Given-Wilson, "The House of Lords, 1307-1529" in Clyve Jones, ed., *A Short History of Parliament* (Boydell Press, 2012), p. 16; Simon Payling, "The House of Commons, 1307-1529" in *ibid.*, pp. 75-76.

（12）Maddicott, *op. cit.*, pp. 386-389, 394-402, 421-423.

（13）John Guy, *The Tudors* (Oxford University Press, 2000), pp. 19-20.

（14）Alasdair Hawkyard, "The House of Commons, 1529-1601" in Jones, ed., *op. cit.*, pp. 88-90.

（15）Graham E. Seel & David L. Smith, *Crown and Parliaments 1558-1689* (Cambridge University Press, 2001), pp. 39-40.

（16）*Ibid.*, p. 47; Irene Carrier, *James VI and I: King of Great Britain* (Cambridge University Press, 1998), pp. 75-76.

（17）こうした視点からの最新の成果として、岩井淳『ピューリタン革命の世界史―国際関係のなかの千年王国論』（ミネルヴァ書房、二〇一五年）を特に参照されたい。

（18）John Morrill, *Oliver Cromwell* (Oxford University Press, 2007), pp. 90-91; Patrick Little, ed., *Oliver Crom-*

well: New Perspectives（Palgrave Macmillan, 2008）, pp. 10, 195–196; Jonathan Fitzgibbons, “Hereditary Succession and the Cromwellian Protectorate: The Offer of the Crown Reconsidered,” *English Historical Review*, vol. CXXVIII, no. 534, 2013, pp. 1095–1128.

（19） Seel & Smith, *op. cit.*, p. 75.

（20） W. A. Speck, *Reluctant Revolutionaries: Englishmen and the Revolution of 1688*（Oxford University Press, 1988）, p. 246.

（21） Paul Langford, *Eighteenth-Century Britain*（Oxford University Press, 2000）, p. 3.

（22） Jeremy Black, *Politics and Foreign Policy in the Age of George I, 1714–1727*（Ashgate, 2014）, pp. 27–32.

（23） John Cannon, *George III*（Oxford University Press, 2007）, pp. 105, 112; Langford, *op. cit.*, p. 88.

（24） チャーティスト運動については、古賀秀男『チャーティスト運動―大衆政治運動の先駆』（教育社歴史新書、一九八〇年）を参照されたい。

（25） Philip Salmon, “The House of Commons, 1801–1911” in Jones, ed., *op. cit.*, p. 255.

（26） 君塚直隆『イギリス二大政党制への道―後継首相の決定と「長老政治家」』（有斐閣、一九九八年）、一五九～一六〇頁。また、佐喜真望『イギリス労働運動と議会主義―リブ＝ラブ主義からプログレッシヴィズムへ』（御茶の水書房、二〇〇七年）も参照されたい。

第三章

（1） 平岡敏夫編『漱石日記』（岩波文庫、一九九〇年）、三〇～三一頁。なお原文では「昨夜六時半女皇死去す」以降の文章はすべて英文で書かれている。

（2） 同書、三三～三四頁。

（3） Christopher Harvie & H. C. G. Matthew, *Nineteenth-Century Britain*（Oxford University Press, 2000）, pp. 55, 108.

（4）この点については、君塚直隆『ベル・エポックの国際政治──エドワード七世と古典外交の時代』（中央公論新社、二〇一二年）を参照されたい。
（5）ジョージ五世の評伝としては、第一章でも紹介した、Harold Nicolson, *King George the Fifth: His Life and Reign* (Constable, 1952) のほかに、Kenneth Rose, *King George V* (Phoenix Press, 2000)、David Cannadine, *George V: The Unexpected King* (Allen Lane, 2014)、君塚直隆『ジョージ五世──大衆民主政治時代の君主』（日経プレミアシリーズ、二〇一一年）などがある。
（6）George V Papers, The Royal Archives, Windsor Castle, RA GV/PRIV/AA3: George's note, Mar. 1894. 王室文書館の史料については、エリザベス二世女王陛下より閲覧・使用の許可をいただいている。記して感謝したい。
（7）小泉信三『ジョオジ五世伝と帝室論』（文藝春秋、一九八九年）、二〇頁。
（8）『昭和天皇実録　第三』（東京書籍、二〇一五年）、一八〇頁。
（9）この点については、伊藤之雄『昭和天皇伝』（文春文庫、二〇一四年）、一〇六～一〇八頁でも指摘されている。
（10）原奎一郎編『原敬日記』第五巻（福村出版、一九八一年）、四四九頁。大正一〇年九月二〇日。
（11）ウォルター・バジョット（小松春雄訳）『イギリス憲政論』（中公クラシックス、二〇一一年）、一〇四～一〇五頁。
（12）Frank Prochaska, *The Republic of Britain 1760 to 2000* (Allen Lane, 2000), pp. 165–166; Peter Galloway, *The Order of the British Empire* (Spink & Son, 1996).
（13）Cannadine, *op. cit.*, p. 64.
（14）君塚直隆『女王陛下のブルーリボン──英国勲章外交史』（中公文庫、二〇一四年）、第四章、君塚直隆『女王陛下の影法師』（筑摩書房、二〇〇七年）、一三七～一四〇頁。
（15）Balfour Papers, The British Library, Add. MSS 49686, ff. 128–131: Lord Stamfordham to Balfour 22 Jul.

1918. なお一九九〇年代までは、ニコライ二世のイギリスへの亡命を受け入れたかったジョージ五世が、これに反対するロイド＝ジョージ政権に押し切られて断念したとするのが通説であった。これを新史料に基づいて、むしろロイド＝ジョージ政権がロシア皇帝の亡命を受け入れてはとジョージ五世に打診し、国王がこれを拒否したと指摘するのがローズである（Rose, *op. cit.*, pp. 211-218）。

（16） Harvie & Matthew, *op. cit.*, p. 101; William Frame, "The House of Lords, 1911-49" in Clyve Jones, ed., *A Short History of Parliament* (Boydell Press, 2012), p. 214; F. M. L. Thompson, *English Landed Society in the Nineteenth Century* (Routledge & Kegan Paul, 1963), p. 330.

（17） Antony Taylor, *'Down with the Crown': British Anti-monarchism and Debates about Royalty since 1790* (Reaktion Books, 1999), p. 212.

（18） *Ibid.*, p. 215.

（19） George V Papers, RA GV/PRIV/GVD/1924: The King's Diary, 22 Jan. 1924.

（20） G. E. Buckle, ed., *The Letters of Queen Victoria*, 2nd series, 3 vols., vol. 3 (John Murray, 1928), p. 166: The Queen to W. E. Forster, 25 Dec. 1880.

（21） Margaret Cole, ed., *Beatrice Webb's Diaries 1924-1932* (Longmans, Green and Co, 1956), pp. 1-2, 199.

（22） 君塚直隆『イギリス二大政党制への道—後継首相の決定と「長老政治家」』（有斐閣、一九九八年）、一九一〜一九六頁。

（23） Harold Laski, *Parliamentary Government in England* (Viking Press, 1938), p. 403.

（24） MacDonald Papers, The National Archives, PRO 30/69/627: Wigram's Memorandum, 24 Aug. 1931.

（25） Rose, *op. cit.*, p. 382.

（26） George V Papers, RA GV/PRIV/GVD/1901: The Prince of Wales's Diary, 18 Jul. 1901.

（27） Kenneth O. Morgan, *Twentieth-Century Britain* (Oxford University Press, 2000), pp. 29-30, 37; Cannadine, *op. cit.*, pp. 74-75; 水谷三公『イギリス王室とメディア—エドワード大衆王とその時代』（筑摩書房、一九九五年）、

第二章。
（28） Duke of Windsor, *A King's Story: The Memoirs of The Duke of Windsor* (Prion Books, 1998), p. 136.
（29） 君塚『イギリス二大政党制への道』、二〇一～二〇三頁。
（30） 同書、二〇三～二〇六頁。貴族法については、Peter Dorey, "The House of Lords since 1949" in Jones, ed., *op. cit.*, pp. 244-246; Chris Ballinger, *The House of Lords 1911-2011: A Century of Non-Reform* (Hart Publishing, 2014), chapters 4 & 7を参照されたい。なお、イギリスにおいては、君主は例外として、貴族院では貴族院議員のみが、庶民院では庶民院議員のみが発言を許される。
（31） 君塚『イギリス二大政党制への道』、二〇六～二〇七頁。
（32） Douglas Hurd, *Elizabeth II: The Steadfast* (Allen Lane, 2015), p. 89. なお、エリザベス二世の評伝としてはこれ以外に以下のものも参照されたい。Sarah Bradford, *Elizabeth: A Biography of Britain's Queen* (Riverhead Trade, 1997); Ben Pimlott, *The Queen: A Biography of Elizabeth II* (John Wiley & Son, 1997); Robert Lacey, *Royal: Her Majesty Queen Elizabeth II* (Time Warner, 2002); Carolly Erickson, *Lillibet: An Intimate Portrait of Queen Elizabeth II* (St. Martin's Griffin, 2004); Sally Bedell Smith, *Elizabeth: The Queen* (Penguin Books, 2012).
（33） 君塚直隆『女王陛下の外交戦略―エリザベス二世と「三つのサークル」』（講談社、二〇〇八年）、一五四～一五九頁、Foreign and Commonwealth Office Papers, The National Archives, FCO 68/550 f. 1: Sir Martin Charteris to Robert Armstrong, 29 Dec. 1972.
（34） 君塚『女王陛下の外交戦略』、一九五頁、*Hansard's Parliamentary Debates: The House of Commons*, vol. 520, c. 1913: "Her Majesty's Commonwealth Tour" 19 Nov. 1953.
（35） Peter Spearritt, "Royal Progress: The Queen and her Australian Subjects," *Australian Cultural History*, No. 5, 1986, p. 8.
（36） 高柳賢三『天皇・憲法第九條』（有紀書房、一九六三年）、三一頁。なお、コモンウェルスの成立とその後の歴史については、小川浩之『英連邦―王冠への忠誠と自由な連合』（中公叢書、二〇一二年）が最も詳しい。

（37） Cabinet Office Papers, The National Archives, CAB 127/344: Clement Attlee to Jawaharlal Nehru, 20 Mar. 1949; https://www.royal.uk/christmas-broadcast-1953.

（38） 君塚『女王陛下の外交戦略』、一六二～一七九頁。

（39） James Callaghan, *Time and Chance* (HarperCollins, 1987), p. 382.

（40） John Major, *The Autobiography* (HarperCollins, 1999), p. 508.

（41） Lacey, *op. cit.*, chapter 31; Bedell Smith, *op. cit.*, chapter 17; 君塚『女王陛下の影法師』、二五四～二六〇頁。

（42） Clyve Jones, "Post-Devolution Legislatures" in Jones, ed., *op. cit.*, pp. 358-362.

（43） カール・レーヴェンシュタイン（秋元律郎・佐藤慶幸訳）『君主制』（みすず書房、一九五七年）、二二頁、四五頁。

第四章

（1） Winston Churchill, "King George VI: The Prime Minister's Tribute," *The Listener*, vol. XLVII, no. 1198, 14 February 1952, p. 248.

（2） カール・レーヴェンシュタイン（秋元律郎・佐藤慶幸訳）『君主制』（みすず書房、一九五七年）、七九頁。

（3） 同書、八〇～一〇一頁。

（4） Ian Bradley, *God save the Queen: The Spiritual Heart of the Monarchy* (Continuum, 2012), p. 81.

（5） Ibid., pp. 85-87. なおこの点については、マルク・ブロック（井上泰男・渡邊昌美訳）『王の奇跡―王権の超自然的性格に関する研究　特にフランスとイギリスの場合』（刀水書房、一九九八年）、エルンスト・カントーロヴィチ（小林公訳）『王の二つの身体』（上下巻、ちくま学芸文庫、二〇〇三年）なども参照されたい。

（6） 佐藤功『君主制の研究―比較憲法的考察』（日本評論社、一九五七年）、一〇四～一〇五頁。

（7） The Sovereign Grant and Sovereign Grant Reserve, *Annual Report and Accounts 2016-17* (House of

Commons, June 2017), pp. 3-4.

（8） レーヴェンシュタイン前掲訳書、五四頁。なお、近年のイギリス立憲君主制に関する研究としては、ヴァーノン・ボグダナー（小室輝久・笹川隆太郎・R. ハルバーシュタット訳）『英国の立憲君主政』（木鐸社、二〇〇三年）が優れている。

（9） Margaret Thatcher, *The Downing Street Years* (HarperCollins, 1993), p. 18.

（10） John Major, *The Autobiography* (HarperCollins, 1999), p. 508.

（11） Tony Blair, *A Journey* (Arrow Books, 2011). なお、ブレア政権時代の分析として優れた研究に、細谷雄一『倫理的な戦争―トニー・ブレアの栄光と挫折』（慶應義塾大学出版会、二〇〇九年）がある。

（12） この問題については、後藤致人『内奏―天皇と政治の近現代』（中公新書、二〇一〇年）を参照されたい。

（13） この問題については、君塚直隆『女王陛下のブルーリボン―英国勲章外交史』（中公文庫、二〇一四年）を参照されたい。

（14） Bradley, *op. cit.*, pp. 189, 224.

（15） Frank Prochaska, *Royal Bounty: The Making of a Welfare Monarchy* (Yale University Press, 1995), p. 80; 金澤周作『チャリティとイギリス近代』（京都大学学術出版会、二〇〇八年）、一八七～一九一頁。

（16） Duke of Windsor, *A King's Story: The Memoirs of The Duke of Windsor* (Prion Books, 1998), p. 210.

（17） レーヴェンシュタイン前掲訳書、一五五頁。

（18） "King of impoverished Swaziland increases household budget to $61m," *The Gardian*, 14 May 2014.

（19） *Annual Report and Accounts 2016-17*, p. 2.

（20） Antony Taylor, *'Down with the Crown': British Anti-monarchism and Debates about Royalty since 1790* (Reaktion Books, 1999), pp. 136-159.

（21） レーヴェンシュタイン前掲訳書、五八頁。

（22） David Estep, "Losing Jewels from the Crown: Considering the future of the Monarchy in Australia and

Canada," *Temple International and Comparative Law Journal*, vol. 7-2, 1993, p. 233.

(23) Claudio Kullmann, "Attitudes towards the Monarchy in Australia and New Zealand Compared," *Commonwealth and Comparative Politics*, vol. 46-4, 2008, pp. 443-445.

(24) 佐藤前掲書、一一六〜一一七頁。

(25) Kullmann, op. cit., pp. 445-446.

(26) Estep, op. cit., pp. 237-240.

(27) Stephen Constantine, "Monarchy and Constructing Identity in 'British' Gibraltar, c. 1800 to the Present," *Journal of Imperial and Commonwealth History*, vol. 34-1, 2006, pp. 23-44; Klaus Dodds, David Lambert & Bridget Robison, "Loyalty and Royalty: Gibraltar, the 1953-54 Royal Tour and the Geopolitics of the Iberian Peninsula," *Twentieth Century British History*, vol. 18-3, 2007, pp. 365-390.

(28) 小林章夫『スコットランドの聖なる石—ひとつの国が消えたとき』（ＮＨＫブックス、二〇〇一年）を参照されたい。

(29) Bradley, *op. cit.*, p. 259.

(30) Herbert Morrison, *An Autobiography* (Odhams Press, 1960), p. 105.

第五章

(1) Lord David Cecil, "The Reigning Royalty of Europe: In a Democratic Era, They Survive by Serving it," *Life*, vol. 42-24, 1957, p. 60.

(2) カール・レーヴェンシュタイン（秋元律郎・佐藤慶幸訳）『君主制』（みすず書房、一九五七年）、六三頁。

(3) International Monetary Fund, "Report for Selected Countries and Subjects". Accessed on 4 Sep. 2017.

(4) 佐藤功『君主制の研究—比較憲法的考察』（日本評論新社、一九五七年）、二六九〜二七一頁より引用。

(5) 本章の北欧に関する歴史は、百瀬宏・熊野聡・村井誠人編『北欧史』（山川出版社、一九九八年）を主に参照した（以下、『北欧史』と略記）。また、この時代の国際政治史については、君塚直隆『近代ヨーロッパ国際政治史』（有斐閣、二〇一〇年）を参照されたい。

（6）小林麻衣子『近世スコットランドの王権―ジェイムズ六世と「君主の鑑」―』（ミネルヴァ書房、二〇一四年）、七八頁。

（7）『北欧史』、一五三～一五四頁。

（8）佐藤前掲書、二九〇頁。カナダの歴史家ジェームズ・ショットウェルの言葉。

（9）『北欧史』、二一四頁。

（10）オロフ・ペタション（岡沢憲芙監訳）『北欧の政治』（早稲田大学出版部、二〇〇三年）、第3章。

（11）『北欧史』、三四四頁。

（12）Trond Norén Isaksen, "Danes at War," *Majesty*, vol. 36-4, 2015, pp. 20-24.

（13）桜田美津夫『物語　オランダの歴史』（中公新書、二〇一七年）、二三七頁。

（14）レーヴェンシュタイン前掲訳書、六三頁。

（15）Trond Norén Isaksen, "Disinherited Heir," *Majesty*, vol. 36-2, 2015, pp. 34-39.

（16）http://kongehuset.dk/en/the-monarchy-in-denmark/the-monarchy-today.

（17）ヴァーノン・ボグダナー（小室輝久・笹川隆太郎・R．ハルバーシュタット訳）『英国の立憲君主政』（木鐸社、二〇〇三年）、一八二頁。

（18）同書、一八四～一八五頁。

（19）『北欧史』、二七九～二八二頁。

（20）佐藤前掲書、二八〇頁より引用。

（21）『北欧史』、三一一～三一三頁。

（22）Coryne Hall, "Their Darkest Hour," *Majesty*, vol. 30-12, 2009, pp. 26-31.

（23）http://www.royalcourt.no/seksjon.html?tid=27679&sek=27258. なお、ノルウェー現代政治については、岡

沢憲芙・奥島孝康編『ノルウェーの政治—独自路線の選択』（早稲田大学出版部、二〇〇四年）を参照されたい。

(24) 下條芳明『象徴君主制憲法の20世紀的展開』（東信堂、二〇〇五年）、六九頁。

(25) 同書、四三頁。なお、スウェーデン現代政治については、以下の著作群を参照されたい。岡沢憲芙『スウェーデン現代政治』（東京大学出版会、一九八八年）、岡沢憲芙・奥島孝康編『スウェーデンの政治—デモクラシーの実験室』（早稲田大学出版部、一九九四年）、スティーグ・ハデニウス（岡沢憲芙監訳）『スウェーデン現代政治史—対立とコンセンサスの20世紀』（早稲田大学出版部、二〇〇〇年）、岡沢憲芙『スウェーデンの政治—実験国家の合意形成型政治』（東京大学出版会、二〇〇九年）。

(26) 下條前掲書、四四頁。

(27) 同書、四五頁。

(28) 同書、四六頁。

(29) Trond Norén Isaksen, "Bernadotte vs. Hitler," *Majesty*, vol. 36-9, 2015, pp. 28-32.

(30) 下條前掲書、五二〜五七頁。

(31) 佐藤功「スウェーデンの象徴君主制——一つの覚え書——」『上智法学論集』第二四巻三号、一九八一年、一六〇頁。

(32) http://www.kungahuset.se/royalcourt/monarchytheroyalcourt/dutiesofthemonarch.4.396160511584257f218000302.html. 下條前掲書、七七〜八三頁。なお、スウェーデン国王にも「栄典の授与」を行う権能がいまだに備わっているが、現在は勲章《オーダー》は王族と外国人のみが授与の対象となり、国民に対しては記章《メダル》が与えられている。

(33) 同書、七八〜八〇頁。

(34) レーヴェンシュタイン前掲訳書、五四頁、下條前掲書、八五頁。

(35) http://www.kungahuset.se/royalcourt/royalfamily/hmkingcarlxvigustaf/speeches/hmspeeches/hmthekingschristmasspeech2016

(36) 下條前掲書、一〇一〜一〇七頁。
(37) レーヴェンシュタイン前掲訳書、九六〜九七頁。

第六章

(1) 松尾秀哉「君主を戴く共和国─ベルギー国王とデモクラシーの紆余曲折」(水島治郎・君塚直隆編『現代世界の陛下たち─デモクラシーと王室・皇室(仮題)』ミネルヴァ書房、二〇一八年刊行予定、第四章)より引用。
(2) 松尾秀哉『物語 ベルギーの歴史』(中公新書、二〇一四年)、二〇三〜二〇四頁。
(3) ベネルクス三国の歴史については、森田安一編『スイス・ベネルクス史』(山川出版社、一九九八年)を主に参照した(以下、『スイス・ベネルクス史』と略記)。
(4) 商業大国としてのオランダについては、玉木俊明『近代ヨーロッパの誕生─オランダからイギリスへ』(講談社選書メチエ、二〇〇九年)、玉木俊明『ヨーロッパ覇権史』(ちくま新書、二〇一五年)などを参照されたい。
(5) 桜田美津夫『物語 オランダの歴史』(中公新書、二〇一七年)、一七五〜一七七頁。
(6) 松尾『物語 ベルギーの歴史』、三一〜三二頁。また、ベルギーの独立を決定したロンドン会議については、君塚直隆『パクス・ブリタニカのイギリス外交─パーマストンと会議外交の時代』(有斐閣、二〇〇六年)、第一章を参照されたい。
(7) 桜田前掲書、一八四頁。
(8) 同書、一九二頁。
(9)『スイス・ベネルクス史』、三一六頁、岸本由子「オランダ型議院内閣制の起源─議会内多数派と政府との相互自律性」『國家學會雜誌』第一二二巻七・八号、二〇〇九年、一〇二四〜一〇七八頁。
(10) 桜田前掲書、二〇八頁。
(11) 水島治郎「時代の流れに沿って─オランダにおける王室の展開」(水島・君塚前掲編書)、第三章。
(12) Sarah Bradford, *George VI* (Penguin Books, 1989), p. 417; R. R. James, *A Spirit Undaunted: The Political*

Role of George VI (Abacus, 1999), p. 197.
(13) Coryne Hall, “Queen of the Netherlands,” *Majesty*, vol. 34-2, 2013, pp. 30-32.
(14) Coryne Hall, “Their Darkest Hour,” *Majesty*, vol. 30-12, 2009, p. 31.
(15) 水島前掲、桜田前掲書、二三六～二四〇頁。
(16) 水島前掲。
(17) Foreign Office Papers, The National Archives, FO 371/60193, 2753/3/29: Sir Neville Bland to Ernest Bevin, 25 Jan. 1946.
(18) 桜田前掲書、二六四～二六七頁。
(19) https://www.royal-house.nl/topics/role-of-the-head-of-state. なお、第二次大戦後のオランダ政治については、水島治郎『戦後オランダの政治構造』（東京大学出版会、二〇〇一年）、水島治郎『反転する福祉国家』（岩波書店、二〇一二年）を参照されたい。
(20) 『スイス・ベネルクス史』、四〇四～四〇八頁。
(21) 君塚直隆「イギリス政府とルクセンブルクの中立化―第三次ダービ内閣とイギリス不干渉外交の維持―」『紀尾井史学』第一六号、一九九六年、一三～二八頁を参照されたい。
(22) 『スイス・ベネルクス史』、四三六頁。
(23) Hall, “Their Darkest Hour,” pp. 29-31.
(24) Coryne Hall, “The Grand Duke,” *Majesty*, vol. 32-2, 2011, pp. 20-25.
(25) International Monetary Fund, “Report for Selected Countries and Subjects”. Accessed on 4 Sep. 2017.
(26) http://www.monarchie.lu/fr/chef-etat/index.html.
(27) 『スイス・ベネルクス史』、三八〇～三八一頁。
(28) 同書、三八八～三九二頁、Ian Lloyd, “Reign of Terror,” *Majesty*, vol. 30-12, 2009, pp. 46-50.
(29) 『スイス・ベネルクス史』、四〇〇頁、松尾『物語　ベルギーの歴史』、六八～七〇頁。

(30) 松尾同書、八九頁。
(31) 同書、九二頁。
(32) 同書、九四〜九六頁。
(33) 『スイス・ベネルクス史』、四二一頁、松尾『物語 ベルギーの歴史』、九七頁。
(34) 松尾同書、一〇二〜一一三頁。
(35) *Hansard's Parliamentary Debates, The House of Commons*, vol. 361, c. 789: "War Situation", 4 Jun. 1940.
(36) 松尾『物語 ベルギーの歴史』、一一五頁。
(37) 松尾「君主を戴く共和国」。
(38) カール・レーヴェンシュタイン(秋元律郎・佐藤慶幸訳)『君主制』(みすず書房、一九五七年)、七六頁。
(39) https://www.monarchie.be/en/monarchy/royal-office.
(40) 戦後のベルギー政治については、松尾秀哉『ベルギー分裂危機—その政治的起源』(明石書店、二〇一〇年)、松尾秀哉『連邦国家 ベルギー—繰り返される分裂危機』(吉田書店、二〇一五年)を参照。
(41) 松尾『物語 ベルギーの歴史』、一六五〜一七九頁。
(42) 同書、四六〜四七頁。

第七章

(1) サミュエル・ハンチントン(内山秀夫訳)『変革期社会の政治秩序』(上巻、サイマル出版会、一九七二年)、一八三〜一八四頁。
(2) モロッコの君主制については、白谷望『君主制と民主主義—モロッコの政治とイスラームの現代』(風響社、二〇一五年)が詳しい。
(3) カール・レーヴェンシュタイン(秋元律郎・佐藤慶幸訳)『君主制』(みすず書房、一九五七年)、八〇〜一〇一頁。

(4) Sreeram Chaulia, "Monarchies in Asia: Crowns Die Hard," *Opinion Asia*, June 11 2008.
(5) Pavin Chachavalpongpun, "Monarchies in Southeast Asia," *Kyoto Review of Southeast Asia*, Issue 13 (March 2013). 日本語版の論稿もネット (https://kyotoreview.org/issue-13/monarchies-in-southeast-asia/) で参照した。
(6) Robert Prentice, "End of the Line ?," *Majesty*, vol. 29-4, 2008, pp. 38-42.
(7) Chaulia, op. cit.
(8) 柿崎一郎『物語 タイの歴史』(中公新書、二〇〇七年)、一一四～一四四頁。
(9) Thongchai Winichakul, "Toppling Democracy," *Journal of Contemporary Asia*, vol. 38-1, 2008, p. 21.
(10) Ibid., p. 20; 柿崎前掲書、二一七～二一九頁。
(11) 玉田芳史「民主化と抵抗—新局面に入ったタイの政治」『国際問題』No. 625、二〇一三年、一八～一九頁。また、近年のタイ王政については、櫻田智恵「タイ：プーミポン前国王の幻影を乗り越えられるか」(水島治郎・君塚直隆編『現代世界の陛下たち—デモクラシーと王室・皇室(仮題)』ミネルヴァ書房、二〇一八年刊行予定、第五章)も参照されたい。
(12) Winichakul, op. cit., p. 20; Trond Norén Isaksen, "Exit the King," *Majesty*, vol. 37-12, 2016, p. 16.
(13) Chaulia, op. cit.; タイにおける軍の位置づけについては、柿崎前掲書、二三六～二三九頁。プーミポン国王に関する近年の研究としては、Paul Handley, *The King Never Smiles* (Yale University Press, 2006); Nicholas Grossman & Dominic Faulder, eds., *King Bhumibol Adulyadej: A Life's Work* (National University of Singapore, 2012) を参照されたい。なお、プーミポン国王自身は、「大王」の称号を辞退しているが、二〇一七年一〇月二六日に亡き王の火葬が営まれた後には、政府から再び「大王」の称号の追贈が正式になされるのではないかと思われる(櫻田智恵氏のご教示による)。
(14) Chaulia, op. cit.
(15) Winichakul, op. cit., p. 29; 柿崎前掲書、二六〇～二六一頁。

（16） Winichakul, op. cit., p. 28; 柿崎前掲書、二五三〜二六五頁。

（17） David Streckfuss, "The Future of the Monarchy in Thailand," *Kyoto Review of Southeast Asia*, Issue 13 (March 2013). 日本語版の論稿もネット（https://kyotoreview.org/issue-13/the-future-of-the-monarchy-in-thailand/）で参照した。タックシン派と反タックシン派との対立については、Thongchai Winichakul, "The Monarchy and Anti-Monarchy: Two Elephants in the Room of Thai Politics and the State of Denial," in Pavin Chachavalpongpun, ed., *"Good Coup" Gone Bad: Thailand's Political Developments since Thaksin's Downfall* (ISEAS Publishing, 2014）を参照されたい。

（18） *Forbes*, 29 April 2011.

（19） Winichakul, "Toppling Democracy", p. 28.

（20） Naimah S. Talib, "Brunei Darussalam: Royal Absolutism and the Modern State," *Kyoto Review of Southeast Asia*, Issue 13 (March 2013). 日本語版の論稿もネット（https://kyotoreview.org/issue-13/brunei-darussalam-royal-absolutism-and-the-modern-state/）で参照した。また、Naimah S. Talib, "A Resilient Monarchy: The Sultanate of Brunei and Regime Legitimacy in an Era of Democratic Nation-States," *New Zealand Journal of Asian Studies*, vol. 4-2, 2002, pp. 134-147 も参照されたい。

（21） Tsun Hang Tey, "Brunei's Revamped Constitution: The Sultan as the Grundnorm ?," *Australian Journal of Asian Law*, vol. 9, 2007, pp. 264-288. なお、「根本規範」とは、オーストリア出身の公法学者ハンス・ケルゼン（一八八一〜一九七三）が提唱した法理論である。

（22） Hj Mohd Yusop Hj Damit, "Brunei Darussalam: Towards a New Era," *Southeast Asian Affairs* 2007, pp. 105-106.

（23） *Forbes*, 29 April 2011.

（24） Chaulia, op. cit.; Talib, "A Resilient Monarchy," p. 135; International Monetary Fund, "Report for Selected Countries and Subjects". Accessed on 4 Sep. 2017.

(25) Hj Mohd Yusop Hj Damit, "Brunei Darussalam: Steady Ahead," *Southeast Asian Affairs 2004*, pp. 63-65.
(26) Talib, "A Resilient Monarchy," p. 145.
(27) Talib, "Brunei Darussalam," pp. 8-9.
(28) Ahmad Fauzi Abdul Hamid & Muhamad Takiyuddin Ismail, "The Monarchy in Malaysia: Struggling for Legitimacy," *Kyoto Review of Southeast Asia*, Issue 13 (March 2013). 日本語版の論稿もネット（https://kyotoreview.org/issue-13/the-monarchy-in-malaysia-struggling-for-legitimacy/）で参照した。マレーシア君主制の歴史については、Kobkua Suwannathat-Pian, *Palace, Political Party and Power: A Story of the Socio-Political Development of Malay Kingship* (National University of Singapore Press, 2011)、現在の君主制については、Anthony Milner, "'Identity Monarchy':Interrogating Heritage for a Divided Malaysia," *Southeast Asian Studies*, vol. 1-2, 2012, pp. 191-212を参照されたい。
(29) Karl Deutsch, "Social Mobilization and Political Development," *American Political Science Review*, vol. 55-3, 1961; Daniel Lerner, *The Passing of Traditional Society: Modernizing the Middle East* (Free Press, 1966).
(30) Michael Herb, *All in the Family: Absolutism, Revolution, and Democracy in the Middle Eastern Monarchies* (State University of New York Press, 1999). なお、オマーンは王朝君主制には含まれていない。また、この理論の詳しい紹介は、松尾昌樹『湾岸産油国―レンティア国家のゆくえ』（講談社選書メチエ、二〇一〇年）の、特に第四章にあり、本書でも参考にさせていただいた。
(31) Lisa Anderson, "Absolutism and the Resilience of Monarchy in the Middle East," *Political Science Quarterly*, vol. 106-1, 1991, pp. 5-9.
(32) たとえば当時のインド総督が湾岸諸国を訪れて、首長たちに協力を要請している。GeorgeV Papers, The Royal Archives, Windsor Castle, RA PS/PSO/GV/C/P/522/67: Baron Hardinge to the King, 22 Jan. 1915.
(33) この点については、池内恵『【中東大混迷を解く】サイクス＝ピコ協定 百年の呪縛』（新潮選書、二〇一六年）が詳しい。

(34) この点については、篠崎正郎「『引き留められた帝国』としての英国―コモンウェルスからの撤退政策、一九七四―七五年」(『国際政治』一六四号、二〇一一年)、佐藤尚平「ペルシャ湾保護国とイギリス帝国―脱植民地化の再検討」(同)を参照されたい。
(35) 松尾昌樹前掲書、一四〜一六頁。
(36) この両国が「セミ・デモクラシー(民主化途上体制)」にあると指摘するのが、石黒大岳『中東湾岸諸国の民主化と政党システム』(明石書店、二〇一三年)である。また、アラブ首長国連邦の現状については、Christopher M. Davidson, "The United Arab Emirates: Prospects for Political Reform," *Brown Journal of World Affairs*, vol. 15-2, 2009, pp. 117-127 を参照されたい。なお、アラブの君主制国家に関する最新の研究としては、石黒大岳編『アラブ君主制国家の存立基盤』(アジア経済研究所、二〇一七年)が詳しい。
(37) アントワーヌ・バスブース(山本知子訳)『サウジアラビア 中東の鍵を握る王国』(集英社新書、二〇〇四年)、一二七〜一三三頁。
(38) *Forbes*, 29 April 2011.
(39) Streckfuss, op. cit., p. 7; 櫻田前掲。
(40) Hamid & Ismail op. cit., pp. 4-5.
(41) バスブース前掲訳書、一二七頁。

終章

(1) 宮内庁ホームページ「象徴としてのお務めについての天皇陛下のおことば」(http://www.kunaicho.go.jp/page/okotoba/detail/12)。
(2) https://www.royal-house.nl/members-royal-house/princess-beatrix/documents/speeches/2013/01/29/speech-by-h-m-the-queen.
(3) 山下友信・宇賀克也(編集代表)『ポケット六法 平成三〇年版』(有斐閣、二〇一七年)、一一〜一二頁。また、憲法上から天皇の「国事行為」や「公的行為」を検討したものとしては、黒田覚「象徴天皇制の意義と機能」(清宮四郎・佐藤功編『憲法講座』第一巻、有斐閣、一九六三年)、下條芳明「象徴天皇制憲法の条件―象徴天皇の地位と行為の再検討」(下條芳明『象徴君主制憲法の20世紀的展開』東信堂、二〇〇五年)を参照されたい。

(4)「内奏」については、後藤致人『内奏―天皇と政治の近現代』(中公新書、二〇一〇年)を参照されたい。

(5)カール・レーヴェンシュタイン(秋元律郎・佐藤慶幸訳)『君主制』(みすず書房、一九五七年)、五四頁、下條前掲書、一四四〜一四八頁。

(6)レーヴェンシュタイン前掲訳書、八一頁。五つの理由づけは、同書、八〇〜一〇一頁。

(7)原武史『〈女帝〉の日本史』(NHK出版新書、二〇一七年)。

(8)レーヴェンシュタイン前掲訳書、八四頁。

(9)たとえば、最新の議論としては、堀内哲編『生前退位―天皇制廃止―共和制日本へ』(第三書館、二〇一七年)などがある。

(10)この点については、伊藤之雄『昭和天皇と立憲君主制の崩壊』(名古屋大学出版会、二〇〇五年)、伊藤之雄『昭和天皇伝』(文春文庫、二〇一四年)を特に参照されたい。また、戦後の「象徴天皇制」の形成については、河西秀哉編『戦後史のなかの象徴天皇制』(吉田書店、二〇一三年)所収の諸研究および、茶谷誠一『象徴天皇制の成立―昭和天皇と宮中の「葛藤」』(NHK出版、二〇一七年)が示唆に富んでいる。

(11)河西秀哉『明仁天皇と戦後日本』(洋泉社、二〇一六年)、一五〜一六、二八〜二九頁、茶谷前掲書、二三四〜二四二頁。

(12)河西『明仁天皇と戦後日本』、一四六〜一四九頁。

(13)吉田裕「『平成流』平和主義の歴史的・政治的文脈」(吉田裕・瀬畑源・河西秀哉編『平成の天皇制とは何か』岩波書店、二〇一七年)、一二八〜一三一頁。

(14)宮内庁ホームページ「ノルウェー摂政皇太子殿下・王妃陛下主催晩餐会(王宮)における天皇陛下のご答

辞」(http://www.kunaicho.go.jp/okotoba/01/speech/speech-h17e-norway.html)。

(15)「皇室外交」のあり方については、佐藤考一『皇室外交とアジア』(平凡社新書、二〇〇七年)、君塚直隆『女王陛下の外交戦略—エリザベス二世と「三つのサークル」』(講談社、二〇〇八年)「エピローグ」、舟橋正真「『皇室外交』とは何か—『象徴』と『元首』」(吉田・瀬畑・河西前掲編書)などを参照されたい。

(16) この点については、河西『明仁天皇と戦後日本』、第四章、河西秀哉『皇居の近現代史—開かれた皇室像の誕生』(吉川弘文館、二〇一五年)、森暢平「メディア天皇制論—『物語』としての皇室報道」(吉田・瀬畑・河西前掲編書)を参照されたい。

(17) 櫻田智恵「タイ：プーミポン前国王の幻影を乗り越えられるか」(水島治郎・君塚直隆編『現代世界の陛下たち—デモクラシーと王室・皇室(仮題)』ミネルヴァ書房、二〇一八年刊行予定、第五章)。

(18) 渡辺治「近年の天皇論議の歪みと皇室典範の再検討」(吉田・瀬畑・河西前掲編書)、一九三頁。

(19) この問題については、直江眞一「フォーテスキューの弁解」『創文』二〇一二年秋、七号、一～三頁、が興味深い議論を展開している。

(20) 櫻田前掲。

(21) 水島治郎「時代の流れに沿って—オランダにおける王室の展開」(水島・君塚前掲編書、第三章)。

(22) Trond Norén Isaksen, "Queen's Consort," *Majesty*, vol. 35-6, 2014, pp. 34-39.

(23) 瀬畑源「明仁天皇論—近代君主制と『伝統』の融合」(吉田・瀬畑・河西前掲編書)、一四頁(一九八一年八月七日の会見)。

(24) 小泉信三『ジョオジ五世伝と帝室論』(文藝春秋、一九八九年)、一一頁。

(25) ウォルター・バジョット(小松春雄訳)『イギリス憲政論』(中公クラシックス、二〇一一年)、六三頁。

(26)「象徴天皇制」の採用がGHQの方針であったのは確かだが、一方で、そもそもGHQがそのような方針を立てた背景にあったのは、またその方針の実現を支えたのは、天皇と日本国民の意志であったと言えよう。

(27) 河西『明仁天皇と戦後日本』、一一七頁。

(28) 君塚直隆『ジョージ五世―大衆民主政治時代の君主』（日経プレミアシリーズ、二〇一一年）、第四章・第五章。

おわりに

(1) Kobkua Suwannathat-Pian, *Palace, Political Party and Power: A Story of the Socio-Political Development of Malay Kingship* (National University of Singapore Press, 2011), p. 330.

(2) 宮崎市定『雍正帝』（岩波新書、一九五〇年）、九二頁。

(3) 瀬畑源「明仁天皇論」（吉田裕・瀬畑源・河西秀哉編『平成の天皇制とは何か』岩波書店、二〇一七年）、一七頁（一九七九年一二月一九日皇太子記者会見）。

(4) 宮内庁ホームページ。http://www.kunaicho.go.jp/page/kaiken/show/17.

(5) 小泉信三『ジョオジ五世伝と帝室論』（文藝春秋、一九八九年）、六八頁。

図版提供

45頁：時事
125頁：Northern Ireland Office
129頁：David Watterson
131頁：Magnus D
137頁：Bubobubo2
155頁：Johannes Jansson/norden.org
176頁：Voka Kamer van Koophandel Limburg
181頁：ジェイ・マップ
191頁：Nationaal Archief of the Netherlands
219頁：Krish Dulal
227頁：Government of Thailand
229頁：Amrufm
231頁：Kremlin.ru
245頁：宮内庁（http://www.kunaicho.go.jp/page/okotoba/detail/12）
263頁：TT News Agency/アフロ
265頁：Ministry of Foreign Affairs of Japan

他は、著作権保護期間が満了したもの、またはパブリック・ドメインのものを使用した。

新潮選書

立憲《りっけん》君主《くんしゅ》制《せい》の現在《げんざい》 日本人《にほんじん》は「象徴天皇《しょうちょうてんのう》」を維持《いじ》できるか

著　者……………………君塚直隆《きみづかなおたか》

発　行……………………2018年 2 月25日
2　刷……………………2018年11月20日

発行者……………………佐藤隆信
発行所……………………株式会社新潮社
〒162-8711 東京都新宿区矢来町71
電話　編集部 03-3266-5411
読者係 03-3266-5111
http://www.shinchosha.co.jp
印刷所……………………株式会社三秀舎
製本所……………………株式会社大進堂

乱丁・落丁本は、ご面倒ですが小社読者係宛お送り下さい。送料小社負担にてお取替えいたします。価格はカバーに表示してあります。

ISBN978-4-10-603823-5 C0331

戦後史の解放Ⅰ
歴史認識とは何か
日露戦争からアジア太平洋戦争まで
細谷雄一

中東 危機の震源を読む
池内恵

【中東大混迷を解く】
サイクス＝ピコ協定 百年の呪縛
池内恵

憲法改正とは何か
アメリカ改憲史から考える
阿川尚之

自由の思想史
市場とデモクラシーは擁護できるか
猪木武徳

精神論ぬきの保守主義
仲正昌樹

なぜ今も昔も日本の「正義」は世界で通用しないのか――世界史と日本史を融合させた視点から、日本と国際社会の「ずれ」の根源に迫る歴史シリーズ第一弾。《新潮選書》

イスラームと西洋近代の衝突は避けられるか。「中東問題」の深層を構造的に解き明かし、イスラーム世界と中東政治の行方を見通すための必読書。《新潮選書》

一世紀前、英・仏がひそかに協定を結び砂漠に無理やり引いた国境線が、中東の大混乱を招いたと言う。だが、その理解には大きな間違いが含まれている！《新潮選書》

「改憲」しても変わらない、「護憲」しても変わってしまう――米国憲法史からわかる、立憲主義の意外な真実。日本人の硬直した憲法観を解きほぐす快著。《新潮選書》

自由は本当に「善きもの」か？ 古代ギリシア、啓蒙時代の西欧、近代日本、そして現代へ……経済学の泰斗が、古今東西の歴史から自由社会のあり方を問う。《新潮選書》

西欧の六人の思想家から、保守主義が持つ制度的エッセンスを取り出し、民主主義の暴走を防ぐ仕組みを洞察する。〝真正保守〟論争と一線を画す入門書。《新潮選書》

反知性主義
アメリカが生んだ「熱病」の正体
森本あんり

民主主義の破壊者か。平等主義の伝道者か。米国のキリスト教と自己啓発の歴史から、反知性主義の恐るべきパワーと意外な効用を鮮やかな筆致で描く。

《新潮選書》

奇妙なアメリカ
神と正義のミュージアム
矢口祐人

やっぱりアメリカはちょっとヘン!? 進化論否定博物館など、八つの奇妙なミュージアムを東大教授が徹底調査、超大国の複雑な葛藤を浮き彫りにする。

《新潮選書》

レーガンとサッチャー
新自由主義のリーダーシップ
ニコラス・ワプショット
久保恵美子訳

冷戦期、停滞に苦しむ米英を劇的に回復させた二人の指導者。権力奪取までの道のりと、左派陣営を崩壊に追い込んだ経済政策と外交・軍事戦略のすべて。

《新潮選書》

危機の指導者 チャーチル
冨田浩司

「国家の危機」に命運を託せる政治家の条件とは何か？ チャーチルの波乱万丈の生涯を鮮やかな筆致で追いながら、リーダーシップの本質に迫る傑作評伝。

《新潮選書》

貧者を喰らう国
中国格差社会からの警告【増補新版】
阿古智子

経済発展の陰で、蔓延する焦燥・怨嗟・反日。共産主義の理想は、なぜ歪んだ弱肉強食の社会を生み出したのか。注目の中国研究者による衝撃レポート。

《新潮選書》

中国はなぜ軍拡を続けるのか
阿南友亮

経済的相互依存が深まるほど、軍拡が加速するのはなぜか。一党独裁体制が陥った「軍拡の底なし沼」構造を解き明かし、対中政策の転換を迫る決定的論考。

《新潮選書》

「維新革命」への道

「文明」を求めた十九世紀日本

苅部　直

明治維新で文明開化が始まったのではない。日本の近代は江戸時代に始まっていたのだ。十九世紀の思想史を通観し、「和魂洋才」などの通説を覆す意欲作。

《新潮選書》

未完の西郷隆盛

日本人はなぜ論じ続けるのか

先崎彰容

アジアか西洋か。道徳か経済か。天皇か革命か。福澤諭吉・頭山満から、司馬遼太郎・江藤淳まで、西郷に「国のかたち」を問い続けた思想家たちの一五〇年。

《新潮選書》

未完のファシズム

―「持たざる国」日本の運命―

片山杜秀

天皇陛下万歳！　大正から昭和の敗戦へと、日本人はなぜ神がかっていったのか。軍人たちの戦争哲学を読み解き、「持たざる国」日本の運命を描き切る。

《新潮選書》

日本はなぜ開戦に踏み切ったか

―「両論併記」と「非決定」―

森山　優

大日本帝国の軍事外交方針である「国策」をめぐり、昭和16年夏以降、陸海軍、外務省の首脳らが結果的に開戦を選択する意思決定プロセスを丹念に辿《たど》る。

《新潮選書》

親鸞と日本主義

中島岳志

戦前、親鸞の絶対他力や自然法爾の思想は、国体を正当化する論理として国粋主義者の拠り所となった。近代日本の盲点を衝き、信仰と愛国の危険な蜜月に迫る。

《新潮選書》

戦争の日本中世史

「下剋上」は本当にあったのか

呉座勇一

源平合戦、元寇、南北朝動乱、応仁の乱……中世の二百年間ほど死が身近な時代はなかった。下剋上だけでは語られぬ「戦争の時代」を生きた人人のリアルな実像。

《新潮選書》